Este livro foi revisado segundo o Novo Acordo Ortográfico da Língua Portuguesa.

DIREÇÃO EDITORIAL: Lizandra Magon de Almeida
COORDENAÇÃO EDITORIAL: Anna Beatriz Seilhe
ASSISTÊNCIA EDITORIAL: Mariana Oliveira e Maria Ferreira
PREPARAÇÃO DE TEXTO: Alvanísio Álvaro Damasceno
REVISÃO: Maria Ferreira
PROJETO GRÁFICO E DIAGRAMAÇÃO: dorotéia design | Adriana Campos e Pedro Victor
ILUSTRAÇÕES: Robson Moura (@tiozao1978)

Maria Helena Ferreira Xavier da Silva/ Bibliotecária – CRB-7/5688

P467 Personalidades negras invizibilizadas da História: uma nova história feita de histórias / organização [de] Djamila Ribeiro , Lizandra Magon Almeida , Maurício Rocha. – São Paulo : Jandaíra, 2021. 272 p. ; 22,6 cm

ISBN 978-65-87113-50-0

1. Negros - Identidade racial - Brasil. 2. Negros - Condições sociais - Brasil. 3. Brasil - Civilização - Influências africanas. 4. Brasil - Relações raciais. I. Ribeiro, Djamila, org. II. Almeida, Lizandra Magon, org. III. Rocha, Maurício, org. IV. Título.

CDD 305.896081

Número de Controle: 00023

jandaíra

Rua Vergueiro, 2087 · cj 306 · 04101 000 · São Paulo, SP
editorajandaira.com.br
| editorajandaira

Uma nova História, feita de histórias

Personalidades negras invisibilizadas da História do Brasil

Organização:
Djamila Ribeiro, Lizandra Magon de Almeida e Maurício Rocha

sumário

Apresentação

Em meados de 2020, graças a uma iniciativa do empresário Maurício Rocha, o Selo Sueli Carneiro, coordenado por Djamila Ribeiro, lançou um edital convocando autores e autoras negras de todo o País a produzir textos biográficos sobre pessoas negras importantes na História que nunca tiveram o devido reconhecimento e permaneceram invisibilizadas.

Mal sabíamos que receberíamos mais de 200 textos, de pesquisadores e pesquisadoras de todo o Brasil, retratando personalidades também de todo o País. Um longo processo de seleção e edição começou, e durante um ano o projeto só cresceu.

Todos os textos foram lidos pela equipe da Jandaíra e pré-selecionados a partir dos critérios do edital. Recebemos histórias bastante comoventes escritas em primeira pessoa, dentre tantos relatos, mas optamos por selecionar biografias e não autobiografias em respeito à pesquisa histórica e bibliográfica feita pela maioria dos autores e autoras que nos confiaram seus textos. Após a pré-seleção, os textos foram lidos por Maurício Rocha, Djamila Ribeiro e eu, em um processo de descobertas e muita emoção.

Selecionamos, então, os 15 textos previstos no edital e, após alguma deliberação, decidimos colocar mais um. A biografia do escravizado Ventura Mina, liderança que se rebelou contra a escravização na Revolta de Carrancas, ocorrida na região de São João del-Rei em 1833, escrita pelo filósofo e professor da Universidade Federal Rural do Rio de Janeiro Renato Noguera, é um texto emblemático. Decidimos encerrar o livro com ele porque retrata perfeitamente a dificuldade que os biógrafos têm de conseguir dados e informações para reconstruir a história de pessoas negras.

Em seu texto, Noguera cita a famosa decisão de Rui Barbosa de destruir os documentos relativos à escravidão, "instituição funestíssima que por tantos anos paralisou o desenvolvimento da sociedade e infeccionou-lhe a atmosfera moral" (BRASIL, 1890, p.1), comentando que "Barbosa afirma, em tom categórico, que a República tinha uma obrigação, que pode ser interpretada como um dever moral, de 'destruir esses vestígios por honra da pátria e em homenagem aos deveres de fraternidade e solidariedade para com a grande massa de cidadãos que a abolição do elemento servil entraram na comunhão brasileira' (ibidem)". Ao cumprir esse suposto "dever moral", continua Noguera, perdemos registros valiosos, e com eles a história de milhares de pessoas e de seus descendentes.

E é por isso que as histórias registradas aqui são tão importantes: reconstruir essas histórias é um trabalho de paciência e dedicação, quase uma busca de agulha em palheiro. O resultado, porém, é bonito como as vasilhas japonesas quebradas e reconstruídas com laca e ouro, em uma arte conhecida como kintsugi. Cada texto é construído a partir referências fragmentadas retiradas de documentos históricos, da imprensa, de pesquisas acadêmicas e de depoimentos pessoais, entremeadas pelo ouro das reflexões e do talento de seus autores e autoras – que, assim como seus biografados e biografadas, também são as estrelas deste volume.

Cada texto conta a história de uma pessoa, mas também de uma época da História do Brasil, e por isso decidimos organizar o livro de uma maneira peculiar: por ordem cronológica, mas não exatamente da data em que a pessoa biografada nasceu, mas do momento em que mais se destacou em sua contribuição para a História. Justamente para que nossos leitores e leitoras pudessem ler as histórias e a História em paralelo.

Quase pronta a edição de texto, pensamos: como editar um livro assim sem incluir imagens dessas personagens? Pesquisando ilustradores e artistas na internet, descobri o Robson. Artista de rua, ele usa a técnica do estêncil para criar telas a partir de fotografias de personalidades negras. Um trabalho vendido nas ruas de São Paulo, com retratos que vão de esportistas a escritoras. O encontro com Robson foi emocionante, e ele também se emocionou de participar de um projeto como este. O resultado está nas aberturas de cada relato.

Convidamos vocês a conhecerem as histórias desses 16 brasileiros e brasileiras, de vários estados e épocas, de vários ofícios e talentos. Escravizados que lideraram rebeliões, recém-libertos que defenderam o Brasil em guerras – contra inimigos e contra a ignorância, líderes espirituais e religiosas, políticos, educadores, artistas do teatro, da fotografia, da pintura e da música, mulheres que estudaram e empreenderam a despeito de todos os preconceitos de gênero e de raça, mulheres que abriram caminhos com suas próprias mãos.

A história de um país se constrói pela marca que seus indivíduos deixaram e pela obra que construíram em conjunto. Como diz Daniel Péricles Arruda, autor da biografia do ativista do *hip-hop* King Nino Brown, "ninguém se constitui sozinho. Precisamos do outro para construir as nossas histórias, embasadas em valores positivos para não sermos invisíveis de sentido humano e alteridade, principalmente no que se refere à construção de identificações e subjetivações na perspectiva étnico-racial".

Que este livro seja mais uma contribuição para a construção de uma nova identidade brasileira, consciente de sua ancestralidade e de todas as interseccionalidades que nos tornam únicos e tão ricos coletivamente.

Lizandra Magon de Almeida
Diretora editorial da Editora Jandaíra

Nota do patrocinador

Quando eu era um menino, nenhum super-herói se parecia comigo, nenhuma propaganda de revista ou programa de TV tinha pessoas como eu ou minha família. A única exceção foi Antônio Carlos Bernardes Gomes, conhecido como Mussum, que, apesar de ser um musicista de expressão, desempenhava um papel na TV que era o estereótipo do homem negro alcoolizado e ridicularizado.

Ainda naquele período, nos livros de História do Brasil, as poucas páginas sobre a escravidão diziam que os negros tinham sido trazidos nos navios negreiros de uma terra longínqua, que eram castigados com chicote e trabalhavam até a morte. Dançavam capoeira e comiam feijoada, até que em um dia ensolarado de 1888 a bondosa Isabel assinou um papel e todo mundo passou a ser feliz.

O racismo estruturante de nossa sociedade, de ontem e de hoje, empurra o protagonismo negro a um lugar inferior, de subalternidade e nenhuma visibilidade. Eu, por exemplo, só conheci a história de luta e vida de Luiz Gama perto dos meus 40 anos.

Quanta força é necessária para se manter na obscuridade a vida de alguém como Gama? Para diminuir a importância de revoltas como a dos Malês e, ao mesmo tempo, valorizar e homenagear pessoas como Bartolomeu Bueno da Silva, conhecido como Anhanguera, cujo apelido indígena – tamanha sua crueldade – significa espírito maligno.

O projeto deste livro, além de introduzir novos escritores e escritoras negras, vem da premissa e da urgência de dar voz e foco a histórias e narrativas historicamente apagadas, que ajudam o debate e a compreensão de nossa sociedade atual. Que sejam uma boa leitura e uma contribuição para a redução de nossas desigualdades.

Maurício Rocha
Empresário e sócio-administrador da empresa Nextsoft

Gregório Luís: rebelião e negociação na Ilhéus oitocentista

Anna Cristina Almeida é especialista em comunicação e diversidade. É também escritora e criadora de conteúdo no Orgulho.afro, perfil do Instagram. Formada em publicidade e pós-graduada em gestão estratégica de marketing, ambos na Pontifícia Universidade Católica de Minas Gerais (PUC-MG). Atualmente, é mestranda em história, política e bens culturais pela Faculdade Getúlio Vargas, no Rio de Janeiro, com a dissertação "Lideranças Negras: reflexões sobre interseccionalidade no mercado de trabalho". Na mesma instituição, é professora-tutora de história das relações étnico-raciais no Brasil, disciplina do curso de Ciências Socais.

A narrativa eurocêntrica da história brasileira atribui aos escravizados estereótipos de passividade, desarticulação e submissão. Esse discurso objetiva desatrelar a abolição da escravidão da resistência do povo negro e disseminar uma falsa benevolência da Coroa Portuguesa – uma estratégia que isentou a branquitude[1] da reparação histórica e perpetuou as dicotomias raciais da sociedade colonial na República. Revisitar o movimento quilombola, (re)contando os fatos a partir do lugar de fala (RIBEIRO, 2019) de pesquisadores negros, possibilita substituir essa narrativa e exaltar os verdadeiros notáveis da historiografia. Gregório Luís é um deles, e sua história precisa ser conhecida. Descrito apenas como escravizado mestiço "de mulato e negro" (SCHWARTZ, 1988, p. 142) e nascido no Brasil, ele liderou a Revolta de Santana, ocorrida no engenho de mesmo nome, nos idos de 1789.

A principal peculiaridade dessa rebelião é a apresentação, por parte dos rebelados, de um Tratado de Paz (REIS e SILVA, 1989, p. 123-124) com cláusulas de negociação, ou seja, condições que o senhor do engenho deveria cumprir para que os escravizados retomassem suas atividades.

Ao estudar esse documento, inferimos que Gregório possa ter nascido no próprio engenho, ou, pelo menos, que tenha sido escravizado no local durante muitos anos. Percebemos também sua capacidade de articulação. Busco por indícios, pois o processo de apagamento das vivências dos escravizados, sobretudo dos participantes de movimentos de resistência, incide fortemente sobre Gregório Luís. Embora haja certa abundância de produções sobre o Engenho de Santana (MARCIS, 2000; PARAÍSO, 2015; REIS, 1983; REIS e SILVA, 1989;

1. Utilizo o termo "branquitude" como conceito dissidente das discussões de W. E. B. Du Bois em *Black Reconstruction in America* (1935) e Frantz Fanon em *Pele negra, máscaras brancas* (1952) acerca da identidade racial branca, definido por Lia Vainer Schucman em *Entre o "encardido", o "branco" e o "branquíssimo"*: Raça, hierarquia e poder na construção da branquitude paulistana" (2012, p.7) como uma posição em que seus sujeitos "foram sistematicamente privilegiados no que diz respeito ao acesso a recursos materiais e simbólicos, gerados inicialmente pelo colonialismo e pelo imperialismo, e que se mantêm e são preservados na contemporaneidade".

SCHWARTZ, 1988; VIANA, RIBEIRO NETO e GOMES, 2019), parece não haver estudos apenas sobre Gregório, tampouco um aprofundamento acadêmico sobre sua atuação como líder da Revolta de Santana.

Ao examinar essas referências, as indagações são inevitáveis: Quem foi Gregório Luís? Como era o Engenho de Santana, onde ele viveu? A que condições ele estava submetido? O que ele e seus companheiros buscavam? Então, me propus a reunir as informações para responder a essas perguntas.

Defendo que a relevância do Engenho de Santana para a história do Brasil não deva ser seu triunfo mercantil, sua extensão territorial ou seus diversos donos. Principalmente porque seu êxito econômico foi alcançado com exploração, violência e desumanização. E os proprietários do engenho, que figuram entre célebres nomes da historiografia clássica, foram os agentes desses processos perversos.

Pelo contrário, é preciso destacar as recorrentes insurgências de revoltas de escravizados através dos séculos no Engenho de Santana – sendo esses revoltos indígenas, africanos ou seus descendentes. Tais rebeliões representam sua inconformação contra o sistema de opressão ao qual foram barbaramente submetidos e as tentativas de reverter a lógica desse sistema. E aqui está a importância da atuação de Gregório Luís, líder da revolta de 1789.

Corpos que destoam da hegemonia são corpos políticos, desde muitos séculos. O fazer político de Gregório, com seu corpo negro, vai desmistificar e desconstruir a perspectiva colonial eurocêntrica que nos foi incutida. Gregório era detentor de grandes habilidades de organização social, de liderança e de negociação – o que se percebe com a pesquisa realizada. Essas suas características lhe possibilitaram advogar pelos participantes da Revolta, negociar condições e propor mudanças.

Por ousar reivindicar melhores condições para seu povo, à frente de uma rebelião que durou aproximadamente dois anos, ele acabou preso (SCHWARTZ, 1988). Mas suas ideias seguiram livres, reverberando além do tempo.

O Engenho de Santana

O atual estado da Bahia – cuja capital se destaca como a maior cidade negra fora de África – foi palco para diversos movimentos e levantes. Lá viveram Luísa Mahin e Maria Felipa de Oliveira. Era a Bahia dos Malês, das Irmandades, de João de Deus, de Manuel Faustino e dos demais Conjurados. A Bahia na qual nasceu Castro Alves e onde outras lideranças negras se estabeleceram. É nessa Bahia que a história de Gregório se passa.

No século 16, na Capitania Hereditária dos Ilhéus, foi construído o Engenho de Santana. À época, o Brasil se consolidava como o maior produtor mundial de açúcar, sendo que Ilhéus figurou como o terceiro maior polo do país, atrás apenas das capitanias de Pernambuco e Bahia de Todos os Santos (Ibid). Sua construção começou em 1537, apenas três anos após o primeiro engenho do Brasil ser edificado (LOPES, 2014).

Embora tenha enfrentado períodos de pouca lucratividade, o Engenho de Santana funcionou como o principal centro econômico da Capitania dos Ilhéus durante quatro séculos. Produzia açúcar e demais derivados da cana, além de cultivar algodão, cacau, arroz e outros itens de subsistência, ainda que em menor escala (MARCIS, 2000).

Rebeliões ocorreram em todos os séculos de seu funcionamento. Os movimentos registrados datam de 1559, 1580, 1602, 1605, 1607, 1789, 1821 e 1828 (Ibid.; PARAÍSO, 2015). O principal deles foi o ocorrido no século 18, liderado por Gregório Luís. Além da frequência das revoltas, o número de rebelados também surpreende – fato que está intrinsecamente relacionado às dimensões do engenho.

Santana se caracterizava como um engenho real, denominação referente às propriedades de maior capacidade produtiva cujas moendas dependiam de força hidráulica. As dependências de um engenho real incluíam, além da casa-grande e da senzala, diversas outras estruturas: casa de engenho, da moenda, de purgar, das caldeiras; um curral; as dependências para os empregados livres (normalmente, brancos); uma capela; roças de subsistência; pastos; canaviais; e um rio (SCHWARTZ, 1988) – no caso, o rio Santana, atualmente chamado rio do Engenho.

Estima-se que engenhos reais produziam aproximadamente cinquenta arrobas diárias de açúcar, o dobro dos engenhos menores, movidos por tração animal. As instalações hidráulicas, embora mais eficientes, dependiam de maior investimento. Enquanto nos engenhos menores trabalhavam entre 80 e 120 escravizados, os engenhos reais contavam com uma mão de obra muito maior. Em sua fase de maior produção, Santana dependia de mais de 300 escravizados, organizados em turnos para preencher até 20 horas ininterruptas de trabalho (Ibid.).

Entre os séculos 16 e 18, houve uma brusca redução no número de engenhos localizados na Capitania de Ilhéus. Das oito propriedades registradas em 1570, apenas uma sobreviveu ao tempo e às mudanças socioeconômicas: o Engenho de Santana. Nesses séculos, ele foi designado a diversos proprietários, detentores de privilégios na organização política da Bahia (Ibid., p. 148.).

Foi numa sesmaria cedida pelo donatário da Capitania dos Ilhéus para Mem de Sá, em 1537 – antes mesmo de ele ser nomeado governador e capitão-geral do Brasil –, que o engenho foi construído. Mem de Sá administrou as vastas terras até seu falecimento, em 1572. Na sequência, o terreno passou ao conde de Linhares, Fernando de Noronha, em decorrência de seu casamento com a única herdeira, Felipa de Sá. Com a morte dela em 1618, a gerência passou aos jesuítas do Colégio Santo Antão de Lisboa, que tiveram a posse até 1759, quando o marquês de Pombal expulsou essa congregação do Brasil. Por 11 anos a partir dessa data, o governo colonial foi detentor da propriedade, designando administradores (Ibid., p. 394). Em um leilão público em 1770, o Engenho foi arrematado por Manuel da Silva Ferreira, então provedor da Casa da Moeda da Bahia. Embora tenha sua posse transferida ao marquês de Barbacena em 1810 e ao brigadeiro José de Sá Bittencourt Câmara em 1834, não há registros do ano em que a produção açucareira foi encerrada (MARCIS, 2000).

Em decorrência da Abolição em 1888 e da consequente decadência do ciclo do açúcar, é provável que o engenho tenha funcionado até meados do século 19 e fechado após o falecimento do brigadeiro ou de seus herdeiros. De todo modo, são os fatos ocorridos na administração de Manuel da Silva Ferreira, no final do século XVIII, que merecem nossa atenção.

Terra de revoltas

Para manter a imensa estrutura do engenho em funcionamento, havia o trabalho de centenas de escravizados. Durante a administração de Mem de Sá, indígenas Tupinambás realizavam todas as atividades em troca de utensílios e pequenos objetos (PARAÍSO, 2015).

Considerando que o primeiro navio negreiro desembarca no Brasil em 1525 (LOPES, 2014) e Mem de Sá recebe o terreno em 1537, entende-se por que ainda não havia mão de obra africana nessa área: o tráfico de escravizados para o Brasil ainda estava em sua fase inicial.

Pouco se sabe sobre as condições de exploração às quais os povos originários eram submetidos. Sabe-se que, com a ganância colonizadora visando ao aumento da produção, e consequentemente maior exploração da mão de obra, os Tupinambás se rebelaram em 1559. O estopim do movimento foi o assassinato impune de um indígena por parte de um português. Por isso, os Tupinambás organizaram uma fuga, destruíram as plantações do Engenho e pararam a produção (MARCIS, 2000, p. 29). Há uma segunda versão dos fatos, na qual dois indígenas haviam sido assassinados e, em resposta, outros assaltaram uma roça e mataram os dois ou três moradores (PARAÍSO, 2015, p. 5).

De todo modo, as fontes convergem na narração do que se sucede. A repressão à rebelião foi violenta. Mem de Sá reuniu um grupo para assassinar os indígenas e destruir suas aldeias. É ele que narra o genocídio em uma carta endereçada ao rei de Portugal:

> [...] antes da manhã de duas horas dei na aldeia e a destruí e matei todos os que quiseram resistir e a vinda vim queimando e destruindo todas as aldeias que ficaram atrás [...] lhes fiz algumas ciladas e onde os cerquei e lhes foi forçado deitarem a nado no mar da costa brava [...] lá no mar pelejaram de maneira que nenhum Tupiniquim ficou vivo, e todos trouxeram a terra e os puseram ao

longo da praia por ordem que tomavam os corpos perto de meia légua. (VARNHAGEN apud MARCIS, 2000, p. 80)

Em decorrência da disputa final ter se dado na praia de Cururupe, o evento foi denominado como a Batalha dos Nadadores. Na própria carta, fica evidente que os indígenas lutaram e resistiram bravamente. Aos sobreviventes, como penalidade foi designado o trabalho compulsório na reconstrução do engenho, justificado pela necessidade de ressarcimento dos danos (MARCIS, 2000, p. 30-31).

O ponto mais relevante desse movimento é que ele iniciou uma tradição de inconformação e resistência dos povos explorados. A proibição da captura de nativos em 1570 (Ibid., p. 34) e sua lenta substituição pelo tráfico de africanos ocasionaram mudanças no perfil dos indivíduos que produziam em Santana. Entretanto, um aspecto essencial foi mantido: a insubordinação às violências coloniais e a capacidade de organizar a reivindicação de suas necessidades. A Batalha dos Nadadores foi a revolta pioneira, que abriu caminho para que diversas outras acontecessem na região. Em 1580, 1602, 1605, 1607, 1821 e 1828, outros levantes foram organizados (MARCIS, 2000; PARAÍSO, 2015), manifestando a insatisfação em relação ao regime posto pela Coroa e interferindo diretamente na história do engenho. Novas rebeliões continuaram insurgindo até chegarmos à mais importante delas, a chamada Revolta de Santana.

A Revolta de Santana

A rotina dos negros escravizados nos engenhos era violenta em diversos aspectos. Em Santana, eles eram obrigados a acordar às cinco horas e a realizar orações católicas antes de partir para o campo, onde permaneciam por, pelo menos, 12 horas. O açoite era frequente: manter os escravizados aterrorizados era uma estratégia, já que cada feitor controlava até 40 trabalhadores. O alimento era escasso: porções de farinha de mandioca raramente acompanhadas de frutas; toucinho ou carne-seca; e aguardente para fornecer energia. Com a fome sempre presente, restava aos escravizados saquear as guarnições da casa-grande ou se alimentarem de pequenos animais, como ratos. A vestimenta também era paupérrima: apenas calça para os homens e saia e blusa para mulheres, feitos com uma peça de tecido cru distribuída a cada dois anos. Por isso, há relatos de escravizados com vestimentas muito desgastadas ou até trabalhando nus (SCHWARTZ, 1988).

Escravizados da lavoura trabalhavam em pares. Cada casal deveria entregar 3.600 canas cortadas ao fim do dia, que mediam como seis mãos. Aqueles que se ocupavam do corte de lenha para os fornos deviam entregar 725 quilos de madeira ao fim da jornada. Nos períodos de safra (agosto até abril), além da labuta do dia na roça, ainda era comum que os escravizados fossem alocados para funções noturnas na fábrica. O cansaço decorrente da carga pesada atrelado à periculosidade do maquinário e à ingestão da aguardente aumentava o risco de acidentes. E mesmo os que perdiam suas mãos ou até seus braços na moenda precisavam continuar trabalhando. Entre todas as funções, a atividade na fornalha era a mais difícil, sendo reservada para pessoas doentes ou consideradas rebeldes pelos feitores, frequentemente feridas pelo fogo. Nessa triste realidade, estima-se que a expectativa de vida de um escravizado era apenas de 23 anos (Ibid.).

As oscilações na demanda da produção afetavam diretamente a rotina das tarefas. Após 1770, o mercado se aqueceu e as condições de trabalho nos engenhos – que já eram marcadas por violências múltiplas de dominação e punição – foram prejudicadas:

> Durante o final do século XVIII e as duas primeiras décadas do século XIX, uma repentina recuperação nos negócios do açúcar fez com que os canaviais devorassem as terras antes dedicadas ao plantio de alimentos, superpovoou os engenhos com novos escravos, aumentou-lhes as horas de trabalho e o volume de tarefas. (REIS, 1983, p. 114)

Manuel da Silva Ferreira era o proprietário do Engenho à época. Entretanto, não possuindo recursos suficientes para quitar o pagamento do leilão, permaneceu em dívida com o governo após a transferência da posse. Ademais, como realizou alguns investimentos na propriedade visando ao aumento da produção, suas dívidas foram agravadas – o que obrigou o engenho a produzir mais e mais. Insatisfeitos com essas circunstâncias, os escravizados do Engenho de Santana organizaram em meados de 1789 um movimento: a Revolta de Santana, liderada por Gregório Luís (SCHWARTZ, 1988).

O movimento se inicia com um levante. Santana contava com aproximadamente 300 escravizados, entre africanos e afrodescendentes (GOMES, 1997). A maior parte deles estava envolvida na rebelião. O primeiro ato dos revoltosos foi atacar e matar o mestre de açúcar, responsável pelo controle da produção em todas as etapas. Era também quem realizava a contabilidade, atuando como liderança máxima dentro do engenho e respondendo diretamente ao proprietário. Essa era uma função que demandava certo nível de especialização, realizada por trabalhadores livres, frequentemente brancos (SCHWARTZ, 1988).

O mestre de açúcar detinha alta posição no engenho, e seu assassinato foi estratégico: não apenas por desestruturar a vigilância, mas por desestabilizar a hierarquia estabelecida entre os escravizados e a casa-grande. Considerando a posse das ferramentas de trabalho, e a organização no propósito da rebelião, é possível que os escravizados tenham conseguido se esquivar da violência dos feitores. Não há registro de mortes de escravizados durante esse levante nas fontes consultadas.

Sabe-se que, após a rebelião, os escravizados se refugiaram nos entornos da propriedade, onde permaneceram aquilombados por, aproximadamente, dois anos. Enquanto isso, as atividades do Engenho de Santana foram paralisadas. Assim, o provedor da Casa da Moeda, que não conseguiu conter os rebeldes por meios próprios, teve de acionar o governo para que a Revolta fosse dissolvida. As autoridades responderam enviando o exército expedicionário ao local (MARCIS, 2000; SCHWARTZ, 1988).

A Revolta deve ter se tornado uma questão de Estado para a Capitania de Ilhéus – sobretudo porque àquela altura Santana era o único engenho remanescente na região. Os rebelados conseguiram se refugiar por muitos meses, manobra que incidiu em grave prejuízo para Manuel da Silva Ferreira. Mas, além disso, por se tratar de um engenho real em um momento de propulsão do mercado paralisado por anos, conclui-se que houve perda econômica para a própria Capitania.

O Tratado de Santana

Quando o exército é convocado para acabar com a Revolta de Santana, o movimento chega ao ápice da sua organização sociopolítica. As motivações dos escravizados para a organização do movimento são descritas em um importante documento histórico, destinado à Manuel da Silva Ferreira: um tratado de paz[2]. Embora o documento não contenha uma assinatura individual e esteja redigido integralmente na primeira pessoa do plural, indicando que as reivindicações eram coletivas, pode-se inferir que a(s) liderança(s) do movimento tenha(m) produzido seu conteúdo.

Isso porque, devido ao afastamento da Capitania de Ilhéus de Salvador, à possível preocupação dos integrantes do movimento em se manterem protegidos e, principalmente, ao detalhamento das atividades do engenho no documento, é difícil crer que tal tratado tenha sido elaborado por quem não fosse escravizado em Santana.

Como Gregório Luís é apontado como o principal líder, sendo o único escravizado preso ao fim da rebelião, é provável que ele mesmo a tenha escrito, ou, no mínimo, elaborado suas cláusulas e ditado a um escrivão. Apenas isso já seria suficiente indicação de que Gregório tenha exercido um papel articulador ímpar, tentando vencer o embate da Revolta através da argumentação e não da violência.

Logo no início da carta, temos esta proposta: "Meu Senhor, nós queremos paz e não queremos guerra; se o meu senhor também quiser nossa paz, há de ser nessa conformidade". Está claro que os revoltosos não têm interesse em batalhas físicas, entretanto, um

2. Todos os trechos transcritos a seguir constam da mesma referência, obra de Reis e Silva (1989). A reprodução dos trechos mantém o vocabulário e a grafia conforme o documento original.

entendimento pacífico depende da concordância do proprietário do engenho às condições propostas.

Identifico 20 reivindicações no tratado. A maior parte delas trata diretamente do serviço, das rotinas, das atividades, enfim, dos direitos dos trabalhadores, que solicitam, por exemplo, que menos mãos de cana e mandioca devam ser recolhidas diariamente e que haja mais pessoas na função. As demais solicitações relacionam-se indiretamente ao trabalho, tratando de folgas ou ferramentas necessárias: "os marinheiros hão de ter [...] todo o vestuário necessário"; "no dia de sábado há de haver remediavelmente peija no Engenho".

Percebe-se uma quebra de paradigmas, uma subversão conceitual. Afinal, o escravizado era, por definição, alguém que trabalhava compulsoriamente, violentado em todos os aspectos, desprovido de direitos trabalhistas. O tratado explicita o oposto: coloca os escravizados como negociadores dos próprios direitos, como administradores da própria força de trabalho.

Há outras descaracterizações do lugar do escravizado. É solicitado que sextas-feiras e sábados sejam reservados para que eles pudessem trabalhar em suas porções de terra. Escreveram "poderemos plantar nosso arroz onde quisermos", reivindicando autonomia na seleção do território da plantação. Também demandam utensílios para pescaria e barcos para que possam vender o que fosse pescado. Essas três passagens, sobre a produção para sustento próprio, estabelece uma brecha camponesa (REIS e SILVA, 1989) no sistema escravocrata, retomando uma prática do tempo em que os jesuítas administraram o Engenho (MARCIS, 2000). Essa medida também distorce alguns preceitos do sistema escravista, essencialmente baseado em trabalho compulsório e não remunerado.

Ademais, há uma tentativa de hierarquização das funções, entre as que os revoltosos pretendem ou não realizar. Para atender às demandas consideradas inferiores, como "fazer camboas" ou "mariscar" em "pescaria ou canoas do alto", a carta argumenta: "mande seus pretos minas", ou seja, os recém-chegados de África. Nesses quesitos, é construída uma nova linha hierárquica, que privilegiaria os escravizados brasileiros em detrimento dos das demais origens[3]. Afinal, embora a branquitude tenha estabelecido uma uniformidade de "outros", os negros de origens e culturas distintas são entendidos, pelos revoltos, como grupos também distintos.

Talvez a maior distorção da hierarquia seja em relação aos capatazes – "os atuais feitores, não os queremos, faça eleição de outros com a nossa aprovação". Finalmente, e não menos importante, o documento reivindica ingerência sobre as próprias posses e usos do tempo – "conceder-nos estar sempre de posse da ferramenta" e "poderemos brincar, folgar e cantar em todos os tempos que quisermos sem que nos empeça e nem seja preciso licença". Mais uma desconstrução: escravizados que buscavam independência, autonomia e alguma liberdade.

A minúcia dos termos demonstra que Gregório tinha competências de organização, de logística e de gestão, além da evidente habilidade de articular propostas e defesas. Assumindo a função de advogar pelo grupo, Gregório explicita que a escravidão, embora incidisse com violência sobre aquelas pessoas, não havia retirado sua dignidade. O tratado clama por direitos.

Ele aproxima os papéis sociais, retirando-os do extremo de uma relação absolutamente desigual e colocando-os frente a frente num debate de intenções. Na proposição de um acordo, um entendimento favorável tanto para escravizados quanto para o senhor de engenho, Gregório elimina as hierarquias coloniais e demonstra quais seriam as suas próprias. Ao elencar e solicitar as necessidades do seu grupo, descontrói os sentidos de "escravidão", de "escravizado" e de "senhor", considerando as partes opostas desse embate como negociadores de igual relevância.

3. O entendimento dos negros como um grupo único para os europeus (o grupo dos "outros") enquanto eram (e somos) plurais e múltiplos, é uma manifestação racista – e a análise dessa questão já seria suficiente para a produção de um novo artigo. Pontuo esse aspecto fundamental do tratado de que grupos culturais de origens diferentes são lidos pelos próprios escravizados como distintos, delimitando uma hierarquia dentro da própria revolta, mas sigo na análise das outras características do documento. Afinal, o objetivo neste momento é contar a história de Gregório Luís.

Considerações finais

Manuel da Silva Ferreira se comprometeu a aceitar as reivindicações propostas no tratado, evitando a guerra entre as partes. Também foi acordado que, como líder do movimento, Gregório receberia sua carta de alforria.

Entretanto, o proprietário descumpriu o combinado: com o apoio do exército, puniu todos os envolvidos na revolta. Após a rendição, os escravizados tiveram de retornar ao engenho, às condições de trabalho que os levaram à rebelião. As demais lideranças do movimento, que não são nomeadas na bibliografia, foram vendidas e enviadas ao Maranhão. Gregório Luís foi preso na cadeia de Salvador (MARCIS, 2000, p. 66).

Nos anos que se seguiram, outras rebeliões ocorreram. No levante de 1821, com o apoio de quilombos já estabelecidos na região, o Engenho de Santana permaneceu ocupado pelos rebeldes durante três anos. Embora o movimento tenha sido contido em 1824, outro ocorreu em 1828. As fontes convergem na ideia de que os ocorridos em 1789 tenham reverberado e que essas duas mobilizações possam ter sido executadas pelos remanescentes e/ou descendentes da Revolta do Engenho (SCHWARTZ, 1977; REIS, 1983; MARCIS, 2000).

Infelizmente, há carência de registros sobre o fim da vida de Gregório. Sabe-se apenas que até 1806 ele ainda constava entre os cativos das enxovias, as celas subterrâneas reservadas a presos de maior periculosidade (SCHWARTZ, 1988, p. 72).

A conservação do Patrimônio Histórico tem a essencial função da memória, para os ocorridos na Revolta de Santana e demais rebeliões escravas no Brasil. A prisão em que Gregório foi detido funcionava na Câmara Municipal de Salvador, localizada na atual praça Tomé de Souza. O prédio foi transformado em memorial em 1997 e reaberto para visitação em 2010. O subsolo da Câmara, no qual estavam as enxovias, pode ser visto por turistas e pesquisadores que visitam o local (MEMORIAL, 2010). Acredita-se, então, que Gregório tenha terminado seus dias ali.

Como reminiscência do engenho, apenas uma construção resistiu ao tempo. A Capela do Rio do Engenho de Santana, ou apenas

Capela de Nossa Senhora Santana, é o monumento mais antigo de Ilhéus, a terceira capela rural em idade no Brasil, tombada como Patrimônio Histórico Nacional (IPHAN, 1984). A construção, recentemente restaurada, remete a fatores fundamentais dos processos de escravização. Os engenhos reais funcionavam como verdadeiros povoados, organizados hierarquicamente em torno das relações entre casa-grande e senzala. A intrínseca compatibilidade entre catolicismo, mercantilismo e colonialismo foi fundamental para o estabelecimento das estruturas que mantinham essas relações funcionando.

Assim como a edificação da Capela de Santana, a construção da história do Brasil foi realizada pelos escravizados – erroneamente considerados subordinados, passivos ou incapazes de articulação política. A eurocentricidade da historiografia clássica apagou Gregório Luís dos anais do Brasil – muito embora o Engenho de Santana seja recorrentemente citado, tal como seus proprietários. É impensável no discurso hegemônico haver um escravizado capaz de negociar seu trabalho em termos jurídicos de uma missiva. Alguém que replicou uma herança de reinvindicações por direitos e de luta pela liberdade. Que reverteu o que se espera dos escravizados. E que também deixou esse legado para outras rebeliões, ocorridas após a sua prisão. Um homem vencido não por melhores argumentos, mas pelo uso da força bruta na desproporcional relação do exército expedicionário contra quilombolas "em busca da paz" (conforme termos do tratado).

Mesmo a dura repressão aplicada por parte dos proprietários, desde a Batalha dos Nadadores, não foi suficiente para conter a sede de justiça dos povos não brancos (sendo originários ou afrodescendentes) que viveram em Santana. As diversas outras insurgências demonstraram que aquele ambiente de opressão também pode ser entendido como um espaço de luta política – conclusão fundamental dessa pesquisa.

Repensar a trajetória do Engenho de Santana, destacando o protagonismo de Gregório Luís, é reforçar que a conquista de direitos e de dignidade do povo negro decorre de muita luta. Nós negros somos protagonistas da História – de Ilhéus; da Bahia; e desse nosso país afrodescendente chamado Brasil.

Referências bibliográficas

DU BOIS, W. E. B. *Black Reconstruction in America*: The Oxford W. E. B. Du Bois, v. 6. Oxford (2016) [1935].

FANON, Frantz. *Pele negra, máscaras brancas*. São Paulo: Ubu Editora, 2020 [1952].

GOMES, Flávio dos Santos. *A hidra e os pântanos:* quilombos e mocambos no Brasil (sécs. XVII-XIX). São Paulo: Editora Unesp, 2005.

INSTITUTO DO PATRIMÔNIO HISTÓRICO E ARTÍSTICO NACIONAL. Capela de Nossa Senhora de Santana ou Capela do Rio do Engenho de Santana. Nº Processo: 0687-T-62-C. Distrito de Coutos, Ilhéus – Bahia. 1984. Disponível em: <http://portal.iphan.gov.br/ans.net/tema_consulta.asp?Linha=tc_hist.gif&Cod=2834>. Acessado em 22 de junho de 2020.

LOPES, Nei. *Enciclopédia brasileira da diáspora africana*. São Paulo: Selo Negro Edições, 2014.

MARCIS, Teresinha. *Viagem ao Engenho de Santana*. Ilhéus: Editus, 2000.

MEMORIAL. CÂMARA MUNICIPAL DE SALVADOR. Disponível em: <https://www.cms.ba.gov.br/memorial> Acessado em 22 de junho de 2020.

PARAÍSO, Maria Hilda Baqueiro. Revolta Indígena no Engenho de Santana na Capitania de Ilhéus: o Atlântico Açucareiro e o trabalho indígena (1602). *Cadernos de História*, v. 16, n. 24, p. 103-123, 2015.

REIS, João José. Resistência escrava na Bahia: Poderemos brincar folgar e cantar... O protesto escravo na América. *Afro-Ásia*, n. 14, 1983.

______.; SILVA, Eduardo. *Negociação e conflito*: a resistência negra no Brasil escravista. São Paulo: Companhia das Letras, 1989.

RIBEIRO, Djamila. *Lugar de fala*. São Paulo: Pólen Livros, 2019.

SANTOS, Dagson José Borges. Identidade Escrava: A Revolta de 1789 no Engenho de Santana. *Anais do XXIX Simpósio Nacional de História*. 2017.

SANTOS, Ynaê Lopes dos. *História da África e do Brasil afrodescendente*. São Paulo: Editora Pallas, 2017.

SCHUCMAN, Lia Vainer. *Entre o "encardido", o "branco" e o "branquíssimo"*: Raça, hierarquia e poder na construção da branquitude paulistana. Tese de doutorado. Universidade de São Paulo, 2012.

SCHWARTZ, Stuart. *Segredos internos*: engenhos e escravos na sociedade colonial, 1550-1835. São Paulo: Companhia das Letras, 1988.

VIANA, Iamara da Silva; Ribeiro Neto, ALEXANDRE; GOMES, Flávio. Escritos insubordinados entre escravizados e libertos no Brasil. *Estudos Avançados*, v. 33, n. 96, p. 155-178, 2019.

"Uma das glórias da raça negra da nossa terra": a trajetória do liberto **Marcolino José Dias**, capitão dos Zuavos Baianos

Lucas Ribeiro Campos é graduado, mestre e doutorando em história social pela Universidade Federal da Bahia (UFBA). Desenvolve pesquisas sobre o associativismo, mutualismo, raça, trabalho e trajetórias negras, na segunda metade do século XIX, através da experiência da Sociedade Protetora dos Desvalidos (SPD), primeira associação civil de trabalhadores negros do Brasil. É professor da educação básica e do ensino superior, atua com formação de docentes e desenvolve estudos sobre relações étnico-raciais e de gênero. **Jamile Serra Coutinho** é graduada em história pela Universidade Estadual de Feira de Santana (UEFS), mestra em história regional e local pela Universidade do Estado da Bahia (UNEB) e doutoranda em história social pela Universidade Federal da Bahia (UFBA). Tem experiência nos estudos sobre arranjos familiares entre escravizados e libertos na Bahia do final do século XVIII e início do XIX, e dedica-se a estudar a trajetória de Pedro Rodrigues Bandeira, um dos maiores traficantes de escravizados, senhor de engenhos e político da Bahia do século XIX. Ambos fazem parte da linha de pesquisa "Escravidão e Invenção da Liberdade", vinculada ao Programa de Pós-Graduação em História da UFBA.

Em 20 de fevereiro de 1888, alguns meses antes da Abolição da escravidão no Brasil, faleceu uma das lideranças negras mais importantes da Bahia, o capitão Marcolino José Dias, vítima de uma "congestão cerebral".[1] Naquele ano de 1888, muitos jornais de diversas partes do Brasil noticiavam com pesar a morte de Marcolino. Entre as matérias veiculadas, destacamos uma que saiu na primeira página do jornal a *Cidade do Rio*, de propriedade de José do Patrocínio, uma das maiores lideranças negras do movimento abolicionista no Brasil. O texto lamentava a morte de Marcolino, apresentado como "uma das glórias da raça negra da nossa terra", e elogiava as qualidades militares do capitão durante a guerra contra o Paraguai e a sua popularidade entre o povo baiano. A nota no jornal, além de mencionar que a "morte do herói é sinceramente sentida por quantos o conheceram e têm notícia dos seus feitos", ainda direcionava "sinceros pêsames aos abolicionistas baianos, que acabam de perder no capitão Marcolino José Dias um dos mais dedicados companheiros, um dos braços mais valentes para o combate" (*Cidade do Rio*, 22/02/1888).

Marcolino, que na sua juventude havia sido escravizado, além de ter se tornado um herói da guerra contra o Paraguai e um dos maiores militantes do movimento abolicionista, esteve profundamente envolvido nas disputas político-partidárias da Bahia por meio do Partido Liberal. O capitão conquistou a confiança de sujeitos das classes mais pobres até políticos importantes do império e também, segundo relatos, do próprio imperador Dom Pedro II. Marcolino foi uma figura popular na cidade de Salvador, conhecido por transitar em diversos espaços, como os candomblés, as festas de 2 de Julho e as associações abolicionistas e de ajuda mútua para trabalhadores negros. Assim como as relacionadas a muitas mulheres e homens negros, a narrativa sobre a atuação política de Marcolino em defesa da população negra no período escravista foi invisibilizada na construção da história do Brasil.

1. ASPD, certidão de óbito de Marcolino José Dias de 21/05/1888; *Gazeta de Noticias*, 21/02/1888.

Não se sabe ao certo a data e o local de nascimento de Marcolino, mas, pelo atestado de óbito, é possível deduzir que tenha nascido em meados dos anos de 1830, nos primeiros anos após a Independência do Brasil. Escravizado e servindo ao casal Manoel José Dias e Maria Angélica Dias, obteve a sua liberdade em 1838, quando seu senhor concedeu cartas de alforria aos "Crioulos" Marcolino e Rufino, assim como para a "Cabrinha" Prisca e a "Crioulinha" Marinha. No entanto, como era um hábito no Brasil escravista, sobretudo para manter o poder patriarcal dos senhores em relação aos seus escravos, a alforria foi condicionada à morte dos senhores. Com o falecimento de Manoel Dias, a viúva abriu mão da liberdade condicionada dos seus escravos e, consequentemente, estes se tornaram livres no ano de 1848. No documento, Maria Angélica dizia que desistia "dessa condição por ser contente, e satisfeita que os referidos escravos nesta mencionados gozem desde já de sua inteira liberdade, como se de ventre livre nascessem, por ser isto de mesma muito espontânea vontade, e sem o menor constrangimento".[2]

Poucos anos depois, provavelmente com 20 anos de idade e usufruindo da frágil condição jurídica de um liberto no Brasil de meados do século 19, é possível perceber que Marcolino naquele momento já apresentava habilidades em mobilizar redes de alianças para ajudar a população negra com suas demandas, como a proteção do direito à liberdade religiosa de culto ao candomblé. Em 1855, quando era guarda municipal da freguesia de Brotas na cidade de Salvador, protagonizou uma querela com o inspetor Francisco de Moura Rosa, ao ter defendido um grupo envolvido com candomblé na região do Cabula e ameaçou agredir a autoridade, caso prendesse aqueles indivíduos. Insatisfeito, o inspetor prestou queixa ao chefe de polícia, alertou sobre a postura omissa das autoridades em não o prender e lembrou, com uma fala bastante reveladora, que

2. APEB, Judiciário, Livro de Notas n. 294, fl. 139. Sobre as alforrias no Brasil escravista, ver: ALMEIDA, 2012.

"o referido crioulo Marcolino tem protetores, que por ele se empenham grandemente" (REIS, 2008, p. 34-35).

Uma década depois, em 1865, no contexto da guerra contra o Paraguai, Marcolino, provavelmente com 30 anos de idade, foi nomeado pelo presidente da Província para comandar a Segunda Companhia de Zuavos, que fazia parte de um conjunto de grupos negros organizados pelo governo da Província da Bahia, entre 1865 a 1867, e enviados para ajudar nos conflitos contra a nação paraguaia. Acredita-se que a denominação dos grupos e o formato dos uniformes eram uma espécie de alusão aos regimentos dos zuavos franceses da Argélia, mas sobre isso não há consenso. Os batalhões dos Zuavos Baianos mobilizaram cerca de 635 soldados, mas no decorrer da guerra foram dissolvidos pelo Império brasileiro por conta dos perigos de se constituir um pertencimento racial entre negros naquele momento.[3] Afinal, o silêncio das autoridades brasileiras sobre a cor já era um projeto nacional desde aquele momento.

O presidente da província que nomeou Marcolino como comandante da Segunda Companhia dos Zuavos foi Luís Antônio Barbosa de Almeida, que era desembargador e um importante chefe político do Partido Liberal na Bahia. Na ocasião, um correspondente conservador baiano do *Jornal do Commercio* do Rio de Janeiro repudiou a decisão, pois acreditava que o novo tenente era um liberto com reputação duvidosa. O autor anônimo ainda acusou Marcolino de trabalhar como capanga para os liberais, ao ameaçar oposicionistas nas eleições da província, em troca de cargos públicos. Além disso, afirmou que, por conta de seus serviços "amarraram-lhe a banda de oficial, como se pretendessem com ela eliminar dos cartórios a carta de alforria!". Acrescentou ainda que "uma província patriótica e heroica, como esta, não pode ver com satisfação dar-se uma banda de oficial a um homem que, tendo sido escravo, nada tem feito para nobilitá-la" (*Jornal do Commercio*, 06/04/1865, p. 2; *Jornal do Commercio*, 15/04/1865, p. 2; KRAY, p. 142–144).

3. Para mais informações, ver: FELIX JÚNIOR, 2009, p. 75; KRAAY, 2012, p. 130–131.

Na sociedade brasileira, com marcas e características de Antigo Regime, a mobilidade social se dava através do progressivo afastamento do passado escravo, que era garantido por meio da construção de redes de proteção e solidariedade. Não raro, existiram mulheres e homens negros que ocuparam cargos e posições sociais e econômicas importantes, e tiveram a sua condição de liberta ou liberto deliberadamente apagada dos seus registros. Quando o autor anônimo afirmou que, ao conquistar o título de oficial, Marcolino teria a pretensão de apagar do cartório o seu registro de liberto, provavelmente ele estava se referindo à intenção do então capitão dos zuavos de se tornar livre e ocupar espaços que eram restritos a esse grupo. Definitivamente, não era fácil para a oposição conservadora, formada por homens brancos, senhores de escravos e proprietários de engenhos e terras, aceitar o fato de um homem negro, que foi escravizado, ocupar espaço de poder no comando de uma companhia militar.

De acordo com Manoel Querino, importante escritor e professor negro, o capitão dos zuavos havia se destacado na guerra contra o Paraguai e foi "elogiado por seus superiores pelo sangue-frio e bravura com que se portava nos combates". Durante a guerra, "coube-lhe a glória de fincar o pavilhão brasileiro na tomada do forte Curuzú, em 3 de setembro de 1866, bradando com entusiasmo: 'está aqui o negro zuavo baiano'", gesto que reafirmou o seu pertencimento racial. Foi nessa ocasião que obteve a patente de capitão e o título de cavaleiro da Ordem do Cruzeiro, uma das mais importantes do Império (NASCIMENTO; GAMA, 2009, p. 197). Seu regresso, por conta de ferimento não especificado, foi registrado no jornal *O Alabama*, que observou que "o homem onde vai é acompanhado de uma multidão de povo", sendo recebido na Bahia como herói de guerra (*O Alabama*, 22/06/1867, p. 1; KRAAY, p. 154). Todos os anos se comemorava a sua volta, mandava celebrar missa em ação de graças e, à noite, realizava um baile em sua residência, onde recebia os convidados em seu traje de gala (VARELLA, 1935, p. 14).

Ser soldado representava muito para os homens negros, principalmente para um liberto, pois poderia ser a oportunidade de ascender na sociedade e exercer sua cidadania. Marcolino recebeu honrarias por serviços prestados na guerra e obteve o direito de usar a farda e de ser tratado como oficial. No entanto, depois da guerra, havia pouco espaço para os veteranos negros na sociedade, e o capitão dos zuavos constantemente lutou pelo reconhecimento de seus serviços prestados, ao solicitar algumas vezes do Ministério do Império o direito a pensão por seus serviços na guerra (*Diário do Rio de Janeiro*, 14/10/1871, p. 1; KRAAY, p. 158). Há indícios sobre o seu retorno da guerra, que apontam que um dia despertara a curiosidade do presidente da província, que, ao vê-lo na praça com uniforme militar, armado e varrendo a rua, o havia julgado maluco. Ao ser questionado sobre o que fazia ali, Marcolino respondeu que era capitão do Exército e havia servido na campanha do Paraguai, tinha família, estava sem emprego e pediu para o presidente o contratar (VARELLA, p. 13-14). Provavelmente por conta desse episódio, o capitão dos zuavos foi então nomeado porteiro da Biblioteca Pública (Ibid., p. 13).

Sua trajetória lembra o conhecido Cândido da Fonseca Galvão, filho de africano forro, nascido na Bahia, também oficial do Exército brasileiro na guerra contra o Paraguai, conhecido popularmente como Dom Obá II d'África. Apesar de também ser chamado de louco pelas elites letradas, Dom Obá era reverenciado como príncipe por uma considerável parcela da população da Corte, principalmente escravos, libertos e livres, que compartilhavam de suas leituras de mundo, seus símbolos e ideias. Dom Obá esteve inserido nas redes de proteção dos políticos da Corte, sobretudo baianos ligados ao Partido Conservador, como Rio Branco, Bom Retiro e Cotegipe. Constituiu-se como um canal entre a população negra da Corte e as autoridades da época.[4] Galvão e Marcolino, apesar de estarem em posições opostas na disputa político-partidária entre liberais e conservadores, tinham muito em comum e talvez fossem

4. Para mais informações sobre Cândido da Fonseca Galvão, ver: SILVA, Eduardo. *Dom Obá II d'África, o Príncipe do Povo*: vida, tempo e pensamento de um homem livre de cor. São Paulo: Companhia das Letras, 1997.

conhecidos da campanha do Paraguai, pois, em 1877, o príncipe do povo solicitou um atestado ao capitão dos zuavos, provavelmente para comprovar suas ações durante a guerra, tendo em vista a constante luta dos ex-soldados negros para obterem o reconhecimento de seus feitos (*Correio da Bahia*, 26/04/1877, p. 2).

Apesar das dificuldades enfrentadas por ser um liberto, Marcolino representou uma figura de liderança, capaz de reunir em torno de si a possibilidade de um canal de interlocução entre trabalhadores negros e políticos baianos. Como um veterano da guerra, o capitão dos zuavos manteve sua atuação nas trincheiras da luta política e partidária ao lado dos liberais e fortaleceu ainda mais sua rede política. Além do presidente da província, que o nomeou capitão do Segundo Batalhão dos Zuavos, durante a guerra contra o Paraguai, Marcolino tinha uma relação próxima com o coronel Joaquim Antônio da Silva Carvalhal, que havia sido tutor de seu filho e testemunha de seu casamento com Dorothéa Rodrigo do Espírito Santo.[5] Carvalhal era ligado ao Partido Liberal, importante articulador das companhias de Zuavos, principal idealizador da Sociedade Veteranos da Independência e da Sociedade Humanitária Abolicionista.[6] Era um sujeito com um capital político interessante e, dentro das possibilidades de resistência negra naquele momento, poderia ser um grande aliado de Marcolino em períodos de crise.

No entanto, os posicionamentos e as alianças feitas por Marcolino logo despertaram inimizades de autoridades na capital baiana. Devido à saída do gabinete liberal de Zacarias de Góes e Vasconcelos do poder e à elevação dos conservadores, em julho de 1868, a situação de Marcolino na Província da Bahia se tornou complicada. Francisco Gonçalves Martins, o Barão de São Lourenço, importante político do Partido Conservador, assumiu como presidente da província de 1868 a 1871 e se transformou em um verdadeiro pesadelo para

5. ASPD, certidão de casamento de Marcolino José Dias e Dorothéa Rodrigo do Espírito Santo Dias, 22/05/1888.

6. KRAAY, p. 145; ASPD, relatório da Sociedade Protetora dos Desvalidos, apresentado na sessão de 14/11/1886.

Marcolino. Provavelmente tenha sido ele ou algum de seus correligionários políticos o mandante de uma tentativa de assassinato contra o capitão dos zuavos.

Na noite de 23 de setembro de 1869, pelas redondezas da matriz de Santana, um indivíduo "meio mascarado", que utilizava "um lenço" para se manter no anonimato, armou uma tocaia para o capitão dos zuavos. Ao avistá-lo, a figura misteriosa desferiu diversos golpes de faca contra ele, que se defendeu com apenas a bengala que sempre o acompanhava. De acordo com uma carta anônima enviada para o *Jornal do Commercio* do Rio de Janeiro, "com a coragem que o distingue, o bravo capitão dos zuavos evitou o assassino". O correspondente do *Jornal do Commercio* duvidava que a polícia se esforçasse para identificar o culpado, pois a pretendida vítima era um "liberal e um dos que tem tomado aqui mais ativa parte em eleições pelo seu partido. Há muito juraram os dominadores [da província] dar-lhe uma lição de mestre" (*Jornal do Commercio*, 15/10/1869, p. 1).

Como os políticos ligados ao Partido Liberal haviam perdido a hegemonia no poder para os conservadores, os anos de 1870 foram marcados pela pressão oposicionista dos liberais, que, liderados pelo Conselheiro Manoel Pinto de Souza Dantas, mobilizaram o apoio de uma parcela dos trabalhadores baianos. Nesse contexto, para retomarem a hegemonia da província, os liberais precisavam do apoio das lideranças populares para dialogarem com determinados grupos de trabalhadores votantes, de modo a conseguirem mão de obra livre comprometida com a ordem pública. Lideranças negras ganharam destaque na militância liberal, e Marcolino, que passou a usufruir de prestígio popular, utilizou isso a favor da luta política dos trabalhadores negros, mas não como um capanga, como quiseram menosprezar alguns conservadores. Marcolino assumiu de fato a posição de protagonista na política partidária.[7]

7. Sobre o contexto político daquele período, ver: LEAL, Maria das Graças de Andrade. *Manuel Querino entre letras e lutas – Bahia*: 1851-1923. São Paulo: Annablume, 2009, p. 225–257.

Em setembro de 1876, por exemplo, é possível encontrar Marcolino na chapa do Club Liberal do curato da Sé, em Salvador, concorrendo como eleitor no pleito daquele ano (*O Monitor*, 23/09/1876, p. 3). De acordo com a Constituição de 1824, as eleições no Brasil imperial eram indiretas, ou seja, aconteciam em dois turnos. Existiam os "votantes" que, no primeiro turno, eram responsáveis pela eleição dos "eleitores", e estes, por sua vez, no segundo turno, elegiam aqueles que seriam os representantes da população nas assembleias provinciais e na Câmara dos Deputados. Como o voto era censitário, os votantes deveriam ter uma renda anual de 100$000 (cem mil-réis) e os eleitores, de 200$000 (duzentos mil-réis) (SAMPAIO; CASTILLO; ALBUQUERQUE, 2014, p. 283–284). Não há informações se Marcolino venceu a eleição daquele ano de 1876, mas, quando os liberais regressaram ao poder, em 1878, o capitão dos zuavos esteve entre os escolhidos eleitores, com significativos 410 votos (*O Monitor*, 15/08/1878, p. 1).

A sua importância no Partido Liberal era tão grande que, em março de 1878, uma comissão de membros do partido, incluindo o abolicionista Eduardo Carigé, entregou uma espada de honra a Marcolino, "justo prêmio dos serviços que aos seus correligionários em particular e ao partido em geral tem prestado aquele cidadão" (*O Monitor*, 29/03/1878, p. 1). Mesmo com todas as pressões existentes por parte de grupos políticos conservadores, que não aceitavam sua presença em espaços de poder, é possível ver a importância que esse homem negro liberto teve na dinâmica política da Bahia.

No movimento abolicionista, que buscava pressionar as autoridades pelo fim do sistema escravista no Brasil, o capitão dos zuavos atuou de forma intensa e foi fundador, ao lado de outras lideranças abolicionistas, como Eduardo Carigé, da Sociedade Libertadora Bahiana, no ano de 1883. Entre as práticas dessa sociedade, estão as organizações de eventos e denúncias de maus-tratos e violência contra os cativos. E existia uma ala mais radical na sociedade, que atuava no requerimento de moções de liberdade e na tentativa de estancar o tráfico interprovincial, que se acentuou a partir de 1850, com a proibição do tráfico transatlântico. Em uma dessas ações, que contou com participação de diversos segmentos sociais, o filho de Marcolino, Agostinho José Dias, esteve envolvido em uma tentativa de recuperar um grupo de escravizados que estava sendo mandado para outra região da província, promovendo o resgate desses sujeitos (SIMPÓSIO NACIONAL DE HISTÓRIA, 2015, p. 1–16). Provavelmente foi nesse período que Marcolino protagonizou um episódio que, segundo matéria do jornal *Cidade do Rio*, "por um triz não deita o Brasil abaixo", pois o capitão dos zuavos foi responsável, por meio de uma ação abolicionista, por resgatar um dos escravos do político conservador baiano João Maurício Wanderley, o Barão de Cotegipe (*Cidade do Rio*, 22/02/1888, p. 1).

Marcolino ganhou notoriedade também ao assumir a liderança da primeira associação civil negra do Brasil, a Sociedade Protetora dos Desvalidos (SPD), fundada em 1851, com o compromisso de prestar ajuda mútua a trabalhadores negros, como assistência em momentos de doença, invalidez, prisões, velhice, além de pensões às viúvas e educação aos órfãos. O interesse de Marcolino pela SPD, que apenas aceitava trabalhadores negros em seu quadro de sócios, se deu no início do ano de 1865, mas ele apenas ingressou na instituição em dezembro de 1875.[8] Na época, havia declarado ter 40 anos de idade, estar casado, com filho, exercer o ofício de alfaiate e morar na Rua da Laranjeira, Freguesia da Sé.[9] Apesar de ter ocupado apenas o cargo de vice-presidente da associação (1879–1880 e 1886–1887), sua atuação era mais intensa nos bastidores da instituição.

Marcolino negociou junto com os deputados provinciais Garcia Pires de Carvalho e Albuquerque e João Augusto Neiva uma das conquistas mais importantes da SPD, a subvenção anual do governo

8. ASPD, ata da sessão do dia 08/01/1865; ASPD, ata da sessão do dia 05/02/1865. Para mais informações sobre a Sociedade Protetora dos Desvalidos, ver: CAMPOS, Lucas Ribeiro. *Sociedade Protetora dos Desvalidos:* mutualismo, política e identidade racial em Salvador (1861–1894). Dissertação de mestrado – Faculdade de Filosofia e Ciências Humanas, Universidade Federal da Bahia, Salvador, 2018.

9. ASPD, pedido de inscrição de Marcolino José Dias de 04/12/1875, aprovado em 12/03/1876.

da província no valor de 1:000$000 (um conto de réis).[10] Esse era um valor que ajudava associações de ajuda mútua a se manterem, para além dos valores que recebiam das mensalidades de seus associados, e significou muito, pois somente algumas associações recebiam essas subvenções, como aponta a lei orçamentária da província da Bahia, entre os anos de 1865 a 1884 (SILVA, 1998, p. 55). Além disso, a SPD passava por dificuldades financeiras pelo grande número de sócios inadimplentes, problemas com rendimentos em bancos e os gastos ocasionados por obras em suas propriedades.[11]

Em dezembro de 1886, Marcolino idealizou o projeto de um asilo para que os associados da SPD que caíssem na indigência pudessem ter um local de refúgio. Para tanto, solicitou que o andar superior da sede, localizada na Rua do Bispo, Freguesia da Sé, não fosse alugado e exigiu, por isso, uma assembleia extraordinária para discutir o assunto.[12] Em um documento, Marcolino mencionou que o asilo iria funcionar com ajuda de um médico que fosse sócio protetor para diminuir os gastos, cada asilado usaria uma vestimenta apropriada e os enfermeiros seriam os próprios asilados que estivessem em melhores condições, até a SPD conseguir contratar profissionais adequados, para que os sócios recebessem melhor tratamento.[13]

Marcolino morreu aos 54 anos, meses antes de presenciar a Abolição da escravidão no Brasil, em 13 de maio de 1888.[14] Nos festejos comemorativos que sucederam à Abolição, o antigo capitão dos zuavos foi lembrado pelo Batalhão dos Defensores da Liberdade, o qual comandava durante as festas de 2 de Julho, que levantaram o seu retrato em meio à multidão (BRITO, 2003, p. 266). Sua trajetória

10. ASPD, relatório da Sociedade Protetora dos Desvalidos de Setembro de 1882 a Setembro de 1883, apresentado pelo presidente Amâncio Rodrigues Seixas.

11. ASPD, relatório da Sociedade Protetora dos Desvalidos de 1882 a 30/09/1883; ASPD, ofício de Manoel do Nascimento de Jesus de outubro de 1884.

12. ASPD, requerimento de Marcolino José Dias de 10/12/1886.

13. ASPD, condições para fundação do asilo apresentada por Marcolino José Dias em 18/03/1887.

14. ASPD, certidão de óbito de Marcolino José Dias de 21/05/1888.

demonstra como se constituiu a política dos trabalhadores negros, a resistência ao regime escravista e os embates do movimento abolicionista pelo fim da escravidão. O ideal de abolição da escravidão ainda é visto como uma ação da elite branca, que, ao assinar um papel, libertou todo o povo que foi escravizado por mais de três séculos, quando na verdade foram sujeitos como Marcolino que construíam, e ainda constroem, a liberdade das mulheres e homens negros no Brasil.

Alguns anos depois da morte do capitão dos zuavos, em 14 de março de 1893, um autor anônimo, que assinava como J. P. (José do Patrocínio?), em passagem pela Bahia, dizia, de forma bem saudosista e um pouco inconformada, as seguintes palavras: "Esta terra, que não é a mesma dos Sabinos, Labatus e nem mesmo a de Marcolino José Dias, tem passado por uma mudança radical, completa! O seu mundo político é insondável, inextricável e bastante emaranhado" (*O Tempo*, 15/03/1893, p. 2). Esse complicado "mundo político" a que o autor anônimo se referia era a República, período marcado por novas formas de exclusão, violência e desigualdade contra os negros e negras no Brasil. A lembrança da figura de Marcolino naquele momento significava que o seu legado ainda inspirava a luta por cidadania no pós-Abolição.

Referências bibliográficas

ALMEIDA, Kátia Lorena Novais. *Alforrias em Rio de Contas*: Bahia, século XIX. Salvador: EDUFBA, 2012.

BRITO, Jailton Lima. *A abolição na Bahia*: 1870-1888. Salvador: CEB, 2003.

CAMPOS, Lucas Ribeiro. *Sociedade Protetora dos Desvalidos*: mutualismo, política e identidade racial em Salvador (1861-1894). Tese de mestrado. Universidade Federal da Bahia, 2018.

CASTELLUCCI, Aldrin A. S. "Os trabalhadores e a política no Brasil Império: o problema da cidadania operária em uma sociedade escravista (Salvador, 1850-1881)". *In*: SAMPAIO, Gabriela dos Reis; CASTILLO, Lisa Earl; ALBUQUERQUE, Wlamyra Ribeiro de (org.).

Barganhas e querelas da escravidão: tráfico, alforria e liberdade (séculos XVIII e XIX). Salvador: EDUFBA, 2014, p. 283–284.

FELIX JÚNIOR, Osvaldo Silva. *Repensando a Guerra (a participação da Bahia na Guerra do Paraguai), 1865-1870*. Tese de mestrado. Universidade do Estado da Bahia, 2009, p. 75.

KRAAY, Hendrik. Os companheiros de Dom Obá: os zuavos baianos e outras companhias negras na Guerra do Paraguai. *Afro-Ásia*, nº 46, p. 130–131, 2012.

LEAL, Maria das Graças de Andrade. *Manuel Querino entre letras e lutas*: Bahia: 1851--1923. São Paulo: Annablume, 2009.

NASCIMENTO, Jaime; GAMA, Hugo (org.). *Manoel R. Querino*: seus artigos na *Revista do Instituto Geográfico e Histórico da Bahia*. Salvador: Instituto Geográfico e Histórico da Bahia, 2009.

REIS, João José. *Domingos Sodré, um sacerdote africano*: escravidão, liberdade e candomblé na Bahia do século XIX. São Paulo: Companhia das Letras, 2008.

SAMPAIO, Gabriela dos Reis; CASTILLO, Lisa Earl; ALBUQUERQUE, Wlamyra Ribeiro de (org.). *Barganhas e querelas da escravidão*: tráfico, alforria e liberdade (séculos XVIII e XIX). Salvador: EDUFBA, 2014.

SILVA, Eduardo. *Dom Obá II d'África, o Príncipe do Povo*: vida, tempo e pensamento de um homem livre de cor. São Paulo: Companhia das Letras, 1997.

SILVA, M. C. B. C. *Sociedade Monte-Pio dos Artistas na Bahia*: elo dos trabalhadores em Salvador. Salvador: Secretaria da Cultura e Turismo da Bahia; Fundação Cultural do Estado da Bahia; Empresa Gráfica da Bahia, 1998.

SILVA, Ricardo Tadeu Caires. A Sociedade Libertadora Baiana e a campanha abolicionista na Bahia (1883–1888). *In*: SIMPÓSIO NACIONAL DE HISTÓRIA, 28. Florianópolis. *Anais eletrônicos* [...]. Florianópolis: UFSC, 2015.

VARELLA, João. *Da Bahia que eu vi*. Salvador: Tipografia do Povo, 1935.

Colorindo a política: Eduardo Ribeiro, o governador negro do Amazonas

Geisimara Matos Nascida em Manaus, graduou-se em história pela Universidade Federal do Amazonas (UFAM) em 2016. É mestra em história social pela Universidade Federal do Rio de Janeiro (UFRJ) desde 2019. Pesquisa temas relacionados à história do Amazonas, pós-abolição e raça e racismo no Brasil.

Todo amazonense, em algum momento da vida, já ouviu ou vai ouvir falar de Eduardo Ribeiro. Ou terá passado pela larga avenida que ganhou seu nome, no centro da cidade de Manaus. Entretanto, para além das fronteiras do estado do Amazonas, sua figura e seu nome passam quase despercebidos. E, mais ainda, o fato de ter sido um homem negro.

A memória histórica sobre Eduardo Ribeiro foi construída em torno do discurso ufanista e laudatório que ligou sua administração à frente do governo do Amazonas (1892–1896) às várias obras de intervenção urbana – principalmente na capital Manaus (como a construção do Teatro Amazonas, a ponte Benjamin Constant, entre outras). Há ainda um imaginário corrente sobre seu possível enriquecimento ilícito e desequilíbrio mental.

Na imagem que abre este texto, podemos observar Eduardo Ribeiro trajando uma vestimenta militar. Esse retrato nos remete às descrições físicas constantes em sua fé de ofício, que seriam: "cor parda, cabelos pretos e crespos" e 1,60 m de altura. Não sabemos em que circunstâncias a pintura foi realizada e nem quem a realizou. A cor de Eduardo, pelo que podemos observar, é retratada como sendo escura.

Diante de todos esses questionamentos em torno de sua vida, é necessário que sua história seja contada mediante novos olhares que nos permitam também apreender a atmosfera racista do período em que Ribeiro viveu. Ou seja, o que buscamos com este artigo é fazer um pequeno resgate da história de governador, a fim de mostrar o papel que homens livres de cor tiveram na sociedade brasileira de fins do século 19. Homens nascidos nessa condição, que tiveram acesso à educação e que tinham estampado na pele um passado ligado à escravidão.

Família e origem

Eduardo Gonçalves Ribeiro nasceu em São Luís, capital do Maranhão, em 18 de setembro de 1862. Sua origem paterna e infância ainda nos geram muitos questionamentos. Biografia divulgada no *Diário Oficial do Amazonas*, de 1895, diz que Ribeiro teria nascido "em uma casinha de aparência mais que modesta" (*Diário Official do Estado do Amazonas*, 18/09/1895).

Sua mãe, Florinda Maria da Conceição, é citada em vários documentos relacionados a Eduardo Ribeiro, desde a sua fé de ofício até as disputas por herança ocorridas logo depois da morte do filho. Embora não tenhamos qualquer informação sobre sua ascendência ou *status* conjugal, sabemos, por meio de sua certidão de óbito, que ela faleceu em 1910, aos 76 anos, o que significa dizer que tenha nascido por volta de 1834. Eyder Paes, em coluna no *Jornal Pequeno*, de 19 de julho de 1990, diz que era uma mulher de cor, que "vendia bolos, doces e peixe frito na rua de S. Pantaleão" (*Jornal Pequeno*, 19/07/1990, p. 3), mas, novamente, não há indicação do lugar onde teria obtido essa informação.

Apesar dessa falta de registros, é possível saber que Florinda Maria da Conceição foi sepultada na Igreja de Santo Antônio, em 10 de setembro de 1910.[1] Num primeiro momento, essa informação parece pouco importante, mas vale destacar que esse tipo de prática de sepultamento em igrejas já não era muito recorrente no início do século 20, se justificando, no caso de Florinda, por conta do meio social mais abastado em que circulou no Maranhão, provavelmente, a partir da chegada do filho ao governo do Amazonas.

A irmã de Eduardo Ribeiro, Cezarina Hercilia Ribeiro, parece, com base nos jornais da época, também ter feito parte de círculos sociais privilegiados na cidade de São Luís, não só por haver nota de felicitações por ocasião de seu aniversário (2 de janeiro), como por ter seu nome associado à Irmandade do Senhor Bom Jesus da Coluna, sugerindo que integrasse essa fraternidade (*Jornal Pacotilha*, 07/03/1912). Ao que tudo indica, teve uma vida religiosa bastante ativa, contribuindo, seja para a irmandade, seja para a igreja de Nossa Senhora da Conceição, à época localizada na rua Grande, no centro da cidade (*Jornal Pacotilha*, 21/06/1904).

1. Em sua certidão de óbito, emitida pelo Cartório da 1ª Zona de Registro Civil, em São Luís, MA, Florinda teria falecido aos 76 anos, aparecendo apenas Cezarina na filiação e, como causa da morte, arteriosclerose.

Cezarina Ribeiro não parece ter constituído família, pois em seu registro de óbito é designada como solteira.[2]

O pouco que conseguimos levantar sobre as trajetórias da mãe e da irmã de Eduardo Ribeiro revela a mudança de posição dessas pessoas na hierarquia social. Mesmo que essa ascensão social não se traduzisse em termos financeiros, já que, segundo Ribeiro, sua mãe tinha apenas uma casa na rua de Sant'Anna, comprada por ele em 1892, e sua irmã, uma pequena casa na rua de São João (RIBEIRO, 1897). Fica claro que a inserção em outros círculos de sociabilidade configurava uma forma de mobilidade social, muito provavelmente a partir do *status* de governador que o filho e irmão havia alcançado.

Em nenhum momento há referência ao pai de Ribeiro.[3] No registro de batizados da Freguesia de Nossa Senhora da Conceição da capital do Maranhão de 1863, há apenas o registro da mãe, sem menção à paternidade, o que configurava à época um fato de real importância. Sendo Eduardo Ribeiro filho de pai desconhecido, muitos jornais oposicionistas amazonenses utilizavam-se desse fato para sugerir que fosse filho bastardo e assim estigmatizá-lo pelo preconceito contra uniões não oficiais e também para insinuar que sua origem era motivo de vergonha.

Formação educacional

Manoel de Bethencourt, que foi professor de filosofia do Liceu Maranhense, escreveu uma homenagem a Ribeiro por ocasião de seu aniversário de 1898, para o jornal *A Federação*. Segundo Bethencourt, certo dia, por volta do ano de 1878, estava em casa quando vieram lhe dizer que um moço o procurava. O visitante era um "rapaz de estatura mediana, magro, de voz abaritonada, fluente no dizer, rápido na emissão do pensamento". Procurou-o para que

2. Inventário de Códices do Arquivo da Arquidiocese do Maranhão. Livro de Registro de Óbitos da Freguesia de Nossa Senhora da Conceição da Capital. Livro nº 47 de 1915–1921. Arquivo Público do Estado do Maranhão.

3. Mário Ypiranga Monteiro, em *Negritude e modernidade* (1990), diz que corria um boato em Manaus de que o pai de Eduardo Ribeiro era mentalmente desequilibrado (p. 58).

lhe ensinasse várias matérias, entre elas o francês e um pouco de matemática elementar. Esse moço era Eduardo Gonçalves Ribeiro.[4]

Outra vez, em biografia divulgada no *Diario Official*,[5] de 18 de setembro de 1895, também por ocasião do aniversário de Eduardo Ribeiro, fica destacada a sua ânsia por instrução, o que denota a consciência de que apenas pelos estudos poderia ele alcançar alguma mobilidade e distinção sociais.

> Foi ele a escola que lhe temperou de aço a rigidez do caráter, que lhe tornou inquebrantável o ânimo e lhe preparou as armas para o grande combate da vida, fazendo dele um forte na acepção genuína do termo.
> Cedo, muito cedo [...] levado pelo veemente desejo de ser um homem, de fazer um nome, atirava-se aos poucos livros que com dificuldade adquiria, aproveitando-se para isso do pouco tempo que aos afazeres diurnos roubava. [...]
> Desamparado e sem meios, procurava muitas vezes, em longas horas de desânimo, abafar no peito, como a um sonho de quase impossível realização, o desejo imenso de, pelo estudo, conquistar uma posição condigna do talento que sentia borbulhar-lhe n'alma.[6]

Ao destacar a inteligência e o esforço de Ribeiro para estudar, o texto salienta a fatalidade, ou melhor, o "providencial acaso [...] que o colocou em tão obscuro berço"[7] e, em uma avaliação *a posteriori*, questiona como um homem de talento e inteligência poderia ter nascido em tão desfavorável condição. Aqui, a cor e a classe mais pobre aparecem como um infeliz acidente, uma artimanha do destino.

4. Artigo de Manoel de Bethencourt sobre Eduardo Ribeiro publicado no jornal *A Federação*, 18/09/1898.
5. Embora a autoria da biografia não seja citada, a escrita desse texto biográfico parece-nos ter a pena do biografado, tendo em vista os detalhes da sua descrição.
6. *Diario Official*, 18/09/1895. Disponível no Arquivo Público do Estado do Amazonas.
7. Ibid.

Distanciar-se desse acidente parece ter sido o fato que justifica sua ascensão da pobreza e da subalternidade (baseadas no preconceito de cor e na possível origem escrava).

Infelizmente, não sabemos como se deram os primeiros contatos de Eduardo Ribeiro com as letras, ou quem ou qual instituição foi responsável por sua alfabetização. O fato é que, em 1879, Ribeiro entrou para o Liceu Maranhense, no curso de humanidades.[8] O fato de saber ler e escrever e de na juventude ter ingressado no Liceu Maranhense não configurava fato incomum naquela época para um jovem negro, mas também não significava que o acesso fosse fácil ou que todos conseguissem estudar, ainda que jovens.

O Liceu funcionava como uma espécie de curso preparatório para o ingresso dos filhos da alta sociedade maranhense no ensino superior e gozou durante décadas do prestígio de ser um espaço formador de intelectuais (MARTINS, 2011, p. 58). Interessante pontuar que um dos famosos professores do Liceu Maranhense era Manoel de Bethencourt, que assumiu a cadeira de Filosofia do Liceu e era encarregado de reunir seus jovens alunos e debater assuntos relacionados às humanidades. Bethencourt foi um dos responsáveis pela idealização do jornal *O Pensador*, periódico de que Ribeiro participou, como veremos nas próximas páginas.

Mesmo dedicando-se aos estudos, sua infância não parece ter sido tranquila e cheia de brincadeiras, já que teve de iniciar precocemente sua vida de trabalhador, engraxando botas como ajudante de sapateiro, ou posteriormente atuando como sacristão de um padre chamado Pedro, ou ainda como ajudante de vaquejada em Anajutuba.[9] Mas, apesar das dificuldades e contrariando todas as expectativas de um contexto fatalmente preconceituoso, parece que seus esforços, tão enfatizados na biografia do *Diario Official*, deram resultados.

8. A instituição, que nasceu em 1838 e foi o primeiro colégio público de nível secundário no Maranhão, tinha como modelo o Colégio Pedro II do Rio de Janeiro. Dirigido pelo gramático Francisco Sotero dos Reis, era exclusivo para o sexo masculino e funcionava na parte inferior do Convento do Carmo.

9. *A Federação*, 19/04/1896. Citado por MESQUITA, 2005, p. 281.

O envolvimento no jornal *O Pensador*

O Pensador nasceu em 10 de setembro de 1880; foi um periódico em que Eduardo Ribeiro esteve envolvido, juntamente com outros jovens maranhenses, como Aluísio Azevedo, amigo próximo. Publicado três vezes ao mês (nos dias 10, 20 e 30) e de caráter anticlerical,[10] tinha como objetivo contrapor as ideias do jornal *Civilisação*, representante dos interesses conservadores da Igreja Católica. Esse jornal foi um meio fecundo para que aqueles jovens pudessem expressar suas ideias. Apesar de seu objetivo principal ser o de criticar a Igreja Católica, podemos observar em suas folhas o caráter positivista, oriundo da filosofia de Auguste Comte. Segundo Jean-Yves Mérian, o periódico era "financiado em parte pelas lojas maçônicas" (MÉRIAN, 1988, p. 157).

Intitulando-se "órgão dos interesses da sociedade moderna", o jornal *O Pensador*, na segunda página de seu primeiro número já dizia a que veio: "combater esse espírito sacerdotal que tanto sangue tem custado à humanidade". Assim, na última frase de seu artigo de estreia, Manoel de Bethencourt diz que o programa do *Pensador* era "pensar e só pensar. Pensar é rasgar os horizontes do porvir" (*O Pensador*, 10/09/1880). A maior parte dos artigos do jornal era escrito por Manoel de Bethencourt e Aluísio Azevedo, que por várias vezes assinava com o pseudônimo de "O Marquez de Pombal". Faziam parte do grupo também Pedro Freire, Eduardo Ribeiro, Artur Jansen Tavares, Antônio Machado, Paula Duarte, Artur Pereira, entre outros.

O jornal não foi o primeiro periódico anticlerical maranhense. Antes dele, *A Flecha* já se encarregava de fazer suas críticas à Igreja. Mas, sem dúvida, é com a aparição de *O Pensador* que o conflito entre esses jovens positivistas e a Igreja Católica se intensifica. Isso porque, a partir de 1879, São Luís tinha ganhado um novo bispo, Dom Antônio

10. O conjunto de ideias anticlericais surge a partir da segunda metade do século XIX, rejeitando toda interferência da Igreja Católica na vida pública e defendendo a separação entre religião e Estado. O anticlericalismo mobilizou várias correntes pelo Brasil que defendiam a liberdade de consciência.

Cândido de Alvarenga, que passou a criticar severamente o relaxamento moral por parte do clero maranhense.

O jornal *Civilisação* tinha como principais articulistas "os cônegos Mourão e Osório Ataíde Cruz, o padre Fonseca e o doutor Antônio Santos Jacinto", que num primeiro momento se dedicavam a combater aqueles que questionassem o papel da Igreja Católica. A partir de 1880, o debate entre os jornais cresce e "a separação entre Igreja e Estado, a secularização dos cemitérios, [que] eram também temas frequentemente abordados" (MÉRIAN, Jean-Yves. op. cit., p. 156), passam a fazer parte da pauta dos jornais anticlericais.

Com o aparecimento do jornal *O Pensador*, a missão do jornal católico se complicou. Era na pessoa de Aluísio Azevedo que a responsabilidade caía em maior grau, no que tange à redação dos artigos. Além de não se esconder atrás de pseudônimos, Azevedo "estigmatizava o obscurantismo da Igreja, a ignorância, o dogmatismo e o fanatismo dos padres. Denunciou assim diversas vezes o ócio dos clérigos que viviam do trabalho de pessoas honestas e crédulas" (Idem, p. 158).

O fato de Eduardo Ribeiro estar ligado a um jornal nitidamente contrário à política imperial não nos dá indícios de que tenha lutado diretamente no movimento abolicionista no Maranhão. Apesar disso, podemos supor que seu envolvimento no jornal *O Pensador* (e com a atmosfera de discussões em torno do republicanismo, positivismo e abolicionismo que essa inserção proporcionava) tivesse relação direta com a escravidão e seus desdobramentos. Isso porque a luta desses jovens se dava, sobretudo, em "debates de ideias sobre a abolição da escravatura, a economia e as finanças, as relações entre a Igreja e o Estado, a Democracia e a República [...]" (Idem, p. 150).

O ano de 1880 parece ter sido de muitas atividades para Ribeiro, que, mais precisamente em março, seria nomeado professor interino da 1ª Freguesia da Capital do Maranhão. Os episódios sobre a vida de Eduardo Ribeiro no Maranhão, tratados até aqui, demonstram, apesar de não sabermos se houve algum tipo de apadrinhamento, que ele identificava na educação uma ferramenta importante para a emancipação intelectual e financeira, assim como uma maneira de participar de uma sociabilidade mais qualificada, ou seja, diferenciada da sociabilidade dos outros homens de cor.

Como podemos observar, Ribeiro começava a se inserir em um meio intelectual diferenciado, tendo em vista sua origem humilde que não possibilitava ascensão social para todos. Esse final do século 19, marcado pelas agitações ideológicas e políticas do abolicionismo e do republicanismo, mobilizou jovens pensadores, de diferentes classes e cores, o que não foi diferente em São Luís.

Essa estratégia de valorização e aposta na educação como um meio de emancipação da sua origem pobre começou a surtir efeito ainda em São Luís e foi consolidada com a sua ida para o Rio de Janeiro, cidade em que frequentaria as aulas do curso superior da Escola Militar da Praia Vermelha.

A vida de estudante no Rio de Janeiro

Saindo do Maranhão, seguiu para o Rio de Janeiro, a "*great attraction* da mocidade brasileira" (*Diario Official do Amazonas*, 18/09/1895). Segundo a biografia de Ribeiro no *Diário Oficial*, a Corte era o desejo de todos aqueles que queriam "aparecer, fazer um nome na ciência, na política, nas letras ou nas artes". Com a "alma sedenta de instrução" e "em busca de um futuro mais que duvidoso", Ribeiro lançou-se sem "medir sacrifícios" e "vencendo todos os obstáculos", conseguiu assentar praça em 24 de fevereiro de 1881, no Exército (Ibidem).

Segundo o biógrafo anônimo do *Diário Oficial*, Ribeiro passou por dificuldades nessa nova vida, o que o leva a indagar ao leitor: "que de momentos amargos não teria ele passado, que de lutas não travaria a sua vontade hercúlea contra o desfalecimento que de contínuo o perseguia?" (Ibidem). Que luta foi travada por Ribeiro? Seria a luta contra os estigmas que a origem negra e pobre trazia? O próprio biógrafo responde à pergunta: "lutas íntimas, combates secretos que nascem e morrem dentro de nós, ignorados do mundo que só pode descobrir o que na superfície se passa" (Ibidem).

Ribeiro matriculou-se nas aulas do curso preparatório da Escola Militar da Praia Vermelha em 24 de fevereiro de 1881, tendo, nessa mesma data, assentado praça e jurado bandeira voluntariamente. Quando Eduardo Ribeiro se matriculou na Escola Militar, o regimento em vigor era o de 1874.[11] De acordo com ele, os candidatos deveriam ler e escrever corretamente o português, ter mais de 16 e menos de 25 anos de idade na ocasião, ter prática nas quatro operações sobre números inteiros e gozar de boa saúde, esta última verificada em inspeção. O regulamento da Escola Militar não explicitava nada sobre barreiras sociais ou de condição jurídica (livre ou escravo) e muito menos de cor para o ingresso. Ou seja, não proibia legalmente o ingresso de alunos pobres, negros ou que tivessem um passado escravo, por exemplo.

A vida acadêmica de Eduardo Ribeiro durante o curso na Escola Militar foi excepcional. Ele foi aprovado em todas as disciplinas, muitas delas com o grifo "plenamente". O desempenho acima da média de Ribeiro pode ter entre suas motivações a ajuda financeira. Isso significa que, muito provavelmente, Eduardo Ribeiro tenha se esforçado bastante para o bom desempenho no curso, a fim de obter os vencimentos que o ajudariam a se manter na Corte e, talvez, ajudar sua família no Maranhão. Eduardo sempre manteve contato com seu local de origem. Antes de sua ida para Manaus, fez uma rápida passagem por São Luís. Em pequeno texto publicado no jornal *Pacotilha*, ele agradecia a recepção e afirmava que, em qualquer lugar aonde fosse, estaria sempre pronto para servir seus amigos (*Pacotilha*, 27/02/1887).

Em 1882, foi aprovado solenemente nas disciplinas de aritmética, álgebra e trigonometria, concluindo assim o curso preparatório. Nesse ano, ainda seria nomeado sargenteante em 24 de janeiro, sendo dispensado dos serviços em 26 de julho, por ter completado com bom aproveitamento o tempo desse serviço exigido por lei. Em

11. O regimento de 1874 pode ser localizado nas Ordens do Dia do mesmo ano, no Arquivo Histórico do Exército. Ref: 3.500.

24 de fevereiro, foi louvado pelo bom trabalho que foi incumbido de desempenhar durante o carnaval.[12]

Nos anos seguintes, seu desempenho escolar se manteve excepcional. Em 1883, recebeu distinção grau 10 na primeira cadeira, concluindo o curso de Infantaria e Cavalaria. Além do esforço nos estudos, Ribeiro fazia ótimos serviços extraclasse, culminando no recebimento de vários elogios ("inteligente", "leal", "honesto") pelo comandante de sua ordem.[13] Parece que Eduardo Ribeiro esforçava-se para que sua estadia na Corte não passasse despercebida.

Em 1884, por meio do decreto de 12 de janeiro, é finalmente nomeado alferes-aluno, um dos títulos mais ambicionados pelos estudantes, somente concedido àqueles que obtivessem aprovação plena em todas as disciplinas durante dois anos da Escola Militar, inclusive em desenho e nos exercícios práticos. Dessa forma, o princípio do mérito se materializava no título de "alferes-aluno" (CASTRO, 1995, p. 45).

Como vimos, alcançar o posto de alferes-aluno também resultava em um aumento muito significativo de seus ganhos, já que o soldo passava de 3$000 (três mil-réis) para 70$000 (setenta mil-réis), chegando a 120$000 (120 mil-réis) no último ano do curso (Ibid., p. 47). Receber o título de alferes-aluno era motivo de orgulho para alunos, familiares e conhecidos. A nomeação de Eduardo Ribeiro ganhou destaque no jornal maranhense *Pacotilha*, de 1º de fevereiro de 1884. A nota de quatro linhas deixa bem evidente a alegria com que os editores do jornal haviam recebido a notícia do seu "talentoso comprovinciano". Todos sabiam a importância que o título carregava. Com o recebimento do título, Ribeiro deixava de ser um simples aluno da Escola.[14]

12. Fé de Ofício: pasta nº III-6-36-SAP-AHEx. Arquivo Histórico do Exército.

13. Idem.

14. É bem provável que Eduardo Ribeiro tenha tido relações com os membros que compunham o jornal *Pacotilha*. O mesmo surgiu na mesma época que jornal *O Pensador* e ambos recebiam contribuições de Aluísio de Azevedo.

No mesmo dia em que se tornou alferes-aluno, Eduardo Ribeiro foi promovido para a 1ª Companhia. Agora matriculado no terceiro ano do curso superior, segue para o Realengo de Campo Grande, no dia 3 de março, para ingressar na bateria de artilharia de alunos, regressando em 10 de agosto. Em 1885, fez parte da Comissão de Engenheiros nos exercícios práticos gerais realizados na Imperial Fazenda de Santa Cruz, tendo sido elogiado pelo seu bom serviço na referida comissão.

Conclui o curso em janeiro de 1886, tornando-se bacharel em Ciências Físicas e Matemáticas. Em agosto de 1887, Eduardo Gonçalves Ribeiro chega a Manaus já assumindo diversos cargos de prestígio e vivenciando vários embates partidários marcados por trocas de acusações, e de idas e vindas ao governo do Amazonas.

A carreira política no Amazonas

Antes de ir para Manaus, Eduardo Ribeiro passou alguns meses em Belém do Pará, por convite e insistência do coronel Francisco Cardoso Júnior. Passados alguns meses na capital paraense, Ribeiro seguiu para Manaus em 13 de agosto de 1887, para se juntar ao 3º Batalhão de Infantaria.

De acordo com suas palavras (RIBEIRO, 1897), logo que chegou a Manaus fez várias amizades e ganhou simpatia de muitos, sem distinção de partidos. Ocupando-se de suas obrigações profissionais, manteve-se indiferente à política local, mesmo tendo sido nomeado para algumas comissões, já pelo governo do Estado.

Na ocasião da Proclamação da República, em 15 de novembro de 1889, Eduardo Ribeiro exercia o cargo de secretário do comando de armas. Com a formação da Junta Governativa Amazonense, composta por Carvalho Leal (civil), Manoel Lopes da Cruz (capitão de fragata) e Antônio Florêncio Pereira Lago (coronel do Exército que até a ocasião era comandante das armas), Ribeiro foi nomeado oficial de gabinete.

Designado Augusto Ximeno de Villeroy como governador efetivo do Amazonas em 4 de janeiro de 1890, Eduardo continuou no exercício do cargo de oficial de gabinete até assumir como governador em 2 de novembro daquele ano, provisoriamente. Em razão de impasses na política regional, Ribeiro permaneceu no cargo até 5 de maio de 1891. Menos de um ano depois, a sua recondução foi articulada e, com a aclamação do povo amazonense (que se reuniu na Praça General Osório), Ribeiro voltou ao governo do Amazonas em 1892.

Consolidando-se como governador no período entre 27 de fevereiro de 1892 e 23 de julho de 1896, tem sua administração reconhecida pelas obras de intervenção urbana, edificações suntuosas e pela ênfase na modernidade urbana. Obras como o Teatro Amazonas, o Palácio da Justiça, o reservatório do Mocó, a ponte Benjamin Constant, entre outras, são registradas e conhecidas na história do Amazonas como realizadas em sua administração.[15] Sobre isso, Mário Ypiranga Monteiro diz: "tornou-se lugar-comum admitir-se tudo quanto Manaus possui de bonito e moderno ao governador Dr. Eduardo Gonçalves Ribeiro" (MONTEIRO, 1990, p. 95).

Ao final de seu mandato, e em meio a impasses em sua vida pessoal e com seu partido, o Partido Republicano, por ocasião das eleições de 1896, Eduardo Ribeiro é eleito para ocupar uma cadeira no Senado Federal, como representante do Amazonas. Contudo, Ribeiro não conseguiu assumir o cargo por resistência de políticos na Capital Federal. Os desgastes públicos eram constantes e as críticas da imprensa à sua administração continuavam.

Além disso, seus problemas de saúde ficaram mais visíveis. Durante o primeiro semestre do ano de 1900 os jornais de Manaus já noticiavam sua busca por tratamento (inclusive na Europa), para uma enfermidade que era desconhecida por todos e até por Ribeiro – ou que não merecia ser citada pelos estigmas que carregava (MATOS,

15. Havia, em fins do século XIX, um projeto de modernização de Manaus, o que não há como negar, mas é importante destacar que esse plano foi possível pelo crescimento econômico por que o estado passava, tendo em vista a grande arrecadação de impostos com a exportação da borracha. Por outro lado, o Congresso apoiava Eduardo Ribeiro, o que fez com que vários de seus projetos enviados ao parlamento fossem aprovados e assim recebessem financiamento.

2016). Todos esses esforços não foram suficientes para evitar o fatídico acontecimento. Ribeiro cometeu suicídio em 14 de outubro de 1900 (MESQUITA, 2005, p. 298).

Após sua trágica morte, até hoje apresentada como um mistério, passou a ser visto como herói, como o sujeito que trouxe a modernidade para o Amazonas. Conhecer a vida de Eduardo Ribeiro possibilita que a sociedade brasileira conheça outros personagens negros de sua história que tiveram grande protagonismo na República que nascia em fins do século XIX. Além disso, o estudo de sua vida pode abrir possibilidades de entendimento das questões raciais no norte do Brasil.

Referências bibliográficas

ALBUQUERQUE, Wlamyra. *O jogo da dissimulação:* abolição e cidadania negra no Brasil. São Paulo: Companhia das Letras, 2009.

ARAUJO, Iramir Alves. *A flecha, a pedra e a pena:* João Affonso, Aluísio de Azevedo e a primeira revista ilustrada do Maranhão. São Luís: Editora Aquarela, 2015.

AZEVEDO, Elciene. *Orfeu da Carapinha:* a trajetória de Luiz Gama na imperial cidade de São Paulo. Campinas: Editora da Unicamp, 1999.

CASTRO, Celso. *Os militares e a República:* um estudo sobre cultura e ação política. Rio de Janeiro: Jorge Zahar, 1995.

FREYRE, Gilberto. Ascensão do bacharel e do mulato. *In*: FREYRE, Gilberto. *Sobrados e Mucambos:* decadência do patriarcado e desenvolvimento urbano. 15ª ed. São Paulo: Global, 2004.

GOMES, Flávio; DOMINGUES, Petrônio (org.). *Experiências da emancipação:* biografias, instituições e movimentos sociais no pós-Abolição (1890–1980). São Paulo: Selo Negro, 2011.

GUIMARAES, Antonio Sérgio Alfredo. Como trabalhar com "raça" em sociologia. *Educação e Pesquisa*, São Paulo, v. 29, n. 1, p. 93–107, jan./jun. 2003.

GRINBERG, Keila. *O fiador dos brasileiros:* cidadania, escravidão e direito civil no tempo de Antonio Pereira Rebouças. Rio de Janeiro: Civilização Brasileira, 2002.

KRAAY, Hendrik. *Política racial, Estado e forças armadas na época da Independência:* Bahia, 1790-1850. São Paulo: Hucitec, 2011.

LIMA, Ivana Stolze. *Cores, marcas e falas:* sentidos da mestiçagem no Império do Brasil. Rio de Janeiro: Arquivo Nacional, 2003.

MARTINS, Ana Patrícia Sá. *A marginalização da literatura maranhense no ensino médio:* dimensões curriculares. Tese de mestrado. Universidade Federal Maranhão, 2011.

MATOS, Geisimara Soares. O Amazonas de luto: o rito fúnebre e a consagração de Eduardo Gonçalves Ribeiro. *Epígrafe,* São Paulo, v. 3, n. 3, p. 57-79, 2016.

MESQUITA, Otoni. *La Belle Vitrine:* o mito do progresso na refundação da cidade de Manaus. Tese de doutorado. Universidade Federal Fluminense, Niterói, 2005.

MÉRIAN, Jean-Yves. *Aluísio Azevedo, vida e obra (1857–1913).* Brasília: Espaço e Tempo, 1988.

MONTEIRO, Mário Ypiranga. *Negritude e modernidade.* Governo do Estado do Amazonas, Manaus, 1990.

MOTTA, Jehovah. *Formação do oficial do exército*: currículos e regimes na Academia Militar, 1810–1944. [S.l.]: Editora Companhia Brasileira de Artes Gráficas, 1976.

RIBEIRO, Eduardo Gonçalves. *Contra a Calumnia* (Considerações publicadas em defesa do ex-governador do Amazonas). Rio de Janeiro: Typographia do Jornal do Commercio, 1897. Disponível na Biblioteca Nacional.

SCHULZ, John. *O Exército na política:* origens da intervenção militar (1850–1894). São Paulo: EdUSP, 1994.

SCHWARCZ, Lilia Moritz. *Lima Barreto:* triste visionário. 1ª ed. São Paulo: Companhia das Letras, 2017.

Mãe Pulquéria de Oxóssi
e a política do carisma

Iury Batistta Pesquisador e mestre em estudos étnicos e africanos pela Universidade Federal da Bahia (UFBA). Atua na área de história afro-brasileira, desenvolvendo pesquisas sobre o candomblé.

Fez-se um dia triste na residência de número 19 da Rua da Alegria. Ali, na Castanheda, localidade da Freguesia de Sant'Anna, em Salvador, falecia no dia 12 de fevereiro de 1918, aos 77 anos, Maria Pulquéria da Conceição Nazareth, popularmente conhecida como Mãe Pulquéria[1] – veneranda ialorixá do terreiro do Gantois. Sua morte obteve ampla cobertura da imprensa da época, deixando entrever a ascendência dessa ialorixá sobre a sociedade soteropolitana em um período dramático para a religiosidade de matriz africana.

A partir do registro de sua passagem ao *Orun*, convido o(a) leitor(a) a conhecer sua trajetória de vida no *Aiyê*.[2] A vida de uma mulher negra que, de forma pragmática, se constituiu em uma personagem importante da história do candomblé, buscando sair da condição de *objeto* imposta compulsoriamente aos negros por um racismo estrutural e estruturante das relações sociais, rumo à condição de *sujeito*, costurando os níveis individual, social e político que compõem a integridade do indivíduo, como argumenta Grada Kilomba (KILOMBA, 2019).

No final da década de 1930, a antropóloga norte-americana Ruth Landes desembarcou na Bahia para conduzir uma pesquisa sobre as relações raciais no Brasil, acabou se deparando com uma religião de origem africana em que mulheres desempenhavam papel fundamental e ocupavam cargos de comando em sua rígida estrutura hierárquica. As impressões e análises decorrentes desse período de pouco menos de um ano de pesquisa etnográfica concentrada em Salvador, "a Meca de tudo isso" (LANDES, 2002, p. 43), resultaram na publicação de um livro, quase uma década depois, intitulado *A cidade das mulheres* (1947) – hoje um clássico do campo de estudo das religiões afro-brasileiras. Ali, ao frequentar alguns terreiros de candomblé situados nos arrabaldes da "velha São Salvador", Landes se viu diante de um grande número de poderosas mulheres negras com

1. Nos jornais dos séculos 19 e 20 analisados, o nome de Pulquéria aparece invariavelmente grafado como *Pulcheria*.
2. Expressões da língua iorubá que significam, respectivamente, Céu e Terra.

preeminência sobre o culto, senhoras e jovens senhoras reconhecidas e respeitadas, por vezes temidas, tanto pelo povo de santo quanto por pessoas de fora – gente de todas as classes que de forma furtiva não se furtava a frequentar candomblés, prática dissonante com as normas de comportamento socialmente aceitas da época.

É nesse contexto que se situa a figura de Mãe Pulquéria, falecida vinte anos antes da chegada de Ruth Landes a Salvador, mas que aparece aqui e acolá nas páginas da obra da antropóloga através da memória daqueles que a conheceram, que dela falavam com sentimento de reconhecimento e respeito em razão de seu profundo conhecimento da tradição e estrita observância dos ritos, pois, como diz o povo de santo, Pulquéria tinha *fundamento*. Além de ativa atuação no combate à perseguição ao candomblé.

Vale ressaltar que o candomblé era uma religião sensível à repressão policial e à pena dos articulistas, pois os negros não gozavam na prática do direito inalienável de viver como bem lhes aprouvesse. Batidas policiais eram constantemente realizadas contra as casas de culto, havendo pontuais intervalos de tolerância. Por sua vez, a imprensa estimulava a repressão ao difundir quase que diariamente informações desabonadoras e imprudentes sobre a religião e seus praticantes: histórias terríveis de loucura, excessos, homicídios e orgias sexuais.[3] Os esforços de repressão se assentavam no receio da popularização do culto entre os setores dominantes e cultivados, uma vez que se encontrava bastante disseminado entre os setores populares. Ora, a elite, que buscava reproduzir hábitos e

3. Em notícia do jornal *A Cidade* de 17/01/1918, Mãe Pulquéria é posta envolta em uma trama que envolve um assassínio. De acordo com o jornal, o cidadão de alcunha Amorzinho, "pandeirista" do "requentado 'candomblé', de cujo terreiro é Mãe Pulcheria de tal", matou por motivo de ciúmes a jovem "Alexandrina Maria do Espirito Santo, também figura obrigada do tal 'candomblé'". Nada mais é dito no desenrolar da notícia sobre um possível envolvimento de Pulquéria no assassinato. Não havendo uma ligação direta entre o caso apresentado e a referida ialorixá, ainda assim o jornalista fez questão de evidenciar seu nome, estabelecendo uma correspondência estreita entre o candomblé e a criminalidade.

comportamentos culturais vindos do continente europeu, demonstrava verdadeiro desinteresse e até horror pela cultura popular de caráter africano. Esse descompasso acabou gerando um nível de insatisfação que resultou em um estado áspero de perseguição ao candomblé, a mais potente instituição afro-brasileira. Em face disso, o carisma, a agência e a capacidade de negociação de Mãe Pulquéria foram expedientes fundamentais para a preservação de seu terreiro e, em última instância, na luta pela integração da religião negra na vida social local.

Maria Pulquéria da Conceição Nazareth nasceu em Salvador e, de acordo com pesquisa realizada por Lisa Earl Castillo (CASTILLO, 2017) a partir de registros de batismos paroquiais, ela era crioula, nascida de ventre livre e filha biológica dos africanos libertos Maria Julia (de nação nagô) e Francisco Nazareth (de nação jeje), tendo nascido em janeiro de 1841 (em data desconhecida) e batizada em 29 de junho de 1841. Seu padrinho foi o africano liberto Marcianno de Almeida, dono de uma banda de música composta por barbeiros. Seu pai, Francisco Nazareth d'Etra, exercia a profissão de barbeiro e possuía envolvimento ritual com a religiosidade de origem africana, sendo consagrado ao orixá Ogum e ligado ao terreiro de nação jeje conhecido como Bogum (Zoogodô Bogum Malê Rundó). Sua mãe natural, Maria Júlia da Conceição Nazaré, foi a fundadora e primeira sacerdotisa do terreiro Ilê Iyá Omin Axé Iyá Massê, mais conhecido como Gantois, templo consagrado aos orixás Oxaguiã e Dadá Ajaká e um dos mais antigos e importantes terreiros de candomblé da Bahia. O Gantois é um dos poucos terreiros que mantêm a tradição de sucessão da liderança da casa com base na hereditariedade matrilinear, ou seja, através do parentesco consanguíneo. Mãe Menininha diz sobre essa tradição: "Nós, as mães, somos as casas reais, passamos o nosso cargo somente a pessoas da família, em geral a mulheres." (LANDES, 2002, p. 127) Na maior parte dos terreiros, passado o rito de um ano de luto pela liderança falecida (conhecido como *axexê*), o processo de sucessão ocorre no âmbito da filiação espiritual entre as filhas e filhos de santo da casa que compõem o que o antropólogo baiano Vivaldo da Costa Lima chamou de *família de santo*, isto é, forma de parentesco oriunda da iniciação ritual no candomblé (COSTA LIMA, 2003). Nesse caso, a escolha se dá por meio de consulta ao oráculo (*Ifá*), que revelará por meio do jogo de búzios quem assumirá o posto de autoridade máxima da casa e responsável pelo culto dos deuses africanos.

Em tempo, há registros em que o nome completo de Maria Júlia, mãe de Pulquéria, aparece de maneira divergente da tradição oral do terreiro. Em um registro de batismos localizado no Arquivo Metropolitano da Cúria de Salvador, seu nome aparece como Júlia Soares de Sá. Segundo Lisa Earl Castillo (CASTILLO, 2017, p. 8-9),

> Os sobrenomes usados por Júlia depois de liberta vieram do patrono [Antônio Soares de Sá], de acordo com o costume da época. Porém, com o passar dos anos, ela se afastava desse legado do cativeiro. Em 1858, no batismo do filho caçula, ela trocou o sobrenome do senhor para o do marido, identificando-se como "Júlia Ignez de Etra". Entretanto, introduziu-se outro vestígio do antigo laço senhorial: o prenome Ignez era da esposa de Antônio Soares de Sá. Em 1867, num requerimento redigido a rogo de "Maria Júlia Ignez Soares de Etra", vejamos de novo o prenome da patrona, com o sobrenome do patrono já de volta. Observamos ainda, pela primeira vez, o uso de ambos os prenomes lembrados pela tradição oral, contudo somente no final do século começam a aparecer documentos com o nome completo recordado hoje. Nos registros de impostos municipais sobre logradouros (IPTU), a partir de 1893, "Maria Júlia da Conceição" e "Maria Pulcheria da Conceição" constam como inquilinas da loja e do primeiro andar do sobrado nº 12, na Rua da Assembleia, Freguesia da Sé – o mesmo endereço lembrado na tradição oral como o local de nascimento de Mãe Menininha. A adoção do sobrenome "da Conceição" por mãe e filha sinalizava sua devoção à Nossa Senhora da Conceição, o mais difundido culto mariano no Brasil, especialmente expressivo entre a população feminina negra-africana.

Assim, por conta de seu histórico familiar, Pulquéria cresceu envolta nas crenças tradicionais do candomblé e teve sua cabeça consagrada a Oxóssi, o orixá caçador. Por causa disso, "hoje em dia, a festa de Oxóssi é uma das mais importantes do terreiro. Diferentemente de outras casas, no Gantois essa cerimônia envolve uma procissão em que as filhas de santo carregam moringas cheias de flores na cabeça, conhecida como 'festa das quartinhas'" (CASTILLO, 2017, p. 44). A mãe de Pulquéria, Maria Júlia, consagrada ao orixá Dadá Ajaká, pertencia ao Ilê Asé Airá Intilé, o candomblé da Barroquinha, considerado o mais antigo terreiro de nação Ketu do país, onde Mãe Menininha afirma que "mãe e filha serviam juntas" (LANDES, 2002, p. 127). As interpretações menos conservadoras afirmam que o terreiro remonta a finais do século 18. Em entrevista a Ruth Landes no ano de 1938, o prestigiado e respeitado babalaô Martiniano Eliseu do Bonfim comentou que o terreiro, àquela época, já contava com mais de 150 anos de existência, corroborando as teses mais otimistas. Com efeito, foi nesse tradicional terreiro que Pulquéria iniciou, ao lado da mãe, sua vida religiosa, assistindo a festas e rituais e se aperfeiçoando no conhecimento e nos segredos do sagrado. No entanto, após divergências por conta da sucessão da liderança religiosa na Casa Branca, houve uma cisão e Maria Júlia deixou o terreiro, vindo a fundar posteriormente sua própria casa, o terreiro do Gantois, por volta de 1850 – "a tradição oral reivindica fundação em 1849" (CASTILLO, 2017, p. 41).

Mãe e filha possuíam uma relação de proximidade que se observava tanto no ambiente religioso, onde Pulquéria era a segunda pessoa na hierarquia do Gantois, ocupando o cargo de *iakekerê* (mãe-pequena), como no secular, quando em sua juventude auxiliava a mãe nos serviços de sua quitanda. A família vivia em um sobrado próximo ao movimentado Terreiro de Jesus. Seu pai veio a falecer no ano de 1858, com algo em torno dos 70 anos, deixando a família em dificuldades financeiras. Além de Pulquéria, Maria Júlia e Francisco Nazareth tiveram outros oito filhos;[4] entretanto, nenhum

4. São eles: Herculano, Maria, Francisco, José Januário, Inês, Damiana, Jacinto Marciano e Cassiano.

deles se dedicou ao zelo dos orixás como a nossa biografada, que viria a assumir a liderança do Gantois após o falecimento de sua mãe.

O ano era 1910 quando Maria Júlia faleceu, sendo sucedida por Pulquéria, que contava então com 69 anos de idade e larga experiência no culto, pois treinada desde muito nova por sua mãe. Como destaca Elisa Castillo (CASTILLO, 2017, p. 45), Pulquéria,

> Apesar da grande impressão que deixou na memória do Gantois e no imaginário coletivo do povo de santo, ficou poucos anos no cargo, falecendo em 1918. A fama dessa sacerdotisa de Oxóssi, lembrada como uma mulher imponente, alta e destemida, provavelmente foi estabelecida na juventude, quando suas andanças pela cidade, em festas católicas e afro-brasileiras já chamavam a atenção dos jornalistas do *Alabama*. Nesse sentido, é significativo que Pulquéria, e não Júlia, foi madrinha de Menininha, iniciando-a, poucas semanas depois de batizada, ainda bebê, para Oxum.

As qualidades de Mãe Pulquéria, tais como as reveladas pela autora, são recorrentes na análise das fontes que nos dão conta de sua trajetória de vida. Em meio ao noticiário de oposição virulenta à religiosidade de matriz africana promovido por uma imprensa branca (ou pretensamente branca), foi possível encontrar informações valiosas sobre a personalidade de Mãe Pulquéria e sua inserção na sociedade soteropolitana.

A biografia de Pulquéria é marcada por dois fatores complementares em importância: a notoriedade e o prestígio que logrou conferir ao Gantois, contribuindo para o fortalecimento do candomblé como instituição religiosa, e a busca por proteção e reconhecimento social das práticas religiosas de origem africana por meio de alianças com gente de grande representação social e influência visando à preservação do culto. Trabalho que foi levado adiante por sua sucessora, sua sobrinha-neta, Mãe Menininha, que ampliou a fama do templo, "tornando-se uma personagem célebre, tanto no âmbito religioso quanto no imaginário popular, atraindo intelectuais e músicos nacionalmente conhecidos ao terreiro" (CASTILLO, 2017, p. 3). Para o babalaô Martiniano Eliseu do Bonfim, a experiência de Menininha se dava em razão dela ter sido "treinada pela tia, D. Pulquéria, que tornou famoso o templo do Gantois" e para quem o médico maranhense e professor da Faculdade de Medicina da Bahia Nina Rodrigues, de quem ele foi informante, "achava que não havia outra como D. Pulquéria" (LANDES, 2002, p. 70).

Pois bem, a própria Menininha, em várias oportunidades, fez questão de sublinhar o papel de Pulquéria para o Gantois – "Esta casa pertenceu à minha tia [...] Chamavam-na a Grande Pulquéria" (Ibid., p. 126) –, afirmando que se as pessoas enchiam o barracão do terreiro para assistir às cerimônias ou para a resolução de algum problema pessoal era porque isso vinha do respeito à tradição dos africanos, "como me ensinou Mãe Pulquéria".[5] Por vezes, os nomes de Pulquéria e do Gantois se confundiam, como se observa em uma matéria do jornal *Estado da Bahia*, em 1937, tratando do lançamento da "pedra fundamental do novo 'terreiro' do Gantois", que ampliaria a construção do "velho 'terreiro' da Pulcheria" (*Estado da Bahia*, 26/05/1937).

"Os velhos africanos sempre diziam que uma sacerdotisa deve ser tão velha que não possa mais lembrar as paixões da juventude", comentou Menininha a Ruth Landes (2002, p. 208). Curiosamente, Pulquéria ascendeu ao posto de liderança máxima do Gantois já em idade avançada, após muitos anos de serviço ao culto. No entanto, desde a juventude era personagem ativa da vida social da cidade, vista "cheia de balangandãs, correntões, pulseiras [...] fartamente conhecida da baixa e alta roda e cujo nome está perpetuado entre os dos tipos populares" (*A Cidade*, 14/02/1918): ela podia ser vista organizando uma brigada de mulheres pelas ruas de Salvador rumo ao

5. Durante sua conversa com Mãe Menininha, Ruth Landes observou que ao mencionar o nome de Pulquéria ela se curvava e tocava o chão com os dedos, em sinal de respeito. Além disso, "durante os ritos do templo, sempre se curvava ante os retratos e as relíquias da tia e antes as filhas, mas não se curvava ante ninguém mais". (LANDES, 2002, p. 127)

quartel do Exército para receber seu irmão Cassiano, que retornava da Guerra do Paraguai, onde atuou como voluntário da pátria (CASTILLO, 2017); ou nas festas de largo do catolicismo popular participando da lavagem do adro das igrejas do Senhor do Bonfim e de São Domingo. E nesse constante vaivém pela cidade, "Pulcheria do Moinho"[6] também podia ser vista em outros terreiros de candomblé da cidade participando das cerimônias religiosas, "por ser muito influída" (*O Alabama*, 16/02/1869).

Nesse contexto, em meio à constante perseguição aos candomblés baianos e a toda campanha difamatória realizada pela imprensa, Pulquéria conseguiu um lugar de destaque entre as ialorixás de sua época, conferindo para si relevante grau de respeito perante a sociedade. O carisma foi uma de suas qualidades mais destacadas por aqueles que a conheceram. Em obituário publicado pelo *Jornal de Notícias* dois dias depois de seu falecimento, afirma-se que ela foi, "incontestavelmente, um dos tipos populares de maior evidência" da cidade, não sendo pequena a quantidade de indivíduos "de todas as classes", "ignorantes ou não", que a procuravam e saíam satisfeitos com seu tratamento e serviços, observando que muitos iam ao seu encontro buscando "melhorar de sorte com seus patuás e rezas", enquanto outros "queriam a Pulcheria por ser uma criatura bondosa e prestativa". Mais ainda, dizia-se que "em torno do nome da falecida criou-se nesta capital, chegando fora mesmo, uma tradição de crendice". E que aqueles que denunciavam a atuação da ialorixá junto à população não a conheciam, pois "tia Pulcheria era uma mulher caritativa e não sabia fazer mal", homens e mulheres que fossem em busca "dela se agradavam pelo seu tratamento". Nem mesmo o célebre escritor Jorge Amado resistiu ao seu carisma; em seu romance *O sumiço da santa*, lançado em 1988, prestou-lhe homenagem chamando-a

6. O terreiro fundado por Mãe Julia funcionou por volta de vinte anos na região do Moinho (atual Garcia) antes de se mudar para sua atual localização, no Alto do Gantois, no bairro da Federação.

de "zeladora dos encantados no culto perseguido", e em seguida, carinhosamente, de "doce criatura" (AMADO, 1992, p. 383).

O registro de seu velório nos dá a dimensão da consideração que ela gozava entre a população baiana, pois logo que "toda gente teve conhecimento do fato", diz a notícia, correu-se "uma verdadeira romaria a sua casa, havendo verdadeira disputa na vigília". Dada a magnitude que o evento ia tomando, o cortejo fúnebre, saído de sua casa na Freguesia de Sant'Anna em direção ao cemitério da Quinta dos Lázaros, "fez-se em bonde mortuário da Linha Circular". Sendo o número de pessoas que queriam se despedir da ialorixá muito grande, o féretro foi "seguido de quatro outros [bondes] para os convidados", número que se mostrou insuficiente para contemplar todos aqueles presentes que não desistiram de dar seu último adeus a Mãe Pulquéria e "que foram, a pé, até o cemitério" (*Jornal de Notícias*, 14/02/1918). Chama a atenção a mobilização que precisou ser feita na cidade para que o cortejo fúnebre pudesse chegar ao seu destino final; o relato jornalístico sugere que o velório de Pulquéria mexeu com a rotina da cidade, dada a quantidade de pessoas que se juntou ao cortejo de sua casa até o sepulcro da Irmandade do Santo Sacramento do Rosário de Sant'Anna, atestando mais uma vez o prestígio e o poder alcançado por esta ialorixá entre o público mais diverso da capital. Outro jornal que registrou o falecimento de Pulquéria foi *A Cidade*, informando que "a mais velha mãe de terreiro[7] desta capital" tinha seu *ilê* "muito frequentado, não só pelo Zé Povinho, mas também por pessoal da alta roda" (*A Cidade*, 13/02/1918). Mesmo havendo passado vinte anos de sua morte, Mãe Menininha afirmou a Ruth Landes (LANDES, 2002, p. 127) que "nas cidades do interior e nas fazendas ninguém quer acreditar que Pulquéria morreu".

Fazendo de seu carisma artifício político de ação, Pulquéria demonstrou possuir uma arguta capacidade de articulação e negociação junto a pessoas que faziam parte dos poderes constituídos. Na busca de um bom termo e diante de uma correlação assimétrica de forças, ela se utilizou de ferramentas que estavam ao seu alcance para blindar seu terreiro dos constrangimentos a que o candomblé estava sujeito. Conforme Ruth Landes,

> Dizia-se que tinha sido uma ardente lutadora e que conseguira arrancar à polícia proteção para o seu povo. Naquele tempo, quando o povo ainda votava, os grupos de candomblé eram alternadamente tolerados ou perseguidos no interesse de uma ou outra máquina política. Eram sempre vítimas de chantagem e Pulquéria estava decidida a acabar com esse abuso. Teve o apoio da sua jovem amiga Eugênia Ana Santos, mais tarde conhecida como Mãe Aninha. Aninha era também uma batalhadora [...] Aquela geração devia ter sido de grandes e bondosas mulheres, pensei eu, compreendendo por que Martiniano as pranteava. (Ibid, p. 126-7)

Aproveitando-se da afluência da população local ao terreiro e do perfil variado de pessoas que o frequentavam, Pulquéria estabeleceu contato e firmou laços com homens bem-posicionados na estrutura social da Bahia. Sua diplomacia foi a chave para compreender seu preciso relevo na vida e no sacerdócio, unindo o mundo do branco ao do negro. Conforme Muniz Sodré, "a posição litúrgico-existencial do elemento negro foi sempre a de trocar com as diferenças, de entrar no jogo da sedução simbólica e do encantamento festivo, desde que pudesse, a partir daí, assegurar alguma identidade étnico-cultural e expandir-se" (SODRÉ, 1988, p. 57). O candomblé não era algo que transcendia a sociedade, pelo contrário, ele estava inserido na dinâmica interna e respondia às regras sociais vigentes; dessa forma, era preciso estabelecer laços políticos com figuras mais tolerantes que ocupavam espaços de poder na sociedade englobante a fim de garantir sua reprodução como instituição religiosa e civil.

Com efeito, na estrutura do candomblé há um cargo ocupado exclusivamente por homens que tem como uma de suas

7. Mãe de terreiro e pai de terreiro eram os termos comumente utilizados até o limiar do século 20.

atribuições conferir suporte financeiro e/ou diplomático ao terreiro ao qual esteja vinculado: o *ogã*. Espécie de "relações públicas", os ogãs são responsáveis pelo relacionamento e pelo bom trato com os assuntos de ordem secular da casa, ou seja, atuam junto às instituições civis da sociedade envolvente no sentido de conciliar conflitos em favor dos interesses da organização religiosa que representam. Nessa trama, aquele que recebe o título de ogã passa a ser instituído de uma autoridade honorária no terreiro, ou, como se diz na linguagem do povo de santo, é alguém que passa a ter um *posto* na casa. Por conta disso, os ogãs são homens altamente respeitados nas relações intragrupais dos terreiros.

O médico e etnólogo Nina Rodrigues foi talvez um dos ogãs[8] mais célebres do Gantois. Foi nesse terreiro que ele conduziu sua pesquisa sobre a religião dos negros na Bahia, inaugurando os estudos antropológicos no Brasil. Durante o período em que Nina Rodrigues frequentou o terreiro, no final do século 19, Maria Júlia ainda estava viva e era a líder suprema da casa; por sua vez, Pulquéria ocupava o cargo de mãe-pequena e estava em contato direto com o médico, a ponto de ambas serem frequentemente mencionadas em sua obra. Segundo Cida Nóbrega e Regina Echeverria (NÓBREGA; ECHEVERRIA, 2006, p. 16-17) foi Pulquéria "carismática e respeitada ialorixá que abriu as portas do terreiro para pesquisas aos intelectuais". Outra figura importante que era constantemente vista no Gantois no tempo de Pulquéria era o governador da Bahia José Joaquim Seabra, que governou o estado em duas oportunidades, entre 1912 e 1916, e de 1920 a 1924. Conforme informação publicada no jornal *Correio da Manhã*, era para o Gantois que a nata da política baiana recorria no intuito de resolver questões das mais variadas ordens, pois

8. O antropólogo Julio Braga (1999, p. 58) aponta que: "Embora seja difícil acreditar que Nina Rodrigues comungasse da experiência religiosa afro-brasileira, tornou-se, pelo fato de ser pesquisador e, por força disto, frequentador assíduo do candomblé, um de seus aliados políticos que podia, de certa maneira, tomar posições públicas contra as perseguições policiais. Isso lhe deu crédito na comunidade religiosa, que findou por estabelecer com ele laços mais sólidos de participação no contexto dos rituais".

o candomblé era uma "respeitável instituição profundamente mística e sagrada" para onde os "notáveis desta Mulata Velha famosa" (*Correio da Manhã*, 24/09/1914) se dirigiam de maneira discreta.

O cinturão de proteção indireta de que dispunha o terreiro do Gantois contava ainda com a participação de agentes da polícia, paradoxalmente aqueles responsáveis pela repressão na ponta aos terreiros de candomblé da cidade. Em outro trabalho, Lisa Castillo aponta para o fato de que "a presença de policiais no barracão – sobretudo a de uma 'autoridade policial' – sugere que o movimento de pessoas para o Gantois, além de ser visado pela elite, também as incluía" (CASTILLO, 2008, p. 105). A partir dessa passagem percebe-se que o funcionamento de uma sociedade não é de todo coeso como se imagina, havendo frestas por onde o contraditório penetra e opera, convertendo-a em um organismo complexo e imbricado. Dessa maneira, os indivíduos escolhidos para o cargo de ogã nos terreiros de candomblé eram, geralmente, pessoas dotadas de algum prestígio junto à sociedade envolvente. Daí o fato de entre os recrutados estarem incluídos autoridades e ilustrados: agentes incumbidos da segurança, políticos e intelectuais. Essa era uma relação de complementaridade, se, por um lado, esses homens conferiam proteção para as práticas afro-baianas e seus adeptos; por outro, angariavam amparo espiritual e influência sobre aquela comunidade. Ao acomodar esses homens de influência em sua estrutura organizacional, Mãe Pulquéria, a exemplo de outros candomblés, acabava por realizar uma espécie de *antropofagia*, no sentido oswaldiano do termo, alimentando-se de seu prestígio e se nutrindo de sua proteção.

Devemos, com efeito, considerar que tamanho respaldo por parte dos *amigos da casa* garantiu ao terreiro de Pulquéria um tipo de proteção em um grau pouco experimentado por outras casas de sua época. Tal condição, observa o antropólogo Jocélio Teles dos Santos (SANTOS, 2002, p. 135), aliada à sua "extraordinária capacidade de reprodução de todo o complexo simbólico da estrutura religiosa de tradição jeje-nagô", além da alta adesão popular, permitiu ao Gantois continuar suas atividades sem maiores sobressaltos e construir sua legitimidade ao longo do século 20.

Conforme Ruth Landes, "comparando com as esplêndidas igrejas católicas, [o Gantois] não parecia uma casa de devoção; mas o esplendor de Pulquéria lhe conferia importância para todos os entendidos" (Ibid., p. 285). Dessa forma, por sua "destacada importância desde o início dos estudos sobre as religiões afro-brasileiras" (CASTILLO, 2017, p. 3), entre outras qualidades de valor arquitetônico e etnográfico, o terreiro do Gantois foi tombado pelo Instituto do Patrimônio Histórico e Artístico Nacional (IPHAN), no ano de 2002, inscrito nos Livros do Tombo Histórico e no Arqueológico, Etnográfico e Paisagístico. Merecido reconhecimento que veio coroar e salvaguardar o trabalho de devoção e liderança de uma linhagem de mulheres negras, entre as quais Maria Pulquéria da Conceição Nazareth ocupa lugar de destaque.

> Examinei novamente o retrato [de Pulquéria], reparando no torso de fazenda africana listada, o vestido de dona-de-casa da baiana, as pulseiras de ouro, grossas como algemas da era elisabetana, em cada braço, os colares de contas rituais, os pesados brincos de ouro aparecendo por baixo do torso. Via-se que era uma mulher abastada, que jamais fizera trabalho subalterno. (LANDES, 2002, p. 127)

Olhando em retrospectiva, a reputação de Pulquéria em vida, que, segundo seus contemporâneos, a precedia, não corresponde em absoluto à sua memória nos dias atuais, praticamente restrita aos círculos do povo de santo da Bahia. Sua trajetória de vida se confunde com a trajetória do candomblé, em uma relação fortemente intricada em que a religião foi o parâmetro que delimitava sua vida social. Embora cada ialorixá seja responsável tão somente por seu terreiro, haja vista que cada casa constitui um santuário autônomo, a luta de Mãe Pulquéria se configurou, em última instância, em uma luta pela preservação do legado cultural africano e da religiosidade afro-baiana como um todo. Conforme Renato da Silveira, "o candomblé conquistou pela luta o direito de cidadania. Quem vem de fora e assiste às festas dos grandes e prestigiosos terreiros ignora a dura batalha que seus adeptos tiveram de enfrentar para conquistar o direito de existir" (SILVEIRA, 1988, p. 194).

Pulquéria morreu sem deixar filhos naturais, no entanto, registros apontam que ela cuidou de dois meninos órfãos que lhe foram confiados, os quais levou para viver consigo no Gantois. Por outro lado, ela deixou muitas filhas de santo que deram continuidade ao seu legado, destacando-se entre elas sua sucessora, Maria Escolástica da Conceição Nazaré, a Mãe Menininha do Gantois. Hoje, a praça localizada em frente ao terreiro do Gantois ostenta, em singela homenagem e bem ao estilo baiano, o seu nome: *Largo da Pulquéria*.

Referências bibliográficas

AMADO, Jorge. *O sumiço da santa:* uma história de feitiçaria. Rio de Janeiro: Record, 1992.

BRAGA, Julio. *A cadeira de Ogã e outros ensaios*. Rio de Janeiro: Pallas, 1999.

CASTILLO, Lisa Earl. *Entre a oralidade e a escrita:* a etnografia nos candomblés da Bahia. Salvador: EdUFBA, 2008.

______. O terreiro do Gantois: redes sociais e etnografia histórica no século XIX. *Rev. hist.* (São Paulo) n. 176, pp. 1–57, 2017.

COSTA LIMA, Vivaldo da. *A família de santo nos candomblés jeje-nagôs da Bahia:* um estudo de relações intragrupais. Salvador: Corrupio, 2003.

KILOMBA, Grada. *Memórias da plantação:* episódios de racismo cotidiano. Rio de Janeiro: Cobogó, 2019.

LANDES, Ruth. *A cidade das mulheres*. Rio de Janeiro: UFRJ, 2002.

NÓBREGA, Cida; ECHEVARRIA, Regina. *Mãe Menininha do Gantois*. Salvador: Corrupio, 2006.

SANTOS, Jocélio Teles dos. Menininha do Gantois: a sacralização do poder. *In*: SILVA, Vagner Gonçalves da (org.). *Caminhos da alma:* memória afro-brasileira. São Paulo: Summus, 2002, p. 133–152.

SILVEIRA, Renato da. Pragmatismo e milagres de fé no Extremo Ocidente. *In*: REIS, João José (org.). *Escravidão e invenção da liberdade:* estudos sobre o negro no Brasil. São Paulo: Editora Brasiliense, 1988.

SODRÉ, Muniz. *O terreiro e a cidade:* a forma social negro-brasileira. Petrópolis: Vozes, 1988.

Bernardina Maria Elvira Rich:
mulher negra, professora, feminista e jornalista na Primeira República

Júlio Ribeiro Xavier Nasceu na cidade de Niterói, no Rio de Janeiro, é mestre em história pela Universidade Federal de Pelotas (UFPEL) e estuda psicologia na mesma instituição. Também é artista plástico.

Bernardina nasceu em 10 de março de 1872, em Cuiabá, Mato Grosso. Era filha de Maria Constança Jarcem, mulher negra, liberta e quitandeira. Por seu sobrenome, supõe-se que seu genitor tivesse origem austríaca ou suíça; ela tinha um irmão chamado Joaquim Rich. De acordo com a pesquisadora e historiadora Nailza Gomes, pouco se conhece sobre sua infância e o que se sabe é que com apenas 16 anos já era normalista, formada pelo Colégio Liceu Cuiabano.

Em uma sociedade em que a população negra ainda carrega a "marca", Bernardina poderia ser descrita como uma "negra de primeira linha", expressão "elogiosa" utilizada pelo ministro do Supremo Tribunal Federal (STF) Luís Roberto Barroso, em cerimônia para destacar a trajetória do ministro Joaquim Barbosa, o primeiro negro a fazer parte do STF. Ao ser questionado sobre o caráter preconceituoso do termo, chorosamente Barroso se desculpou por seu "racismo internalizado".

A internalização do racismo brasileiro revela suas facetas variando em estilo, mas não em essência. O nosso "racismo à brasileira" é bem assim. Tem as suas nuances, que, como uma nuvem de fumaça, escapa entre os dedos, mas permanece no ambiente sufocando suas vítimas de sempre. Racismo e sexismo são os elementos que estruturam nossa pirâmide social e em sua base está a mulher negra e as suas singularidades.

O Brasil foi o último país do Ocidente e das Américas a abolir a escravidão, resultado de um processo longo e lento. Com a Lei Áurea, negros e negras foram abandonados à própria sorte. Alguns libertos permaneceram nas fazendas em que trabalhavam, vendendo seu trabalho em troca da sobrevivência, ainda em condições insalubres. O Estado brasileiro não realizou nenhuma política de reversão do racismo e não planejou sequer uma política de reparação, restando a negros e negras que migraram para as cidades somente subempregos e informalidade.

Sem acesso à terra ou à indenização por tanto tempo de trabalhos forçados e geralmente analfabetos, os ex-escravizados em sua maioria também não puderam participar dos processos eleitorais, pois, com a Proclamação da República, a Constituição de 1891 vetava aos analfabetos o direito de participar dos pleitos. Poucos escravos alforriados frequentavam as escolas antes da abolição e depois o acesso à educação "formal" se tornou impossível, já que a política do Estado brasileiro não previa ações para integrar os libertos à sociedade brasileira.

O que possibilitou a Bernardina, contrariando a lógica da inferioridade de negros e negras, ter as condições necessárias para participar do processo de seleção para professora? E qual a origem dos recursos econômicos para prover seus estudos? A pesquisa de Nailza Gomes oferece uma possível pista, pois há indícios de que seus familiares receberam algum recurso financeiro de seu suposto pai de origem europeia.

O indesejável Brasil negro e mestiço que aspirava a ser branco

Bernardina foi testemunha de um Brasil cuja população, composta por negros e mestiços, desagradava as elites. Era um Brasil que desde meados do século 19 buscava uma identidade europeia e que encontrava na imigração uma solução viável e rápida.

O projeto de Estado em andamento buscava se assegurar de que não haveria retrocessos para chegar à branquitude ideal. Dessa forma, o governo recorreu a um conjunto de leis como uma maneira eficaz para conter o avanço dos "incapazes de civilização".

O Código Penal de 1890 não deixa dúvidas quanto à necessidade de se eliminar qualquer vestígio da cultura africana em solo nacional, ao criminalizar entre outras práticas as religiões de matriz africana. Ainda em 1890, um decreto delega ao Congresso Nacional o poder de autorizar ou não a entrada de africanos e asiáticos no Brasil. Era imprescindível que a população brasileira passasse por um processo de "regeneração", ou o país nunca chegaria a ser uma nação vigorosa como os países europeus.

A presença dos "povos indesejáveis" no Brasil era um empecilho para a formação dessa identidade nacional que estava sendo forjada pelos republicanos. Dessa forma, o racismo científico já ganhava adeptos entre a elite brasileira, ciosa por buscar um tipo de brasileiro que contemplasse o "padrão europeu".

Assim, adquire lugar no Brasil a eugenia, um movimento pseudocientífico nascido na Europa que se popularizou mundo afora. Em linhas gerais, a tese eugênica estabelecia uma hierarquia entre as supostas raças e a necessidade da purificação das consideradas superiores.

No Brasil, a eugenia encontrou um ambiente fértil entre políticos, jornalistas e intelectuais. Sem a necessidade de executar políticas abertamente segregacionistas ou racialistas, nossos eugenistas encontraram uma solução para o problema da higiene social do Brasil.

De acordo com a explanação do médico e cientista João Batista Lacerda, diretor do Museu Nacional, representante do Brasil no I Congresso Universal de Raças, realizado em julho de 1911, em Londres, o Brasil negro e mestiço em cem anos seria povoado por uma população branca, pois a miscigenação cumpriria tal "destino".

A batalha de uma jovem negra que queria ser professora

O contexto em que Bernardina participou de um processo seletivo para o magistério do Mato Grosso era de um Brasil onde o racismo estava em sua fase germinal de estruturação. Com a recente conquista da liberdade jurídica, negros e negras ainda carregavam a cicatriz que os impedia de serem considerados cidadãos.

Era outubro de 1888, cinco meses após a Abolição da escravatura no Brasil. Bernardina Rich, com apenas 16 anos, participava de um concurso público para o preenchimento do cargo de professora primária na capital mato-grossense. Disputava a única vaga com uma mulher branca, de uma família tradicional de Cuiabá, que já estava na função provisoriamente.

Conforme observou Nailza Gomes, o processo de seleção continha algumas "peculiaridades". As duas concorrentes deveriam apresentar uma declaração de "conduta moral", assinada por uma pessoa de prestígio na sociedade. A declaração da candidata branca ficou a cargo de um padre da igreja frequentada pela família; coube ao delegado de polícia atender à solicitação de Bernardina.

O processo seguiu com as duas concorrentes tendo de apresentar um atestado comprovando suas condições de saúde. No atestado da candidata concorrente, foi declarado que ela "gozava de boa saúde, não sofrendo moléstia alguma de natureza contagiosa". Para a candidata negra, foi atestado que a "Dona Bernardina Maria Elvira Rich não sofre de moléstia alguma, é bem desenvolvida e foi vacinada". Enquanto para a candidata branca aparentar ser saudável era o suficiente, para a candidata negra era relevante estar vacinada.

O exame ocorreu nos dias 30 e 31 de outubro de 1888. Como seria natural em um processo seletivo, as duas candidatas deveriam realizar todos os procedimentos previstos para participarem do concurso. Bernardina apresentou o comprovante de pagamento de inscrição no dia 24 de outubro, a candidata concorrente em 5 de novembro. A declaração de conduta moral e a declaração médica de Bernardina tinham a data de 20 de outubro, já as declarações de conduta moral e médica da outra candidata são datadas de 5 e 6 de novembro, respectivamente. O fato é que a candidata branca não precisou cumprir nenhum prazo na entrega da documentação necessária para realizar o concurso – inclusive, entregou-a após sua realização.

A "prerrogativa" da outra candidata e a ausência de um "capital epidérmico" de Bernardina desde o início do processo seletivo tornam evidente que o tratamento dispensado às candidatas era diferenciado ao longo da disputa.

A participação de Bernardina no concurso também criava outro problema. O discurso corrente da intelectualidade identificada com o racismo científico sobre a suposta inferioridade e a degeneração da população de mestiços e negros não se sustentava diante do envolvimento de uma jovem negra, de 16 anos, para o cargo de magistério logo depois da Abolição.

Após a realização de todas as provas, ambas foram consideradas capacitadas para o exercício da função. No entanto, um dos membros do Conselho pediu a anulação do concurso, alegando que "as disposições regulamentares não foram cumpridas". Após uma reunião, os membros do Conselho decidiram validar o concurso e, na sequência, por critérios não esclarecidos, ou "méritos" estabelecidos, a concorrente branca ficou com a vaga de professora.

Apesar da perda da oportunidade, Bernardina permaneceu como professora contratada até 1890, quando conseguiu sua efetivação no cargo de professora do estado do Mato Grosso, respaldada na posição de segunda colocada no concurso anterior. Após ser nomeada, com apenas 18 anos, passa a exercer a função de professora primária em uma escola estadual para meninos em Cuiabá.

Em 1913, sem um motivo aparente, o governo do estado determinou que ela fosse removida da capital para uma escola na vila de Nioaque, quase na fronteira com o Paraguai, hoje situada no estado de Mato Grosso do Sul. Bernardina se recusou a deixar Cuiabá, e há indícios de um possível desligamento dela como funcionária do estado.

O que levou o governo do estado a transferi-la da capital para a longínqua Nioaque? Essa resposta nos remete a algumas possibilidades, porém a mais provável seria seguir os passos da investigação de Lúcia Muller. Ela pesquisou a presença de professoras negras no magistério público primário durante a Primeira República e o processo de branqueamento implantado nas escolas de instrução pública no Rio de Janeiro, na época Distrito Federal, no Mato Grosso e em Minas Gerais. De acordo com seu estudo, essas ações governamentais passaram a dificultar o acesso de mulheres negras às funções docentes.

O processo de desmotivar a carreira no magistério passava pela extinção de cursos noturnos, buscando-se uma suposta evolução pedagógica que só seria possível de ser alcançada com esses ajustes. A partir do final da década de 1920, torna-se uma raridade identificar professoras negras nos cursos de magistério primário, pois se tornava quase impossível o ingresso destas nos magistérios públicos do Rio de Janeiro e de outros estados investigados por Muller.

O processo de branqueamento que estava ocorrendo no magistério, conforme aponta Muller, também poderia alcançar Bernardina? No caso dela, a opção disponível para o poder público naquelas circunstâncias seria isolar a professora negra em Nioaque. Poderíamos especular que talvez o fenótipo de Bernardina fosse "inadequado", naquele momento, para permanecer na capital.

A discriminação racial, dessa forma, não foi institucionalizada, mas sutilmente sistematizada para impedir que um determinado grupo de pessoas tivesse acesso a uma profissão específica ou permanecesse restrito à região estipulada.

Essa percepção sobre os negros e a mestiçagem no Brasil muda a partir dos anos 1930. O discurso racista começa a desaparecer dos argumentos e das discussões do campo político, e das interpretações do processo de desenvolvimento nacional. O aspecto positivo da mestiçagem no Brasil passa a ser considerado um aspecto importante como elemento de unidade do povo brasileiro, fruto da superação das diferenças entre as raças, que a convivência harmônica permitiu ao país "se libertar" dos conflitos raciais observados em outros países. A partir daí, legitima-se nossa democracia racial. Essa tática do discurso da valorização da mestiçagem na realidade encobre a manutenção de privilégios dos brancos através do racismo e a providencial "redução de danos".

Magistério, filantropia e jornalismo

Entre 1913 e 1921, Bernardina Rich administrou duas escolas particulares. Consta que ela lecionava na própria residência, onde, além das disciplinas regulares, também havia um espaço para atividades artísticas e culturais, com saraus dançantes e literários, aulas de piano, violão e violino.

Bernardina participou ativamente da Liga Feminina Pró-Lázaros, de apoio e assistência aos portadores de hanseníase que se tratavam na Santa Casa de Misericórdia de Cuiabá. Em sua residência, ela também abrigava pessoas em situação de vulnerabilidade social, chegando a hospedar cerca de 19 moradores, entre familiares e outros grupos de pessoas que vinham do interior do estado e não tinham onde ficar. Ela os recebia, os alimentava e os assistia. Os hóspedes variavam entre crianças de colo e idosos, e lá permaneciam. Quem apresentasse alguma enfermidade era encaminhado para tratamento nos hospitais da capital.

Junto com outras mulheres da cidade, Rich fundou, em 1916, o Grêmio Literário Julia Lopes de Almeida, uma agremiação que deu início às primeiras manifestações das mulheres mato-grossenses na busca por direitos, o que levaria à criação de uma revista periódica intitulada *A Violeta*, que se tornaria o principal instrumento para mulheres registrarem suas primeiras produções literárias e jornalísticas, além de seus anseios por liberdade e conquistas. A revista foi o primeiro periódico do estado de Mato Grosso dirigido e organizado por mulheres, que produziam diversos gêneros literários, e seria o principal veículo de divulgação dos interesses feministas das mato-grossenses durante um longo período. *A Violeta* abordava diversos assuntos relacionados a civismo, questões políticas e sociais, e deu o pontapé inicial para a causa feminista.

Além dos cargos de presidenta e vice-presidenta da revista, Bernardina exerceu durante vários anos as funções de redatora e tesoureira, chegando à função de segunda secretária da Associação da Imprensa Mato-grossense, fundada em 1934, tornando-se a primeira e única mulher a tomar posse na diretoria de uma associação de imprensa no estado.

Em consequência, na condição de integrante da Associação, ela se tornou a primeira mulher negra a exercer a profissão de jornalista no Mato Grosso.

Engajamento no feminismo

Em 1919, Bertha Lutz e Maria Lacerda de Moura fundam a Liga para a Emancipação Intelectual da Mulher, que em seguida passa a se chamar Liga pelo Progresso Feminino. Mas é em 1922 que Lutz aprofunda a organização do movimento feminista no Brasil com a realização do I

Congresso Feminista e a fundação da Federação Brasileira pelo Progresso Feminino (FBPF). Longe dos holofotes da sede da República, Bernardina e suas companheiras se empenhavam para levar adiante o movimento feminista no Mato Grosso. Em Cuiabá, um grupo de mulheres seguia desenvolvendo ações articuladas, com o intuito de alcançar o vigor necessário para atingir os princípios do feminismo.

Bernardina Rich também esteve à frente na luta por melhores condições para as mulheres, evidenciando seu papel no movimento feminista. Rich foi a primeira presidente da Federação Mato-grossense pelo Progresso Feminino (FMPF) em 1934. A Federação Mato-grossense mantinha uma intensa relação com a Federação do Rio de Janeiro. As diversas correspondências encontradas no Arquivo Nacional do Rio de Janeiro, assinadas por Bernardina, destinadas à FBPF, demonstram a importância das relações entre as feministas cariocas e mato-grossenses, cabendo destacar que parte dessas correspondências tinha como destino a residência de Bernardina, que foi o endereço da primeira sede da Federação.

A hipocrisia do racismo no Brasil

As pesquisas realizadas sobre a trajetória de Bernardina não fornecem informações sobre sua vida afetiva para além de seus laços familiares. Ela participava vivamente de atividades de cunho social, político e cultural em Cuiabá, e estava inserida em um mundo branco, com as "boas famílias" da cidade. Seu convívio com a elite lhe permitia frequentar os melhores ambientes sociais de Cuiabá, e seu prestígio a colocava em destaque na comunidade.

As muitas homenagens, mensagens e poemas que recebia de aniversário evidenciam o quanto era estimada. Seu falecimento foi noticiado nos principais jornais da cidade e, mesmo depois de sua morte, a data de seu nascimento era lembrada com mensagens nostálgicas. Sendo adorada em seu círculo de relacionamento, Bernardina devia ser muito admirada. Mesmo com seu acesso ao mundo branco, ela não se tornava uma mulher branca — talvez uma "negra de alma branca", mas, ainda assim, uma mulher negra.

Convidada para ser madrinha nos casamentos das amigas, mesmo sendo solteira, Bernardina tinha presença garantida em várias atividades recreativas e culturais promovidas pelo Clube Feminino. Mas até que ponto iria essa estima de suas amigas, amigos e admiradores? As mesmas pessoas brancas que nutriam essa afeição e simpatia por ela aceitariam tê-la como nora, cunhada, esposa, companheira ou namorada?

Ela não se casou e desconhecemos se teve algum relacionamento. Não teve filhos biológicos. Não há pistas sobre alguma relação afetiva além da família e círculos de amizade. São informações que a princípio não teremos e se tornam uma lacuna na sua biografia.

A mulher negra Bernardina seria uma "mulher para casar", no Brasil do início do século XX? Se fosse no século XXI, a resposta seria não. Os resultados das pesquisas do Censo do IBGE realizado em 2010 indicam que mais da metade das mulheres negras são solteiras, o que não é uma opção. Discriminada nas relações afetivas, no mercado de trabalho e em outros espaços historicamente renegados, "a mulher negra não é vista como um sujeito para ser amado".

Inúmeros são os conceitos atribuídos à resiliência, mas quando se aplicam às negras devemos levar em consideração suas vivências, pois ao longo da vida elas ficam expostas a vulnerabilidades pessoais e sociais que as obrigam a ser naturalmente resilientes, sendo constante o exercício de estratégias de superação das adversidades que as acompanham desde o nascimento, passando pela infância, adolescência e chegando à idade adulta.

Essa realidade está ligada ao processo de escravização e seus efeitos colaterais, principalmente por conta dos estereótipos associados à mulher negra no imaginário da sociedade.

A invisibilidade da trajetória de uma mulher negra chamada Bernardina Rich

Em 1933, Bernardina adotou uma das crianças que residia em sua casa, chamada Maria de Lourdes Rich, quando tinha 15 anos de idade. Alguns anos após seu falecimento, no dia 19 de julho de 1942,

Bernardina Rich foi homenageada, com seu nome dado a uma escola estadual de Cuiabá. No entanto, em 2011, tal escola foi extinta. Apesar das adversidades decorrentes da discriminação racial, Bernardina Maria Elvira Rich concretizou seu objetivo de ingressar no magistério.

Assim como outros poucos negros e negras que, a duras penas, conseguiram ingressar nas escolas e obter uma educação formal, ela fazia parte de um grupo restrito, de casos isolados, que encontraram uma brecha. Com esta, driblou o preconceito racial e ocupou os poucos espaços a que pessoas negras poderiam aspirar, pois o racismo nunca deixou de ser um ingrediente estrutural no mundo do trabalho no Brasil. Nesse sentido, a cor influencia diretamente o lugar da mulher e do homem negro.

Não se pode ignorar que a mentalidade escravocrata permanece no imaginário social do brasileiro, atribuindo à população negra estereótipos de inferioridade. Além de ser a primeira professora negra do magistério estadual do Mato Grosso, Rich também foi uma das precursoras do feminismo no estado e quiçá no Brasil. Lutando pela emancipação da mulher, assim como pelo seu direito a voto e direitos trabalhistas, foi protagonista no seu processo de inserção no mercado de trabalho remunerado, além de sua progressiva escolarização.

Até hoje não se ouviu falar de alguma mulher negra que tenha atuado de forma extensiva na imprensa do Brasil antes dela. Por isso, podemos acrescentar também a seu currículo a condição de ser a primeira mulher negra a ser reconhecida na profissão de jornalista no país. Apesar da sua invisibilização, não "é só uma mulher negra".

Referências bibliográficas

COSTA, Laís Dias Souza da. *Factos e cousas nas crônicas da revista mato-grossense* A Violeta *(1916-1937)*. Dissertação de mestrado. Universidade Federal do Mato Grosso. 2014. Disponível em: <http://bdtd.ibict.br/vufind/Record/UFMT_a48b5419ec2394714d8c1016500fa344>. Acessado em 12 de março de 2020.

GOMES, Nailza da Costa Barbosa. *Bernardina Rich (1872-1942)*: Uma professora negra em Cuiabá na Primeira República: limites e possibilidades. Dissertação de mestrado. Universidade Federal de Mato Grosso. 2009. Disponível em: <adhttp://www.dominiopublico.gov.br/pesquisa/DetalheObraForm.do?select_action=&co_obra=143156>. Acessado em 24 de março de 2020.

______. *"Federação Mattogrossense pelo Progresso Feminino"*: mulheres e emancipação nas três primeiras décadas do século XX em Cuiabá-MT. Tese de doutorado. Universidade Federal de Mato Grosso. 2018.

GOMES, Nailza da Costa Barbosa; MARQUES, Ana Maria. Bernardina Rich (1872--1942): uma mulher negra no enfrentamento do racismo no Mato Grosso. *Territórios & Fronteiras*, Cuiabá, v. 10, n. 2, p. 110-132, ago-dez, 2017. Disponível em: <http://ppghis.com/territorios&fronteiras/index.php/v03n02/article/view/688>. Acessado em 27 de março de 2020.

LUPPI, Sheila Cristina Alves de Lima. A eugenia e o projeto de aperfeiçoamento do povo brasileiro (1900-1933). *In*: ANPUH, XXV SIMPÓSIO NACIONAL DE HISTÓRIA, Fortaleza, 2009. Disponível em: <www.scielo.br/pdf/csc/v5n2/7098.pdf>. Acessado em 22 de março de 2020.

MACEDO, Fausto. A história da professora negra que desafiou preconceitos. *O Estado de S. Paulo*. São Paulo, 26 de maio de 2019. Disponível em: <https://politica.estadao.com.br/blogs/fausto-macedo/a-historia-da-professora-negra-que-desafiou-preconceitos/?amp#referrer=https://www.google.com>. Acessado em 24 de março de 2020.

MARIZ, Renata. Barroso chama Joaquim Barbosa de 'negro de primeira linha' em discurso. *O Globo*, Rio de Janeiro, 6 de julho de 2017. Disponível em: <https://oglobo.globo.com/brasil/barroso-chama-joaquim-barbosa-de-negro-de-primeira-linha-em-discurso-21449394>. Acessado em 20 de março de 2020.

MULLER, Maria Lúcia. Professoras negras na primeira República. *In:* OLIVEIRA, Iolanda (coord.). *Relações Raciais e Educação*: alguns determinantes (Cadernos Penesb, 1). Niterói: Intertexto, 1999. Disponível em: <https://www.scielo.br/scielo.php?script=sci_

nlinks&ref=000174&pid=S1413-24782008000300007000020&lng=pt>. Acessado em 25 de março de 2020.

PRESTES, Clélia Rosane dos Santos. *Feridas até o coração, erguem-se negras guerreiras. Resiliência em mulheres negras*: transmissão psíquica e pertencimentos. Dissertação de mestrado. Universidade de São Paulo, São Paulo, 2013.

SANTANA, Nara M. C.; DOS SANTOS, Ricardo Augusto. Projetos de modernidade: autoritarismo, eugenia e racismo no Brasil do século XX. *Revista de Estudios Sociales*, Bogotá, n. 58, p. 28-38, out-dez, 2016. Disponível em: <http://www.redalyc.org/articulo.oa?id=81548044003>. Acessado em 13 de abril de 2020.

SANTOS, Maiara Sheila Freitas; XAVIER, Júlio Ribeiro. É só uma mulher negra. Poema publicado no *Portal Geledés* em 17 julho 2019. Disponível em: <https://www.geledes.org.br/e-so-uma-mulher-negra/>. Acessado em 15 de abril de 2020.

SCHWARCZ. Lilia Moritz. Previsões são sempre traiçoeiras: João Baptista de Lacerda e seu Brasil branco. *História, Ciências, Saúde – Manguinhos*. Rio de Janeiro, v. 18, n. 1, p. 225-242, jan-mar, 2011.

SOUZA, Claudete Alves da Silva. A solidão da mulher negra: sua subjetividade e seu preterimento pelo homem negro na cidade de São Paulo. Dissertação de mestrado. Pontifícia Universidade Católica de São Paulo, 2008. Disponível em: <http://www.dominiopublico.gov.br/pesquisa/DetalheObraDownload.do?select_action=&co_obra=106750&co_midia=2>. Acessado em 26 de março de 2020.

XAVIER, Júlio Ribeiro. Os ausentes & os invisíveis. *Feitos e Desfeitas*, n. 702, 10 de julho de 2012. Observatório da Imprensa. Disponível em: <http://www.observatoriodaimprensa.com.br/feitos-desfeitas/ed702-os-ausentes-os-invisiveis/>. Acessado em 12 de abril de 2020.

Experiências de um intelectual e educador negro: o professor Hemetério José dos Santos

Aderaldo Pereira dos Santos Pós-doutorando em história pela Universidade Federal Fluminense (UFF); doutor em educação pela Universidade Federal do Rio de Janeiro (UFRJ); mestre em educação pela Universidade do Estado do Rio de Janeiro (UERJ); especialista em história da África e do negro no Brasil pela Universidade Cândido Mendes (UCAM); especialista em história do século XX; graduado em História na UFF; professor de história na FAETEC e no DEGASE; integrante do Instituto Búzios e militante do movimento negro brasileiro desde a década de 1980.

[...] o Belo, primeiro oficial, que foi do gabinete do Benjamim, contou-me que a nomeação do Hemetério (é um negro), para professor do Colégio Militar, foi sustada na gaveta por ordem do Lauro Sodré, que sempre lhe recomendava ao ele ir lhe pedir para expedir, que esperasse, que esperasse. § É singular que, fazendo eles a República, ela não a fosse de tal forma liberal, que pudesse dar um lugar de professor a um negro. § É singular essa República.
– Lima Barreto, *Diário íntimo*, p. 82.

Samba para Hemetério
O nome dele é Hemetério / Educador que veio do Império
Professor que falou sério /A história do negro neste país
Hemetério sabe o que diz... / Ele veio de Codó, veio de Codó
Que fica no Maranhão, / Para o Rio de Janeiro ganhar o pão...
Foi assim que ele se fez / Professor de Português no Distrito Federal.
Trabalhou no Colégio Pedro II, / Em escola particular,
No Colégio Militar / E na Escola Normal.
Foi patrono da Academia Brasileira de Filologia,
Defendeu a cidadania, / Hemetério fez poesia...
Professor e intelectual / Que combateu o preconceito racial.
Hemetério foi o tal / Que enfrentou este mal.
O gramático da língua portuguesa, / Com toda a certeza,
Fez do conhecimento / A sua maior riqueza.
Negro poeta, / Lançou sua seta contra a discriminação...
Hemetério, Hemetério
Em sua vida inteira / Lutou pela educação
Da nação brasileira...
– Aderaldo Gil, 28/06/2016, Vila Isabel

Em decorrência da pesquisa que realizei sobre as ideias e a trajetória de vida do professor Hemetério José dos Santos, escrevi a letra do

"Samba para Hemetério"[1] e pude concluir o doutorado em educação na Universidade Federal do Rio de Janeiro, em 2019, com a tese "Arma da educação: cultura política, cidadania e antirracismo nas experiências do professor Hemetério José dos Santos (1870–1930)".

A ilustração não deixa dúvidas de que se trata de um homem negro. Como a letra do samba informa, nosso homenageado é maranhense, foi poeta, filólogo, gramático, professor, patrono da Academia Brasileira de Filologia e antirracista. Lecionou no Colégio Pedro II, no Colégio Militar, na Escola Normal do Distrito Federal, na Escola Normal Livre e em diversas instituições educativas particulares na cidade do Rio de Janeiro durante o Império e na República. Além disso, fundou o Colégio Froebel, do qual foi diretor e professor.

Hemetério defendeu o direito à educação para os pobres e lutou contra o racismo da sua época. Seu antirracismo destacou a importância da África para a humanidade e promoveu a valorização do negro e da mulher negra na sociedade.

Assim, o presente texto se propõe a traçar uma narrativa biográfica desse importante intelectual negro ainda pouco conhecido na sociedade brasileira, em que pese as valiosas contribuições das pesquisadoras Maria Lúcia Müller (2006), Carolina Dantas (2007), Luara dos Santos Silva (2015), e Alessandra Shueler e Irma Rizzini (2017),[2]

1. Assino a letra do "Samba para Hemetério" como Aderaldo Gil porque foi assim que fiquei conhecido no Movimento Negro do Rio de Janeiro no início da década de 1980, quando comecei a participar desse importante movimento social, a minha grande escola na luta antirracista que travo desde então.

2. MÜLLER, Maria Lúcia Rodrigues. Pretidão de amor. *In:* OLIVEIRA, Iolanda (org.). *Cor e magistério*. Rio de Janeiro/Niterói: Quarte/EDUFF, 2006; DANTAS, Carolina Vianna. *O Brasil "café com leite"*: história, folclore, mestiçagem e identidade nacional em periódicos. Rio de Janeiro, 1903-1914. Tese de doutorado. Niterói: UFF, 2007; SILVA, Luara dos Santos. *Etymologias preto*: Hemetério José dos Santos e as questões raciais de seu tempo (1888-1920). Dissertação para mestrado em Relações Etnicorraciais. Rio de Janeiro: CEFET/RJ, 2015; SCHUELER, Alessandra; RIZZINI, Irma. Hemetério José dos Santos: professor e intelectual negro nas disputas pela educação na cidade do Rio de Janeiro. *In:* MAC CORD, Marcelo; ARAÚJO, Carlos Eduardo Moreira de; GOMES, Flávio dos Santos (orgs.). *Rascunhos cativos*: educação, escolas e ensino no Brasil escravista. Rio de Janeiro: FAPERJ/7Letras, 2017.

que tanto contribuíram para o desenvolvimento das minhas reflexões acerca desse intelectual.

Com a tese, busquei ampliar o que se conhecia sobre tal personagem da nossa história, que sofrera um processo de *esquecimento* em face do racismo que ainda impera em nossa sociedade. Hemetério foi vítima desse processo, mas não se deixou abater. Pelo contrário, um dos aspectos relevantes a se acentuar na sua trajetória foi o combate antirracista que ele realizou em seu tempo histórico.

Para tanto, o professor manejou a *arma da educação* como instrumento do seu combate. Mobilizou o *campo da educação* em prol do antirracismo e da cidadania para os pobres.

Hemetério produzia para enfrentar as teorias raciais da época e procurou fazer da própria vida um exemplo de negação dessas teorias – vida essa que teve início no ventre de uma mulher negra escravizada. A seguir, esse e outros momentos que considero relevantes na vida desse educador vão receber atenção específica. Antes, porém, cabe um breve comentário sobre a epígrafe deste texto, em que Lima Barreto se refere ao professor no seu *Diário íntimo*.

Nessa obra lançada postumamente (1953), Lima Barreto apresenta uma crítica à República, tomando como referência a situação vivenciada pelo professor Hemetério, que insistiu por sua nomeação no Colégio Militar. O literato questiona o sentido liberal de um regime republicano que dificulta a nomeação de um professor simplesmente por se tratar de uma pessoa negra, o que tornaria a República brasileira algo "singular", de acordo com Barreto.

A passagem de Lima Barreto atesta que o professor Hemetério não ficou passivo diante da relutância da sua nomeação. Pelo contrário, persistiu de tal forma que foi nomeado em 1892, reconhecendo-se o mérito de ser um professor negro com *notório saber* e reconhecido e valorizado publicamente.

A infância

São parcas as informações a respeito dessa fase da vida de Hemetério José dos Santos, o que enseja pesquisas mais aprofundadas. Sabe-se, no entanto, que ele nasceu em Codó (MA) e que, de acordo com o registro de batismo, que se encontra no Arquivo Público do Maranhão, seu nascimento ocorreu em 3 de março de 1858. O declarante foi o Sr. Frederico dos Santos Marquês, fazendeiro de algodão, arroz, farinha e outros produtos da Fazenda de São Raimundo.

Apesar de a mãe ser uma mulher negra escravizada, Hemetério foi registrado como pessoa livre – e ser considerado livre em uma sociedade escravocrata foi fator fundamental para o seu desenvolvimento intelectual e pessoal, ainda mais por ser pessoa preta.

Assim, o direito à liberdade não foi resultado da sua luta, uma vez que era criança, mas é possível supor que tenha sido resultado da luta de sua mãe.[3] Naquele mundo escravista, em que pese o domínio e a brutalidade dos senhores escravocratas, negociações, arranjos e brechas para a liberdade, mesmo que remotos, eram possíveis (MATTOS, 1997).

Nesse diapasão, a hipótese de que Hemetério tenha sido filho do fazendeiro da localidade onde nasceu é algo provável. E é provável também que, mesmo que Hemetério tenha nascido livre, seu genitor não lhe concedeu seu sobrenome em registro; e talvez por isso os dicionários bibliográficos pesquisados, nos quais aparece o nome de Hemetério José dos Santos, não apresentem referências ao nome de seu pai.[4]

O certo é que, na condição de pessoa livre, Hemetério teve a oportunidade de ser matriculado em instituição educativa particular, fundada por três padres da região. Mas quem o teria matriculado? Uma das hipóteses mais plausível é de que tenha sido seu suposto pai.

3. Sobre a maternidade de Hemetério, Luara dos Santos Silva, que realiza pesquisa de doutorado investigando a respeito das mulheres da família do professor, me forneceu a importante informação de que certidões de época indicam o nome de Domingas Prata dos Santos.

4. Em relação à paternidade, o periódico *O Tempo*, em 3 e 4 de abril de 1893, informa ser Theophilo José dos Santos Junior, fazendeiro em Codó, o nome do pai (ver tese de Aderaldo Pereira dos Santos, 2019, p. 52).

Foi desvelado ainda que, através de um texto com registros memorialísticos, Hemetério informa ter estudado no Colégio da Imaculada Conceição – uma instituição de qualidade (*Carta aos maranhenses*, 1906). Os jornais da época noticiaram que o referido colégio fornecia aos seus estudantes os cursos primário e secundário e que os discentes podiam ser matriculados no sistema de internato ou externato. Todavia, não foi possível identificar em qual dos dois sistemas Hemetério estudara.

Ainda sobre seus estudos, é relevante salientar que os valores cobrados pelo Colégio da Imaculada Conceição eram vultosos e que o sistema de internato era ainda mais caro. Ademais, exigia-se dos responsáveis ou tutores o fornecimento de produtos e objetos de valores, o que sugere um público-alvo abastado, reforçando-se a hipótese de que Hemetério tenha sido matriculado em tal instituição pelo suposto pai fazendeiro.

Diante da grata pesquisa, foi possível depreender, ainda, que a referida instituição de ensino fez nascer em Hemetério o desejo de seguir a carreira de professor de português. Os elogios que o professor tece em carta a Francisco Sotero dos Reis (1800-1871), importante filólogo, gramático, teórico da língua portuguesa, professor maranhense e autor de livros didáticos utilizados no colégio, podem ajudar a explicar sua escolha por essa profissão. O texto faz parte do volume *Cartas aos maranhenses*, assinado por Hemetério e publicado em 1906.

Mais tarde, com formação escolar concluída, Hemetério José dos Santos, de "mala e cuia", segue para a cidade do Rio de Janeiro em 1875, para o "ganho de seu pão", onde atuou no magistério do então Distrito Federal.

Ao se referir à sua infância em uma das suas principais obras, *Pretidão de amor* (1905), há o indicativo de que nada foi fácil. Hemetério dedica essa obra ao Maranhão, utilizando as seguintes palavras retiradas do conterrâneo Gonçalves Dias: "Ao meu Maranhão, apezar do quanto soffri" (SANTOS, *Pretidão de amor*, 1905, p. 3). Considerando que essa obra é um libelo contra o racismo da época, pode-se supor que o sofrimento ao qual Hemetério se refere tenha a ver com o chamado "preconceito de cor".

O magistério, a defesa da educação e o antirracismo político-pedagógico

A chegada de Hemetério José dos Santos ao Rio de Janeiro foi registrada pelo periódico *O Globo* em 24 de janeiro de 1875 (Edição 24-1, p. 1). Ele estava, então, com 16 anos de idade; completaria 17 anos em dois meses.

Entre os anos de 1875 e 1878, jornais da época informam que o jovem Hemetério fez os exames organizados pela Diretoria de Instrução Pública para obter a autorização oficial que lhe garantiria exercer o ofício de docente. Sua batalha pelo trabalho se deu, inicialmente, em duas frentes: aulas particulares em sua residência (alfabetização, ensino primário e secundário) e o trabalho de professor-explicador para estudantes do Colégio Pedro II, diante da necessidade de realizar o desejo de ser professor.

A paixão pela cátedra foi manifestada por Hemetério em um poema que ele, ainda muito jovem, publicara no jornal *Diário do Maranhão* de 18 de julho de 1876 (Edição 885-1, p. 1), dedicando-o ao também maranhense César Augusto Marquês (1826-1900), médico, professor, político, escritor, membro do conceituado Instituto Histórico e Geográfico Brasileiro (IHGB) e pessoa muito respeitada no Maranhão e no Rio de Janeiro, que, possivelmente, ajudara Hemetério nos primeiros anos na Capital Federal. Os dois, inclusive, trabalharam juntos, posteriormente, em escolas particulares.

Intitulado "O professor", o poema é uma exaltação ao ofício docente, definido pelo poeta como sendo uma espécie de "médico do espírito". Além disso, uma curiosa versão foi publicada pelo jornal *O Radical* (04/08/1939, edição 02241-1, p. 3) um dia depois da morte do educador. No caso de ter sido verídica, a versão também é indício do forte desejo de Hemetério em exercer o ofício no magistério. Conta o articulista que, ao chegar ao Rio de Janeiro, Hemetério recebera de presente um uniforme de condutor de bonde da pessoa a quem lhe foi mandado procurar, para que tentasse a sorte no setor de transporte. Ele, então, teria agradecido o presente e persistido no seu propósito.

A batalha para ganhar espaço no âmbito do magistério carioca teve como ponto de partida a aproximação com uma das principais instituições educativas da cidade: o Colégio Pedro II. Além de ter sido professor-explicador de alunos do colégio, Hemetério também criou um curso preparatório para estudantes interessados em ingressar no Pedro II e, após algum tempo, acabou contratado pelo colégio por seus méritos e sua insistência.

As propagandas publicadas nos jornais sobre a docência de Hemetério traziam sempre a marca de ele ter sido explicador no Colégio Pedro II até, pelo menos, o final do século 19. Depois que ingressou como professor efetivo no Colégio Militar e na Escola Normal, essas duas instituições passaram a ser mais referidas nas propagandas.

O ingresso nessas duas últimas instituições de ensino citadas não foi fácil. Hemetério precisou construir um percurso profissional que lhe possibilitasse demonstrar publicamente *notório saber*. Assim, a publicação de gramáticas, de livro didático; a realização de conferências sobre filologia e literatura; a fundação de um colégio de sua propriedade, a participação no movimento das conferências emancipacionistas – organizadas por José do Patrocínio (farmacêutico, jornalista, escritor, professor, 1853–1905) e Vicente de Souza (médico e professor falecido em 1908) –, artigos e cartas publicados em jornais, tudo isso contribuiu para seu reconhecimento profissional no campo da filologia, da gramática, da língua portuguesa e da literatura, assim como o credencio como uma voz em defesa dos negros e da África.

Com 19 anos, publicou sua primeira gramática, a *Gramática Elementar da Língua Portuguesa*, de 1877, dando início ao seu percurso de inserção em uma rede de produção didática, que girava em torno do livreiro e editor Serafim José Alves, responsável pelas publicações de Castro Alves, Artur de Azevedo, Adolfo Caminha, Silvio Romero, entre outros.

Quatro anos depois, em 1881, com 23 anos, publicou o livro didático *Livros dos meninos*. Essas duas publicações foram divulgadas em jornais da época, no Distrito Federal e em alguns estados.

Hemetério, inclusive, doou exemplares do *Livro dos meninos* para instituições educativas, a exemplo da escola conhecida por "Quilombo da Cancela" (foram 50 exemplares), que atendia a grande percentual de estudantes negros – por isso, o apelido. Ele doou também exemplares para o Asilo das Órfãs da Imperial Sociedade Amante da Instrução, que atendia a meninas pobres.

Em paralelo às publicações, Hemetério realizava conferências voltadas para comentar obras do campo da gramática portuguesa e da filologia. Conferências sobre temas específicos de filologia também eram realizadas pelo professor. Jornais e periódicos noticiavam tais conferências, publicações[5] e o trabalho de Hemetério, a exemplo de *A Cidade do Rio*, jornal de José do Patrocínio.

Dessa forma, foram se consolidando o domínio e a respeitabilidade de Hemetério no campo das letras, o que fortaleceu o reconhecimento público do seu saber, facilitando sua entrada no Colégio Militar, em 1892, e na Escola Normal do Distrito Federal, em 1897.

Artigos, cartas e textos publicados em jornais do Rio de Janeiro e outros estados, somados às suas obras, o qualificaram para estar entre os 40 nomes (cadeira 25) da Academia Brasileira de Filologia, criada em 1944.

É necessário ressaltar uma das iniciativas, ainda no período imperial, que o ajudaram a fortalecer seu prestígio como educador

5. *Grammatica elementar da língua portuguesa*: acrescentada e organizada segundo o programma do Collegio de Pedro II. Rio de Janeiro: Editor Serafim José Alves, 1877; *Livro dos meninos*: contos brasileiros de acordo com os processos modernos. Rio de Janeiro: Liv. Acadêmica de J.G. de Azevedo, 1881; *Grammatica portuguesa adotada na Escola Normal do Distrito Federal*. Rio de Janeiro: Livraria Francisco Alves, 1897; *Grammatica Portugueza – Destinada ao curso do Colégio Militar*. Rio de Janeiro/São Paulo: Livraria Clássica de Alves & C., 1897; *Pretidão de amor:* conferências literárias. Rio de Janeiro: Typ. d'Os Annaes, 1905; *Carta aos maranhenses*. Rio de Janeiro: Typ. do Jornal do Commercio, 1906; *Etymologias – preto*. Rio de Janeiro: Almanaque Garnier, 1907; *Ensino Municipal:* Carta ao Dr. Curvello de Mendonça. Rio de Janeiro: Typ. Jornal do Commercio, 1909; *Fructos cadivos (poesia)*. Rio de Janeiro: Livraria Francisco Alves, 1919; Prefácio do livro de Dormund Martins, *Da República à Ditadura*. Rio de Janeiro: Typ. São Bento, 1931.

no magistério do Rio de Janeiro: a fundação do Colégio Froebel, de sua propriedade, em 1883. O colégio existiu por cerca de cinco anos. Além de ter servido de fonte de renda para seu sustento e de sua família, esse empreendimento contribuiu para que ele estreitasse laços de sociabilidade com seus pares e intelectuais da época, a exemplo da família Melo Moraes. Documentos do Arquivo Geral da Cidade do Rio de Janeiro (AGCRJ) comprovam que Maria da Conceição de Melo Moraes (a avó do poeta Vinicius de Moraes) esteve com Hemetério desde o primeiro momento em que este oficiou solicitação para fundar o Colégio Froebel (SANTOS, 2019).

Enquanto o colégio funcionou, a imprensa da época veiculou matérias positivas sobre as atividades educativas ali realizadas, o que elevou o prestígio de Hemetério como professor na sociedade carioca. A participação dele no movimento das conferências emancipacionistas também ampliou sua sociabilidade e seu prestígio.

As conferências citadas contribuíram para ajudar na compra de alforrias e na luta abolicionista.[6] Intelectuais e profissionais de várias áreas que atuavam no Distrito Federal fizeram parte do movimento, nesse momento em que a campanha em prol da Abolição da escravatura ganhou as ruas e tomou o formato popular em várias regiões do país. Além de participar como ouvinte, Hemetério José dos Santos chegou a ser conferencista, em pelo menos uma das sessões, como divulgou o *Jornal do Commercio* em 3 de abril de 1881 (Edição 93-1, p. 2).

Ele combateu a escravidão também como educador, através, por exemplo, da sua produção didática. Em seu *Livro dos meninos*, escreve: "Todos nós devemos trabalhar para que a nossa cara pátria seja verdadeiramente uma nação livre, extirpando-lhe esse terrível cancro que se chama – a escravidão." (1881, p. 36-37)

O casamento com Rufina Vaz de Carvalho, em 1885, neta de Francisco de Paula Brito (1809–1861), tipógrafo e editor negro muito

6. Sobre a importância dessas conferências emancipacionistas como estratégia na luta antiescravista, ver Angela Alonso (2015).

prestigiado no Império, que esteve no centro de uma rede de intelectuais e escritores da geração anterior à de Hemetério – a exemplo de Machado de Assis e Gonçalves Dias –, foi muito importante, pois lhe permitiu construir uma família negra, com as filhas Coema e Gulnare e os filhos Clóvis, Octávio, Aristides e Luiz.

Rufina também se tornou uma professora conceituada no magistério carioca. Formou-se na Escola Normal e ajudou o marido no empreendimento do Colégio Froebel e no ensino particular que eles ofereciam em sua residência.

Como já foi dito antes, ao se tornar professor de português/literatura no Colégio Militar e na Escola Normal do Distrito Federal (em ambas se aposentou como professor catedrático), Hemetério consolidou seu reconhecimento enquanto intelectual e educador preocupado com as políticas educacionais. Nesse sentido, foi ativo participante na imprensa da época (revistas e jornais em geral e de cunho pedagógico) publicando cartas, textos e artigos sobre temas relacionados ao ensino do português, educação nacional e municipal (a exemplo da sua valiosa obra *Ensino Municipal*, de 1909).

Registre-se, também, que Hemetério se aventurou pela política, tendo sido candidato a Intendente Municipal em 1892, como representante de um grupo de operários. Porém não se elegeu, talvez por ter sido uma voz em prol dos estudantes e da educação pública para as camadas populares. Estava ainda em sua plataforma a defesa ferrenha do ensino noturno na Escola Normal e da criação de escolas públicas nos bairros do subúrbio. Diante de temas de extrema relevância, para defender suas propostas de cunho social e racial, polemizou com figuras de peso da época, como José Veríssimo e Alfredo Gomes.

Essas polêmicas com personalidades da época se deram, preponderantemente, em função de questões raciais, sobretudo em relação às opiniões preconceituosas dos oponentes em relação aos negros. Por isso, a exemplo do que ocorreu com seu amigo Monteiro Lopes (1867-1910, advogado e político), também sofreu muitos ataques racistas por parte de jornais e revistas do período. Ambos eram constantemente chamados de "macacos" e/ou termos semelhantes. Aos ataques, o professor Hemetério reagiu com um pensamento crítico em relação ao chamado "preconceito de cor". Suas principais obras, textos e poesias expressaram seu *antirracismo político-pedagógico*.

Para abordar esse assunto, torna-se necessário voltar a uma de suas primeiras obras: *Livro dos meninos*. Trata-se de um livro didático voltado para meninos e meninas (apesar do título) do ensino primário, cujos textos expressam o pensamento de Hemetério sobre determinados assuntos da época – entre estes o que diz respeito à questão das "raças humanas", que inclusive foi título de um dos capítulos do livro.

No Prólogo, o professor já explicita suas preocupações com as questões raciais quando afirma que as obras utilizadas pelos estudantes não combatiam "as superstições, os preconceitos e os prejuízos tão numerosos em um país como o nosso, onde é palpável a *heterogeneidade das raças*" (SANTOS, 1881, p. 6) (grifo meu). Ao final do Prólogo, Hemetério reafirma seu propósito de transformar sua obra em um instrumento de combate aos preconceitos do período: "É com o fim de combater esses vícios [...] que publicamos O LIVRO DOS MENINOS" [destaque dado por Hemetério] (Idem).

Uma das leituras possíveis do texto "Raças humanas" é o contraponto que ele apresenta à teoria da hierarquização das raças (muito em voga naquela época) propagada por naturalistas, tendo à frente Carl Linnaeus (1707-1778), que criou uma hierarquia entre os tipos humanos em que lhes atribuía qualidades positivas e negativas. De acordo com essa teoria, os povos brancos apresentavam as qualidades mais positivas e os negros, as mais negativas. No contraponto, Hemetério ensina aos discentes que as diferenças entre os povos são apenas físicas, não existindo diferenças intelectuais. Daí o professor destacar no texto sua crítica àqueles que viam como problema a miscigenação que havia no Brasil.

Hemetério, ao contrário dos intelectuais que pregavam a desigualdade entre as "raças", fazia coro com a intelectualidade que defendia um projeto de sociedade pautado pela igualdade das "raças".

Para ele, independentemente da cor da pele, todos os povos deram sua contribuição cultural para a humanidade.

Um marco importante de sua experiência antirracista me foi revelado por uma evidência, até então desconhecida pela historiografia sobre esse intelectual. Refiro-me à notícia divulgada pelo jornal *A Vanguarda*, em 3 de dezembro de 1885 (Edição 00016-1, p. 1), sobre a atividade escolar no Colégio Froebel. Hemetério trabalhava com os estudantes do colégio a temática da memória do Quilombo dos Palmares, a partir de um texto do historiador português Joaquim Pedro de Oliveira Martins (1845–1894), em sua obra *O Brasil e as colônias portuguesas*, cuja primeira edição é de 1880. E, em que pese a visão preconceituosa do livro sobre os negros apresentada em alguns de seus textos, no que tange a Palmares, no entanto, Oliveira Martins exalta aquela experiência como exemplo de resistência de um povo à escravização.

A publicação da conferência "Pretidão de amor", realizada por Hemetério no ano de 1905, se constitui em momento marcante do seu antirracismo. A obra repercutiu na imprensa e revelou um pensamento crítico e sofisticado de um intelectual negro, ciente do combate que promovia contra a discriminação racial na Igreja Católica e contra as teorias raciais da época, a exemplo do chamado "racismo científico" e da eugenia.

Ademais, Hemetério toma como mote o *amor antirracista* para combater o "preconceito de cor", existente na sociedade em relação à mulher negra e ao homem negro, aproveitando para denunciar a prática de determinadas instituições educativas, que não aceitavam o ingresso de estudantes negros, reivindicando, portanto, a necessidade de escolas para a juventude negra.

Em resposta a gramáticos da época, no texto *Etymologias – preto*, publicado em 1907, o professor exercita seu conhecimento de filólogo antirracista, quando articula conhecimentos histórico, literário e linguístico, e desconstrói a ideia corrente que associava os termos "negro" e "escravo", e que atribuía sentidos negativos para as palavras "preto" e "negro". Nesse contexto, Hemetério aponta os equívocos dos gramáticos que, movidos por uma visão ideológica e preconceituosa, sem embasamento histórico, literário ou linguístico, atribuíam negatividade a esses termos.

Não posso esquecer de registrar que a poesia também foi uma de suas armas de enfrentamento contra o "preconceito de cor". Em seu livro de poemas *Fructos cadivos*, publicado em 1919 e dedicado a seu filho Aristides, que morrera afogado, através dos poemas "África portentosa" e "O Negro", por exemplo, Hemetério exaltou a importância do continente africano para a humanidade e o valor do povo negro que fora escravizado.

Mas dois momentos marcaram negativamente sua vida: quando um dos seus filhos foi impedido, por ser negro, de estudar no Colégio São Vicente de Paula em Petrópolis e a lamentável perda de outro.

Quando um de seus filhos foi obstado de ingressar na instituição educacional citada, Hemetério já havia denunciado a prática racista na obra *Pretidão de amor*, em 1905, e, no ano de 1917, ao sentir na pele essa discriminação, enviou carta-denúncia à imprensa e oficiou reclamação para autoridades dos governos estadual e federal. Esse episódio repercutiu em outros estados, como São Paulo e Rio Grande do Sul. Jornais da imprensa negra desses dois estados publicaram artigos de protestos. No Rio Grande do Sul, inclusive, o jornal de imprensa negra *O Exemplo* publicou durante uma semana longos artigos sobre o assunto.

Hemetério José dos Santos morreu em 3 de agosto de 1939, depois de ficar longo tempo acamado por causa de uremia. Sua trajetória foi destaque em alguns jornais no dia seguinte à sua morte, os quais lhe renderam homenagens, além de registrarem que o Colégio Militar e o Instituto de Educação (antiga Escola Normal) também o homenagearam. Hemetério deixou um rico legado, que merece mais atenção dos educadores e dos acadêmicos deste país.

Faço votos para que este artigo estimule os leitores a promoverem mais pesquisas sobre as valiosas contribuições desse importante intelectual negro, que lutou até o fim de sua vida em defesa da educação.

Referências bibliográficas

ALONSO, Angela. *Flores, votos e balas*: o movimento abolicionista brasileiro (1868-1888). São Paulo: Companhia das Letras, 2015.

BARRETO, Lima. *Diário íntimo*. São Paulo: Editora Brasiliense, 1956 (Coleção Obras Completas de Lima Barreto).

MATTOS, Hebe. Laços de família e direitos no final da escravidão. *In*: ALENCASTRO, Luiz Felipe de (org.). *História da vida privada no Brasil*: Império. Volume 2. São Paulo: Companhia das Letras, 1997.

SANTOS, Aderaldo Pereira dos. *Arma da educação*: cultura política, cidadania e antirracismo nas experiências do professor Hemetério José dos Santos (1870-1930). Tese de doutorado. Rio de Janeiro: UFRJ, 2019.

SANTOS, Hemetério José dos. *Pretidão de amor*: conferências literárias. Rio de Janeiro: Typ. d'Os Annaes, 1905.

______. *Carta aos maranhenses*. Rio de Janeiro: Typ. do Jornal do Commercio, 1906.

______. *Etymologias – preto*. Rio de Janeiro: Almanaque Garnier, 1907.

______. *Ensino municipal*: Carta ao Dr. Curvello de Mendonça. Rio de Janeiro: Typ. Jornal do Commercio, 1909.

______. *Fructos cadivos (poesia)*. Rio de Janeiro/São Paulo/Bello Horizonte: Livraria Francisco Alves, 1919.

Por entre fatos e boatos: Augusta Mulata e a prostituição de mulheres negras no Rio de Janeiro da Primeira República

Beatriz Prechet Possui graduação em história pela Universidade do Estado do Rio de Janeiro (Uerj). É mestre em história social da cultura pela Pontifícia Universidade Católica do Rio de Janeiro (PUC-RJ). Atualmente é doutoranda em história pela Universidade Federal do Estado do Rio de Janeiro (Unirio). Tem interesses nos seguintes temas: prostituição, história das mulheres, trajetórias de mulheres negras, história do Rio de Janeiro e Primeira República.

Augusta de Campos,[1] vulgarmente apelidada de Augusta Mulata, foi uma prostituta negra e depois dona de casa de prostituição que viveu no Rio de Janeiro e cujos rastros podem ser acompanhados até pelo menos o ano de 1909, por meio de jornais, como *Carbonario* e *O Rio Nu*. Sua trajetória foi marcada por diversos acontecimentos que nos ajudam a ter certa noção de como era a vida de uma mulher negra dentro do ambiente do meretrício.

De antemão, é importante pontuar que o elemento que determina a cor de Augusta, transformado em seu sobrenome, pode e deve ser interpretado como uma marca de distinção, o que nos leva a pensar que esse marcador tinha uma dupla função, tanto para o meretrício quanto para o pensamento social do século 19: servia para distinguir Augusta das prostitutas de outras nacionalidades e também para alertar os possíveis clientes sobre a cor da mulher com quem se envolveriam.

Além disso, o fato de a cor de Augusta estar posicionada logo após seu nome pode significar também uma forma de amenizar o fato de ela ser uma mulher negra. O ser "mulata", ainda que fosse um termo utilizado de forma pejorativa e remetesse a um animal híbrido – a mula –, significava uma maior aceitação social naquele contexto, pois se referia ao caráter libidinoso que, segundo as teorias raciais, as mulatas teriam, o que as tornava mais dadas ao sexo e ao prazer, e portanto à maior disponibilidade para a prática dos desejos carnais (LANZARINI, 2016, p. 90) e, consequentemente, também para a prostituição.

Essas hipóteses nos permitem pensar que os obstáculos enfrentados por Augusta estão diretamente ligados à sua cor e ao lugar social ocupado por ela. Frequentemente alvo de notas na imprensa, Augusta era ironizada não somente pelo traço evidente de raça, mas também pela atividade de prostituta, que significava inúmeros desafios de sobrevivência, principalmente em relação às suas companheiras de meretrício, clientes e ao escárnio de certos colaboradores dos jornais locais.

1. Seu sobrenome só aparece noticiado em 1906 no jornal *Correio Paulistano*, 06/03/1906.

Foi no jornal *Carbonario*, de 1885, que a primeira menção à nossa personagem apareceu. Levando em conta a vigência da escravidão, o que explica a violência e o sarcasmo utilizados na notícia sobre ela, o periódico noticiou que Augusta estava grávida: "Augusta Mulata acha-se no estado interessante, mas não sabe quem é o autor da brincadeira. Aviso aos conhecidos, para que não paguem os cueiros." (*Carbonario*, 09/11/1885)

Apesar de não expor de forma clara a sua condição de prostituta, a notícia deixa ver que ela possuía alguns parceiros sexuais e que, por isso, havia dúvida sobre a paternidade da criança esperada. Assumiu-se então que Augusta não era digna de ser mãe e, muito menos, de ter um companheiro para auxiliá-la nas questões mais cotidianas da criação de um filho. Sendo verdadeira ou não, essa notícia mostra como mulheres prostitutas eram lidas pela sociedade: esse corpo tornava-se desqualificado, desumanizado e descreditado.

Acrescente-se a isso o elemento cor que, naquela altura, ganhava cada vez mais espaço no debate público com o avanço das teorias raciais, que contribuíam para que mulheres negras fossem vistas única e exclusivamente para o trabalho moralmente aceito e, também, para servir aos anseios sexuais dos homens brancos. O estereótipo de Augusta se firmava então como se fosse exatamente o cumprimento, na forma de ofício, daquilo que essas teorias definiam como o ser mulher negra: libidinosa e imoral (RODRIGUES, 2011).

Justamente por isso, eram grandes as dificuldades enfrentadas por Augusta, que volta a aparecer no mesmo jornal como protagonista de um episódio no importante teatro Lucinda, local muito frequentado por homens da alta sociedade. Segundo a notícia do dia 28 de março: "A Augusta Mulata quinta-feira à noite foi ao Lucinda agarrar um sujeito para pagar-lhe o fígado frito, e pôs-se no jardim a chorar: – Por tua causa, ingrato, eu não como há três dias, não bebo e não durmo! Assim nem o cavalo do inglês." (*Carbonario*, 28/03/1887)

A notícia sugere, claramente, o estado vulnerável em que se encontrava nossa personagem. No momento em que entra no

Lucinda e obriga certo sujeito a lhe pagar o fígado frito, Augusta se coloca em uma posição nada passiva em relação ao destino a ela imposto, mostrando dessa forma que, ao intervir em seu próprio destino, estava negando as regras sociais estabelecidas e as dificuldades que assolavam todas as mulheres, principalmente as negras.

Ao recorrer aos recursos que possuía, Augusta nos mostra que não se conformava com a sujeição. Cobrando alguma ação efetiva para garantir sua sobrevivência, seja de um cliente, de um cáften, de uma caftina ou até mesmo dos sujeitos que faziam piadas de mau gosto com seu nome nos jornais da cidade, ela se afasta do estereótipo de que as mulheres colocadas na marginalidade social aceitavam de forma tácita todas as violências e invisibilizações a que eram submetidas.

Mais do que apenas noticiar a vida cotidiana, o jornal ajudava a reforçar estereótipos de gênero e raça, e alimentava o preconceito dos seus leitores. A construção da trajetória de Augusta a partir desses registros revela que na maior parte do tempo em que figurou nas publicações das colunas diárias sua vida era exposta de forma jocosa como um insucesso. Aparentemente, percebe-se também que havia por parte do jornal *Carbonario* certa vontade de expor a vida de mulheres como Augusta, colocando-as como sujeitos irracionais e dignos de pena.

No entanto, outros fragmentos de sua vida nos fazem desconfiar desse cenário construído pelo referido jornal, pois, quando não conseguiu arcar com as próprias despesas, o que nos faz pensar que, mesmo vivendo sob o regime escravista, Augusta era uma negra livre, alugou-se como cozinheira na pensão de Petite Pauline ainda em 1887 (*Carbonario*, 24/07/1887). Como empregada de uma francesa, Augusta começava a dar os primeiros passos rumo à consolidação de seu próprio empreendimento, que viria a surgir alguns anos mais tarde.

Atento aos causos cotidianos, o *Carbonario*, em agosto de 1877, em mais uma tentativa de zombar e depreciar Augusta, marcando seu lugar social e reforçando o racismo existente naquele jornal, noticiou que "o maior desejo de Augusta Mulata é ser branca". (*Carbonario*, 05/08/1887)

Essa afirmação revela não somente o poder do colonialismo, mas também a vitória das teorias raciais. Ao anunciar tal desejo, o autor nega a trajetória de Augusta como mulher negra e joga para ela um desejo que, se verdadeiro, foi consequência de todas as dificuldades e arbitrariedades enfrentadas por ela durante os anos de sua vida.

Além disso, o autor também confirma o privilégio branco e escancara que somente aos sujeitos brancos eram validados a ascensão e o pertencimento social. Some-se a isso o fato de que as estratégias de sobrevivência de Augusta até aqui não eram vistas como forma de se manter viva dentro de uma sociedade escravocrata e racista, mas sim, aos olhos da sociedade branca, uma tentativa de embranquecer, o que significaria, possivelmente, não sucumbir ao destino traçado para sujeitos de sua cor.

A alegação de quem escreve, entretanto, me parece equivocada, já que, ao acompanhar as notícias sobre Augusta, o que se vê, anos depois, é que ela não estava em busca de embranquecer, mas sim de disputar e ocupar espaço e reconhecimento num lugar que também a pertencia. O que Augusta queria não era livrar-se de sua cor ou dos signos que a caracterizavam, mas sim subverter a lógica senhorial de tal forma que conseguisse ser respeitada por ser quem era.

Contudo, é no alvorecer da Primeira República que sua trajetória é atravessada por uma campanha empreendida pela polícia do Rio de Janeiro, que tem por objetivo coibir o meretrício nas ruas da cidade. No dia 7 de junho de 1891, o jornal *Gazeta de Notícias* traz uma publicação intitulada "2° distrito do Sacramento", que pedia ao chefe de polícia maior atenção ao "zungú de pretas prostitutas e pretos ratoneiros, que existe no casebre de dar felicidade, à rua Senhor dos Passos, em frente à casa de jogo e colégio de prostituição da orelha cortada, na referida rua" (*Gazeta de Notícias*, 07/06/1891).

Tendo o distrito do Sacramento como referência, e a afirmação da historiadora Cristiana Schettini (2006, p. 33) de que foi na rua Senhor dos Passos que se estabeleceram "as brasileiras supostamente caídas na prostituição por causa da escravidão", é possível inferir que eram nas ruas que compunham o território daquele distrito que se formava o principal espaço da prostituição negra na cidade carioca[2] e que esse espaço seria o mais visado nas ações que se seguiram.

Foi em 1896, cinco anos após a publicação do *Gazeta de Notícias*, que o delegado de polícia Luiz Bartholomeu iniciou uma diligência. O objetivo era demarcar os espaços da prostituição na cidade do Rio de Janeiro, reorganizando o território e deixando evidente que a preocupação não era o meretrício em si mesmo, mas a livre circulação de um tipo específico de prostituição.

O que pretendia o delegado era retirar das ruas a prostituição de um determinado grupo de mulheres, cujo tom de pele não agradava aos olhos de uma cidade que tinha anseios de ser como um país europeu. Acontece que, por mais que Bartholomeu contasse com a conivência de certo jornalista — Ferreira da Rosa e a coluna "A podridão do vício" — e de uma parcela da sociedade, sua empreitada contra essas mulheres não teve o êxito esperado.

Não faltavam publicações revelando o descontentamento com a presença das prostitutas nas principais ruas de passagem, seja porque essas mulheres prejudicavam a passagem dos bondes e, consequentemente, seus passageiros, que eram expostos a cenas de desregramento exibidas "no interior de suas habitações propositalmente devassadas" (*O Paiz*, 15/04/1896), seja porque, como mostra outra publicação, as famílias que residiam na Rua do Hospício, próxima à rua de São Jorge, sentiam-se moralmente atacadas pelas palavras obscenas proferidas por meretrizes, aos carregadores que viviam em suas rótulas na referida rua, impossibilitando, dessa forma, que a família chegasse até as janelas (*Gazeta de Notícias*, 28/11/1899).

De um jeito ou de outro, ambas as reclamações pontuavam de forma específica quais mulheres incomodavam os sujeitos

2. De acordo com os mapas do período, as principais ruas do Distrito do Sacramento eram Rua do Passeio, Rua da Lampadoza, Rua da Carioca, Rua Senhor dos Passos, Rua do Hospício, Rua do Fogo, Rua da Vala, Rua do Regente, Rua da Alfândega, Rua dos Ciganos. Ver mais sobre isso em: ImagineRio.org.

que circulavam pelas ruas. Não eram aquelas que frequentavam os espaços privados dos cafés e teatros, que naquele momento configuravam-se nos principais espaços de sociabilidade da nova sociedade carioca (SILVA, 2011), mas sim aquelas que estavam nas janelas exibindo-se, públicas, aos olhos dos passantes.

Eram necessariamente brasileiras negras e pobres, já que, de acordo com pesquisa de Luiz Carlos Soares (1992, p. 42-43), lá pelos anos de 1870, a prostituição era composta majoritariamente por mulheres brasileiras e, de acordo com o médico Sampaio Ferraz, estas representavam 69,5% das mulheres que exerciam o meretrício na Corte. Logo, por esses dados estatísticos, não há dúvidas sobre a manutenção da presença dessas mulheres e o fortalecimento da necessidade de coibir a existência dessas prostitutas ao longo dos primeiros anos republicanos.

É evidente que, para além de um suposto cuidado com a proliferação de doenças e com a desordem urbana, as autoridades policiais tinham como intenção maior a contenção das prostitutas pertencentes à classe dita "perigosa",[3] denominadas prostitutas clandestinas.[4] Essas mulheres, segundo a instituição policial, médicos sanitaristas e a elite que ascendia política e socialmente, não pertenciam ao território e, por isso, precisavam ser expulsas dele, numa forma de proteger e de higienizar o espaço da ameaça negra e pobre.

Foi justamente em meio às reclamações que teimavam em surgir nos noticiários em circulação, atravessadas pelo discurso ordeiro e higienista proveniente das teorias raciais, que o delegado

3. De acordo com Sidney Chalhoub, as classes perigosas são, por definição dos parlamentares de 1888 que discutiam sobre a Abolição, os componentes das classes pobres. Para explicação mais concisa, ver especificamente CHALHOUB, Sidney. *Cidade febril*: cortiços e epidemias na Corte imperial. São Paulo: Companhia das Letras, 1996.
4. De acordo com os estudos de Luiz Carlos Soares, a prostituição dividia-se em dois grupos: pública e clandestina. O primeiro grupo é constituído, em grande parte, pelas francesas; já o segundo grupo é composto por mulheres trabalhadoras das classes populares, que veem no meretrício uma forma de complementar a renda. A hierarquia da prostituição tem as francesas no topo da pirâmide, sendo estas seguidas por mulheres de outras nacionalidades, brasileiras e negras.

Bartholomeu recrudesceu suas ações em relação ao meretrício e iniciou um processo de remoção das prostitutas de janela das principais ruas por onde circulava toda a sorte de sujeitos.

Porém, como consequência dessas medidas urgentes por parte das autoridades policiais, ocorreu um tipo de desequilíbrio no território que, mesmo à revelia, já estava consolidado. Tamanho foi o problema dessa tentativa de organização, que em 1900 o *Jornal do Brasil*, na coluna "Queixas do povo", publicou a seguinte reclamação:

> Sr. redator do Jornal do Brasil. – Um vosso antigo assinante chama a atenção dessa redação para um escândalo provocado pelas autoridades da atualidade. É o caso que as mulheres prostitutas estão sendo perseguidas para se mudarem das ruas centrais, como Sete de Setembro, Senhor dos Passos, Luiz de Camões, etc., etc., pelas autoridades de tais ruas, e não sabendo elas quais as ruas que definitivamente possam habitar, invadem todas em geral, sendo isso muito mais prejudicial ao decoro publico, como julgo concordará com quem vos escreve esta carta. Até hoje, Sr. redator, não me vi na dura necessidade de proibir a minha família de chegar à janela, o que ora faço, isto devido a ter uma das tais como vizinha, sendo por demais imoral o que se vê e ouve, notando-se, além de tudo isto, que ela paga aluguel, ao passo que eu moro em propriedade nossa. Com franqueza, as nossas autoridades não procedem convenientemente em casos como estes, que só trazem descredito e provam a falta de senso da parte de quem tinha por dever olhar pelos interesses de todos em geral.
>
> Providencias, Sr. redator, porque se providencias não houver, vejo-me na dura necessidade de ir pagar aluguel, mudando-me, e isto quando não havia necessidade, mormente se houvesse ruas apropriadas para a exploração de tal ramo de negócio.
>
> Providencias, Sr. redator, porque, enquanto elas todas não tenham invadido todas as ruas; mal por mal, que as deixem estar

onde têm estado, agradecendo desde já toda e qualquer reclamação neste sentido a quem de direito.(*Jornal do Brasil*, 01/08/1900)

O morador deixa ver que as ações policiais não tiveram o êxito esperado. Sem um direcionamento específico, as meretrizes passaram a ocupar lugares onde antes não se encontrava a prática da prostituição, o que prova que, em vez de reorganizar os espaços do meretrício, o delegado acabou por alastrar esse território, desagradando ainda mais os moradores da cidade.

Também é possível notar que os primeiros governos republicanos mantiveram a coerção e a perseguição ao meretrício – ações essas empregadas ainda em meados do século XIX – e que poucos meses após a proclamação da República, segundo notícia publicada em outro periódico, o novo chefe de polícia da então Capital Federal já falava da necessidade de "adotar medidas que ponham termo definitivo neste desregramento", recomendando a seus subordinados "a mais severa repressão daqueles excessos" (*Gazeta do Povo*, 11/02/1890).

Mas é justamente nesse mesmo momento, em que o cerco policial se fecha sobre essas mulheres, que Augusta Mulata se consolida como dona de uma casa pensão na rua Senador Dantas, número 27, revelando o desastre da campanha de Bartholomeu e de sua política de controle sobre a circulação das prostitutas pela cidade.

Apelidado pejorativamente pelos jornais da época de Augustoal Colégio,[5] o empreendimento de nossa personagem nos certifica de sua ascensão social. De uma simples meretriz, frequentemente violentada pelos letrados que expunham a sua vida nas colunas do *Carbonario*, à cozinheira de uma francesa, em pouco tempo Augusta se fortaleceu a ponto de firmar-se como dona, e não mais empregada.

Essa guinada em sua trajetória aponta para um cenário incomum na vida de mulheres negras, que, por muito tempo, eram

5. Utilizado de forma sarcástica, era comum que se chamassem as pensões, onde se sabia haver a prática da prostituição, de Colégios, pois dizia-se que era nesses espaços que as mulheres aprendiam a ser prostitutas.

vistas como propriedade privada de um outro alguém. Obviamente que a conjuntura política e social permitiu que Augusta se visse em uma posição menos marginalizada e subalternizada, contudo, não há como negar que o racismo, ainda resistente na sociedade carioca, continuaria a lembrá-la sempre de sua condição de mulher negra, pobre e prostituta.

Tanto o *Carbonario* quanto *O Rio Nu* não mediam esforços para deslegitimar os feitos de Augusta. E embora tentassem fazê-la parecer uma mulher irracional e sem qualquer pudor, ao mencioná-la davam ainda mais visibilidade tanto para seu nome quanto para sua casa de pensão, que parecia dar bons lucros.

Em 1903, no dia 12 de agosto, a pensão de Augusta Mulata foi assaltada por um de seus funcionários. Ernesto, ao ver que Augusta havia deixado seu quarto aberto, invadiu-o e furtou nada menos do que 25 mil-réis em joias que ficavam em um cofre, pertencentes à bailarina Therezina Betti, uma das inquilinas da pensão, e também mil e seiscentos réis, em dinheiro, de Augusta. Em razão dos altos valores furtados, o nome de Augusta circulou por algumas matérias e publicações, nas quais os escritores ora duvidavam das quantias encontradas ali, ora se compadeciam com o ocorrido. O delegado de polícia Edgard Pahl só conseguiu solucionar o caso em 1904, quando, ao fim da investigação, encontrou uma pista de que Ernesto estava em São Paulo e já havia dado um fim às joias e ao dinheiro das vítimas (*Correio da Manhã*, 18/03/1904).

Tal ocorrido nos mostra dois elementos importantes para entender a história de Augusta. Sendo ela negra e prostituta, ter em um cofre a quantia de mil e seiscentos réis significava que seu empreendimento estava dando certo, tão certo que, além de lucrar com o meretrício, já possuía funcionários e ainda tinha como inquilina mulheres distintas, como Therezina Betti, uma bailarina que possivelmente era estrangeira, o que atraía uma clientela abastada para o seu estabelecimento. Isso prova que a pensão de Augusta não era um espaço somente da prostituição e muito menos frequentado apenas por mulheres brasileiras e pobres, o que nos faz pensar que sua cor e sua condição social não impediram – mas certamente dificultaram – que seus negócios atingissem certa credibilidade dentro do universo do meretrício.

É possível inferir também que, embora por um lado houvesse uma vontade crescente em perseguir e combater a prostituição, por outro era nítido que existia um conflito para além da questão moral, pois se percebe que havia ali uma demanda considerável no comércio do prazer sexual. O que estava em jogo, portanto, não era a existência da prostituição na cidade, mas os locais onde as mulheres que a exerciam podiam ou não ser vistas.

A historiadora Rachel Soihet (SOIHET, 1989) aponta que a prostituição já fazia parte da sociabilidade carioca, porque, através da análise do discurso médico e moral, o meretrício só era negativo em caso de descontrole e desconhecimento. Do contrário, era encarado como um mal necessário, porque garantia ao homem a satisfação de seu instinto sexual natural e, desse modo, se mantinha a relação matrimonial segura e reprodutiva. Ou seja, mesmo que houvesse o empenho de uma parcela da sociedade e as maledicências por parte dos colunistas de jornal, a prostituição, fosse ela branca ou negra, não estava na ilegalidade. Além disso, configurava-se como pauta dos debates sobre a cidade, já que, por mais que fosse muito mal falada por entre as folhas mais conservadoras e os sujeitos da boa sociedade, ela continuaria existindo justamente por se enquadrar como um lugar disponível e acessível para a satisfação sexual masculina.

Isso muito explica o alastramento das zonas de prostituição, desde as tentativas de sua contenção por parte do chefe de polícia Bartholomeu ao êxito de Augusta Mulata como dona de uma pensão muito comentada nas colunas dos periódicos locais, ainda que de forma irônica.

Apesar dos percalços que envolveram a trajetória de Augusta, desde 1880 alguns caminhos percorridos por ela nos mostram que, apesar das dificuldades impostas pelo racismo, que teimava em diferenciar os sujeitos sociais, nossa personagem traçava um percurso de sucesso. Em 1905, a coluna "Carteira de um Perú" publicou uma nota que, num primeiro momento, parecia ser uma afronta à moral. Segundo a coluna, Augusta já não era mais corretora de meninas, era também de meninos (*O Rio Nu*, 22/03/1905).

Por mais que essa notícia possa ser interpretada como um escândalo para o período, a análise que podemos fazer dela é que Augusta havia se consolidado no ramo do meretrício e estava expandido seus negócios. Verdadeira ou não, essa informação mostra que nossa personagem, apesar de viver em uma sociedade que não a reconhecia como sujeito digno, forjou sólidos artifícios para escapar das difamações e dificuldades, respondendo à sociedade e principalmente àqueles que dela zombavam, que estava colhendo os frutos das barreiras que transpôs.

Se por um lado o meretrício era um ofício degradante e motivo de rechaço social, por outro foi o meio pelo qual Augusta Mulata conseguiu transformar a sua realidade, tanto que ainda em 1905 foi publicado que Augusta, em sociedade com Chico Bumba e Alice Cavalo de Pau, estariam construindo um novo local de diversões, que seria um internato e um externato[6] semelhantes aos de Paris e Buenos Aires (*O Rio Nu*, 10/06/1905).

Esse novo empreendimento deixa claro que Augusta, ao contrário das sabotagens dos jornais, era uma mulher que sabia aonde queria chegar, por mais que, para isso, tivesse de enfrentar a reação violenta de certos sujeitos sociais. Como mulher de negócios em sociedade com dois nomes bem conhecidos no mundo das diversões noturnas, Augusta mostra que pretendia alcançar outro patamar no mundo do meretrício. Sua astúcia revela a ambição em se consolidar como mais uma dona de pensão respeitada e reconhecida em seu ramo.

Embora isso desagradasse os jornais que contavam a sua história, Augusta, através dos subterfúgios que empreendeu, alcançou

6. Os internatos e externatos, para a época, eram nomes dados aos espaços onde também havia prostituição.

em 1909 o reconhecimento que tanto se empenhou para conquistar. Agora, importante dentro da dinâmica do meretrício, o próprio *O Rio Nu* noticiou na coluna "Por um óculo" que

> Almoçamos ontem na conhecida Pensão Augusta Mulata. É a pensão mais brasileira, mais nacional que temos. Aí vimos as senhoras: Maria Amelia Rodrigues, sempre formosa, sempre gentil; Conceição, tão mignone, tão interessante; Marietta e Chiquinha, todas brasileiras. Havia também Mme Mina d'Iris, a graciosa artista do Concerto Avenida. (*O Rio Nu*, 20/03/1909)

O que se percebe é que a casa de Augusta Mulata se transformou em um lugar muito conhecido e frequentado, justamente porque continha a brasilidade que naquele momento tanto se buscava. Era ali, em meio a outras mulheres que formavam sua rede de sociabilidade, que a mais nacional de todas as pensões firmou seu lugar no disputado ambiente do meretrício, rompendo com a ideia de que sujeitos negros aceitavam de forma passiva as barreiras impostas contra sua mobilidade. Augusta constrói uma trajetória que reflete não somente uma necessidade de sobrevivência, mas também imprime um novo olhar sobre as possibilidades de sucesso de mulheres negras na sociedade do pós-Abolição.

Embora a história de Augusta Mulata seja contada por meio de pequenos fragmentos em notícias de jornais, não se nos revelando muita coisa sobre seu passado, como idade, data de nascimento, nacionalidade ou naturalidade, as partes soltas apresentadas já compõem por si só uma história de sucesso. Essa trajetória, retratada por sujeitos empenhados em desqualificar mulheres negras e prostitutas e em perpetuar racismo e sexismo, mostra e nos faz compreender, até certo ponto, que Augusta soube usar as adversidades impostas a pessoas como ela para transformar a realidade em que vivia.

As histórias do meretrício, por vezes, nos colocam diante de uma perspectiva quase romantizada pelas experiências de mulheres brancas "vítimas" do aliciamento de cáftens, que, desenganadas, acabaram na prostituição brasileira. Essa história revela ainda outra dinâmica nesse universo marginal.

É provável que Augusta não tenha tido, ao menos, o direito de escolher sobre "fazer a vida" nesta cidade. Considerando-se os fatos sobre a população negra, principalmente os escravizados e seus descendentes, Augusta torna-se uma figura importante para entender não somente o meretrício, mas também as tramas que envolvem a formação da sociedade republicana, que tanto reforçam opressão, imoralidade e subalternidade.

Augusta Mulata nos apresenta o universo da prostituição que vai além da simples dicotomia entre mulheres brancas e negras *versus* polícia e sociedade burguesa. Sua história toca no cerne do significado de ser mulher, negra, pobre e prostituta, dentro de um território que perseguia e tentava invisibilizar sujeitos como ela.

Apesar das dificuldades e de todo um sistema cujo único objetivo era interferir de maneira negativa em vidas como as de Augusta, ela nos mostrou que, de alguma maneira, a história das mulheres negras não estava fadada somente ao fracasso e ao esquecimento. Por meio do que se sabe dessa trajetória, Augusta e outras semelhantes possíveis personagens, iluminam outras narrativas e outras possibilidades aos corpos de mulheres negras, componentes incontestáveis da história nacional.

Referências bibliográficas

CHALHOUB, Sidney. *Cidade Febril*: cortiços e epidemias na Corte imperial. São Paulo: Companhia das Letras, 1996.

LANZARINI, Julia Soares. *Benvinda a mulata*: o sentido da mestiçagem na Capital Federal de Arthur Azevedo. Tese de mestrado. Pontifícia Universidade Católica do Rio de Janeiro, 2016.

NINA RODRIGUES, Raymundo. A população brasileira no ponto de vista da psicologia criminal: os mestiços. *In*:______. *As raças humanas e a responsabilidade penal no Brasil [online]*. Rio de Janeiro: Centro Edelstein de Pesquisa Social, 2011, p. 43-52.

PRECHET, Beatriz do Nascimento. *Enegrecendo o meretrício*: experiências da prostituição feminina no Rio de Janeiro (1871-1909). Tese de mestrado. Pontifícia Universidade Católica do Rio de Janeiro, 2019.

SILVA, Marilene Rosa Nogueira. Heterotopias cariocas. *In*: SILVA, Marilene Rosa Nogueira; TORRES, Magda Maria Jaolino; PINTO, Luciano Rocha (org.). *Experimentadores*: Michel Foucault práticas historiográficas. Rio de Janeiro: Paju, 2011.

SCHETTINI, Cristiana. *Que tenhas teu corpo*: uma história social da prostituição no Rio de Janeiro das primeiras décadas republicanas. Rio de Janeiro: Ed. do Arquivo Nacional, 2006.

SOARES, Luiz Carlos. *Rameiras, ilhoas, polacas*: a prostituição no Rio de Janeiro do século XIX. São Paulo: Editora Ática, 1992.

SOIHET, Rachel. *Condição feminina e formas de violência*: mulheres pobres e ordem urbana (1890-1920). Rio de Janeiro: Forense Universitária, 1989.

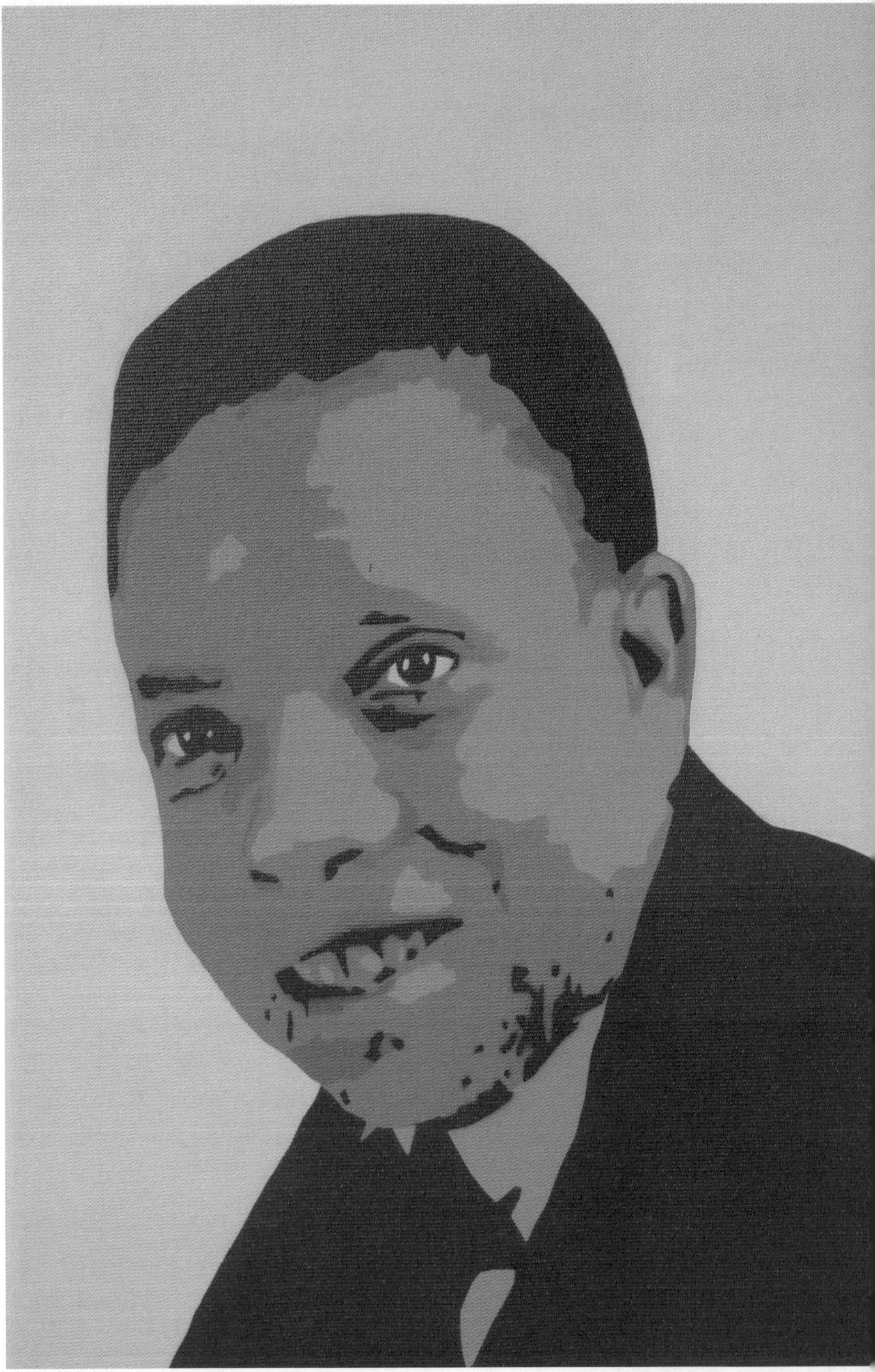

João Cândido Ferreira, o De Chocolat, e a aposta num teatro negro na década de 1920

Nirlene (Bebel) Nepomuceno Doutora e mestra em história social pela PUC-SP, desenvolveu pesquisa de pós-doutorado em museologia social junto à Universidade Federal da Bahia (UFBA). Tem pesquisas sobre vivências negras no período do pós-abolição e sobre celebrações e práticas culturais na diáspora afro-latino-caribenha. Integra o Centro de Estudos Culturais Africanos e da Diáspora (CECAFRO/PUC-SP) e atuou como professora-visitante na Universidade Federal do ABC (UFABC) no período 2018-2020. Tem artigos e capítulos de livros publicados no campo da história e culturas africana e afro-diaspórica.

Cerca de vinte anos antes de o Teatro Experimental do Negro estrear sua primeira peça no Teatro Municipal do Rio de Janeiro, em 1945, a expressão "teatro negro" já podia ser encontrada em jornais da então capital federal e nos de algumas outras capitais brasileiras. Não se tratava de presságio ou intuição por parte da imprensa em relação ao grupo teatral que Abdias do Nascimento viria a criar em 1944.[1] As referências diziam respeito a outro grupo teatral, surgido no Rio de Janeiro em 1926: a Companhia Negra de Revistas.

Por trás desse ousado e, para a época, inusitado projeto teatral, integrado apenas por "gente da raça", estava um irrequieto baiano chegado à capital federal ainda adolescente, chamado João Cândido Ferreira, nome que, anos mais tarde, cederia espaço à alcunha Monsieur Du Chocolat, depois simplificada para De Chocolat, com que se tornaria conhecido no meio artístico.

Cançonetista, poeta, letrista, improvisador, autor de esquetes teatrais, dançarino ou, em definição atualizada, um multitalento, De Chocolat e sua Companhia Negra de Revistas foram, certamente, o fato artístico de maior visibilidade no Rio de Janeiro no segundo semestre de 1926. Referências a ambos podiam ser encontradas nos principais jornais e revistas em circulação, não só em colunas e seções dedicadas às atividades culturais como também em crônicas, colunas sociais, artigos, charges e até em anúncios publicitários, ora de forma positiva, ora negativamente, em críticas com forte teor racista.

De Chocolat foi olhado por parte da elite pensante da época, assim como por parcelas da intelectualidade negra posteriormente, com o mesmo desprezo com que se costumava tratar o gênero teatral chamado "revista" ou *vaudeville*, no qual os espetáculos da Companhia Negra de Revistas se enquadravam. Considerado menor na comparação com o chamado "teatro nacional" ou de tese, o gênero revista se estruturava por meio de esquetes teatrais curtos intercalados por números musicais e de danças, que tinham por finalidade levar o público ao riso, daí ser também

1. A estreia no Teatro Municipal, com a peça *Imperador Jones*, ocorreu em 8 de maio de 1945.

conhecido por "teatro de riso fácil". Sem abrir mão dessas características, De Chocolat levou para os palcos, quatro décadas após o fim da escravidão, não só um grande elenco de artistas negros, mas também temas e questões afeitos à população negra, quais sejam, a exclusão racial, social e econômica enfrentada por esse segmento populacional e a busca por lugares não subalternizados na sociedade.

Suas peças – *Tudo preto, Preto e branco, Carvão nacional, Café torrado, Penumbra* – abriram espaço para que algumas dezenas de negros e negras pudessem, ainda que fugazmente, sonhar com um novo patamar de inserção na sociedade brasileira, a ponto de os jornais fazerem alusão a uma crise de domésticas e serviçais na cidade que estariam trocando "as cozinhas pelos palcos". O epíteto "pai do teatro negro brasileiro", com que a imprensa comumente se referia a De Chocolat, tem mais a ver com a cor dos integrantes da companhia do que com um firme posicionamento político-racial advindo de seu teatro, muito embora seja inegável a preocupação com uma valorização da "marca africana" nos esquetes da Negra de Revistas.

Nem por isso tal denominação deve ser menosprezada ou ignorada, sobretudo se levarmos em conta o contexto brasileiro da época, de valorização da Europa e de tudo o que era proveniente do estrangeiro. Assim, ganham significativa importância a ousadia e a autoconfiança de De Chocolat em montar, em 1926, um grupo teatral apenas com "gente da raça"[2] disposto a mostrar suas "habilidades" "em pleno almofadismo, no meio de todos esses meninos anêmicos, frequentadores de cabarets, que só falam francês e só dançam tango argentino! No meio do internacionalismo dos costumes franceses, das livrarias italianas, das sorveterias espanholas, dos automóveis americanos, das mulheres polacas, do snobismo cosmopolita e imbecil" (COSTALLAT, 1922).

A vida de De Chocolat se entrelaça irremediavelmente com a da Companhia Negra de Revistas – que teve vida curta e fim melancólico ante

2. Havia pelo menos dois brancos na companhia, um deles o sócio do empreendimento, enquanto o outro interpretava um português.

a pressão e perseguição de "luminares" do teatro –, mas nem de longe se limitou a ela. De Chocolat compôs inúmeras canções, gravadas por nomes como Ary Barroso, Sílvio Caldas e Francisco Alves; escreveu mais de vinte peças e montou diversos espetáculos teatrais e musicais; criou ainda as companhias Bataclan Preta e a Negra de Operetas; dirigiu o Serviço de Recreação Operária do Ministério do Trabalho no governo Getúlio Vargas; e atuou no Departamento de Turismo e Certames da Prefeitura do Rio de Janeiro. Apesar da vida intensa e produtiva, pouco ficou de sua memória após sua morte, em 1956.[3] Seu nome, assim como o da Companhia Negra de Revistas, sequer consta dos anais da história do teatro no Brasil.

Entre a "dicção da oralidade e a letra da escritura"

Narrar a vida de João Cândido Ferreira no período que precede a criação da Companhia Negra de Revistas é mergulhar num mar de improbabilidades. Sabe-se que ele nasceu em Salvador em 18 de maio de 1887, um ano antes da Abolição da escravidão. Teria chegado ao Rio de Janeiro ainda adolescente, nos primeiros anos dos 1900. E aqui surge a primeira das divergências em sua trajetória. O adolescente teria acompanhado os pais, que migraram ao Rio de Janeiro fugindo a uma vida de privações e dificuldades na Bahia,[4] rota cumprida por inúmeras outras famílias negras baianas na época, que iriam compor o que ficaria mais tarde conhecido como "diáspora baiana", fomentadora, em grande parte, de uma cultura urbana com fortes marcas africanas, como foi o caso do samba. Outra versão relata que o jovem teria fugido de casa e chegado à capital federal a reboque de uma companhia espanhola de zarzuela[5] que se apresentara em sua cidade.

Já no Rio de Janeiro, desempenhou tarefas em diferentes ramos de atividade, de engraxate a carregador. Sua habilidade

3. É bem verdade que mereceu extensos necrológios em praticamente todos os jornais do Rio.
4. Informações discordantes sobre sua vida encontram-se nos obituários publicados pela imprensa da época.
5. Tipo de opereta que mescla partes declamadas e outras cantadas.

em "fazer monólogos rimados" e "dizer versos de improviso" "com uma capacidade de espantar" (EFEGÊ, 1979) o teria aproximado do "mundo do divertimento", formado por cabarés, chopes berrantes[6] e similares, que começava a se configurar nas metrópoles e centros urbanos brasileiros. Nesse incipiente universo de cultura popular teria recebido o apelido Jocanfer, junção das primeiras sílabas do seu nome: JOão CANdido FERreira.

Foi sob esse codinome que primeiro se tornou conhecido na capital federal. Dos cabarés e chopes berrantes instalados em bairros pobres e áreas desprestigiadas da cidade para os cinematógrafos frequentados pela elite, não parece ter decorrido um longo tempo, pois, em fins de 1909, De Chocolat surgia como contratado do Cinematógrafo Santana, estabelecido na Rua de Santana. Sua função era a de apresentar espetáculos musicais nas salas de espera, entretendo o público. O Cinematógrafo Santana parece ter sido o primeiro deles, e seu sucesso ali muito certamente ajudou a abrir as portas de estabelecimentos similares.

No mesmo ano de 1909, podemos encontrar De Chocolat trabalhando num cineteatro da rua Visconde de Rio Branco e, já no ano seguinte, em 1910, dividindo o palco com uma célebre cantora espanhola chamada Lilia Móntez, no Chope Palácio Popular ABC. Registros fazem menção a ele, ainda em 1910, no teatrinho do Passeio Público, dessa vez em parceria com o cançonetista João Ferreira Esteves, conhecido por "Boneco". Difícil precisar a duração dessa parceria, mas o fato é que, após desfazê-la, De Chocolat priorizou a carreira solo, passando a apresentar espetáculos musicais nas antessalas dos cineteatros (EFEGÊ, 1979).

No início do século 20, a presença de artistas negros nos cineteatros não era de todo incomum. Roberto Moura (2000) destaca a liderança de artistas negros no entretenimento comercializado da capital federal, chamando atenção para o protagonismo negro, sobretudo nas primeiras "cintas cinematográficas cantantes" da *belle époque*.

6. Designação que os jornais atribuíam à versão popular dos ricos e bem frequentados cafés-dançantes, numa alusão ao tipo de música e ao vozerio presentes nesses locais.

Cabia majoritariamente a artistas negros, ocultos atrás das cortinas, a sonorização dos filmes mudos. De Chocolat, contudo, garantiu participação na antessala dos cinemas, tornando-se presença constante nesse tipo de diversão que antecedia a exibição dos filmes. A experiência adquirida ali o teria levado à Argentina, para apresentações no Cine Éden Cosmopolita. De acordo com algumas passagens de sua vida, teria alcançado pontos ainda mais distantes, como Portugal e Espanha.

Vale destacar, na trajetória de De Chocolat, sua circulação "entrelugares" (BHABHA, 1998), e não apenas em termos de deslocamento espacial. Da vida de privações na Bahia para espaços intelectualizados do Rio de Janeiro, dos cabarés e bares mal afamados para os cineteatros da elite, sempre ancorado em um "capital cultural" fundado em universos da palavra, da dança, da música, do ritmo, valendo-se de tradições e práticas muito próprias das populações negras, como frequentemente apontado por aqueles que com ele conviveram. Nesse capturar e adaptar(se) a novas circunstâncias, De Chocolat entrelaçava "a dicção da oralidade e a letra da escritura", para usar expressão de Leda Martins (2001).

Muniz Sodré (2002) argumenta que o patrimônio simbólico do negro brasileiro aqui afirmou-se como território político-mítico-religioso para a sua transmissão e preservação e que foi no saber vinculado ao culto aos muitos deuses, na institucionalização das festas, das dramatizações dançadas e das formas musicais que o negro conseguiu se reterritorializar. De Chocolat, em sua capacidade de "fazer monólogos rimados" e "versos de improviso", ou ao valorizar uma identidade, se não africana ao menos mestiça, nos seus esquetes teatrais, ou ainda ao introduzir nos salões cariocas ritmos e danças originados em comunidades negras, procurava ressaltar estéticas ainda hoje preteridas por sensibilidades europeias, apontando novas formas de reposição das heranças africanas.

De Chocolat atuava como "tradutor" entre o mundo da oralidade e o da cultura letrada. Os registros acerca de sua vida enfatizam sua paixão pelo teatro e suas múltiplas habilidades artísticas, entre elas as de improvisador e versejador. Em 1947, publicou o livro *Aqui jaz... epitáfios consti-*

tucionalistas e teatrais, registrando em versos, de forma bem-humorada, "figuras de destaque da vida política do país, num momento em que a constituição de 1946 estava sendo elaborada" (BARROS, 2005, p. 66-67).

Costumava fazer uso desse tipo de poética também nos esquetes teatrais que escrevia e nos diálogos com seu público, e não excluía a si mesmo das brincadeiras, assim como não abria mão das rimas nem mesmo em um momento financeiro difícil. De Chocolat, conhecido por sua boemia e vida desregrada, como intuindo seu destino, reservou a si uma das quadrinhas de seu livro.

> Por ter matado sorrindo,
> Aqueles que conheceu,
> Um dia enchocolatou-se,
> Estrebuchou e... morreu.

De outra feita, frente a dificuldades financeiras, tentou obter um adiantamento pelo pagamento dos direitos autorais junto à Sociedade Brasileira de Autores e Artistas de Teatro (SBAT), encaminhando a solicitação na forma de um soneto.

> Ao Freire (Para dar um despacho favorável).
> Oh! Tú que és da SBAT o tesoureiro
> E vives entre os louros da fartura
> Como eterno mordomo do Cruzeiro
> No esplendor dos festins e da ventura.
>
> Tem pena deste velho companheiro
> E num gesto de cordial brandura,
> Arranja-me por Deus, algum dinheiro,
> Liberta-me do mal que me tortura!
> Preso sempre à corrente dessa conta
> Com que a SBAT a sorrir me desaponta
> Para um vale, bem sei, estou barrado...

Mesmo assim, sê bondoso, Freire amigo,
Sê complacente uma vez mais comigo,
Não me deixes morrer inanimado.

Impossível saber se o soneto sensibilizou o tesoureiro Freire e se De Chocolat obteve o "vale", mas o fato é que, se as relações do nosso talentoso artista com a SBAT nessa época indicavam ser, pelo menos, amigáveis, o mesmo não se pode dizer do relacionamento entre ambos em 1927, um ano depois da criação da Companhia Negra de Revistas e num momento em que o grupo, aparentemente, se preparava para apresentações na Argentina, a convite de um empresário portenho.

Da antessala dos cinematógrafos a diretor teatral

Rumores sobre a possível apresentação do grupo de artistas negros – então em turnê no Rio Grande do Sul –, no país vizinho, que já àquela altura tratava os brasileiros por "*macaquitos*",[7] incomodaram a SBAT, comandada pelo literato Manoel Bastos Tigre, e outros setores influentes da capital federal. A revista teatral *A máscara*, no início de julho daquele ano, instigou seus eleitores: "Não é o caso dos poderes públicos, principalmente o Ministério das Relações Exteriores, evitar essa propaganda do nosso país, e logo onde, na República vizinha e amiga?", questionou, empregando argumento que anos antes, em 1922, havia sido utilizado para tentar barrar a viagem à França do conjunto musical liderado por Pixinguinha, *Os Oito Batutas* (BARROS, 2005, p. 230).

A possibilidade de um grupo de negros representar, no exterior, um país que aspirava a ser branco e europeu era algo a que não se

7. Em 1920, um episódio racista por parte da imprensa argentina levou os ministérios das Relações Exteriores e da Justiça daquele país a abrirem inquérito contra o jornal *La Crítica*. Após um jogo amistoso entre as seleções brasileira e argentina, o periódico publicou ilustração representando todos os jogadores brasileiros como macacos.

podia tolerar. Bastos Tigre resolveu se antecipar a uma possível ação do Ministério das Relações Exteriores e tomou a iniciativa de coibir a viagem, que sequer havia sido confirmada. Em 5 de julho convocou reunião do Conselho Deliberativo da SBAT. A pauta? A provável turnê argentina da Companhia Negra. A ata da reunião registrou:

> O Sr. Bastos Tigre participa que, chegando ao seu conhecimento que os empresários Jayme Silva e Avelar Pereira pretendem levar à Argentina e ao Uruguai a Companhia Negra de Revistas, o que redundará em descrédito do nosso país, a SBAT, como lhe cumpre, irá agir energicamente a fim de impedir a consumação desse atentado aos foros de nossa civilização. (Boletim SBAT, 1927)

Esclareça-se que a essa altura De Chocolat não mais estava à frente do grupo que criara um ano antes. Na verdade, ele travava uma briga judicial com Jayme Silva, com quem rompera meses depois da estreia da Companhia. Parte do elenco acompanhou Silva, enquanto De Chocolat incorporava novos artistas negros aos remanescentes. Ao grupo de Silva juntou-se um garoto de apenas 12 anos, que iria ser visto dali em diante como um "fenômeno", inscrevendo-se no mundo artístico brasileiro como Grande Otelo. Ao grupo de De Chocolat, batizado agora de Bataclan Preta, juntou-se a atriz Déo Costa, uma "deusa de ébano", como explicitava a propaganda. A ação judicial movida por De Chocolat visava a impedir que Silva usasse nas apresentações de seu grupo o título do espetáculo *Tudo preto*, encenado pela companhia antes da dissensão.

Apesar de ganhar a batalha judicial, De Chocolat via-se às voltas com os dribles de Jayme Silva à sentença. Sua nova companhia sofria a concorrência desleal de Silva, que se beneficiava do sucesso de público obtido pela companhia original.[8] Porém, independentemente de ser

8. Jayme Silva costumava adotar o título "Tudo negro" nas apresentações do grupo, numa clara estratégia de confundir o público depois que a Justiça reconheceu a autoria de De Chocolat em "Tudo preto".

contra De Chocolat ou Jayme Silva, a pressão da SBAT atingia diretamente artistas e músicos negros que buscavam galgar lugares não subalternizados na sociedade brasileira e que tinham pouco ou nenhum espaço de trabalho nas companhias formadas por brancos.

Bastos Tigre nomeou uma comissão de homens de teatro com a missão de abordar Jayme Silva. A comissão estava autorizada, inclusive, "a fazer ameaças em nome da Sociedade, com instruções claras e precisas em relação à desistência". A coerção funcionou, pois em nova reunião, a 12 julho, registrou-se a "solução feliz" do caso.

> O Sr. Marques Porto [um dos integrantes da comissão] comunica ter tido feliz solução o caso da excursão da Companhia Negra de Revistas, ao estrangeiro, que não mais se realizará, segundo a promessa do Sr. Jayme Silva, um dos empresários da mesma. (Boletim SBAT, 1927. Ano IV, no 37, julho de 1927, p. 296)

A reação dos setores elitistas da sociedade evidencia o incômodo provocado pela questão racial entre aqueles encarregados de pensar um projeto de nação para o país. Naquele momento, estava em discussão a formação de uma identidade nacional, o que dividia os intelectuais em torno do que deveria ser reconhecido como uma cultura brasileira e quais os papéis dos vários segmentos da população em sua constituição.

O empreendimento criado por De Chocolat foi, inegavelmente, um imenso sucesso de público, atraindo uma média de mil espectadores por dia em até três sessões diárias nos primeiros meses após a estreia.[9] Ao longo de um ano de atuação, a Companhia Negra de

9. Em 12 dias de exibição do espetáculo *Tudo preto*, a Companhia Negra de Revistas atraiu ao Teatro Rialto 13 mil espectadores, segundo consta de um anúncio do grupo publicado na página 15 do jornal *A Manhã* de 15.08.1926. Em outra ocasião, o Rialto foi multado pela polícia por excesso de lotação. Antes de pagar a multa, a empresa procurou investigar o ocorrido, constatando que a lotação acima da capacidade tinha sido provocada pela entrada de 50 funcionários da própria polícia na base da "meia cara", isto é, a conhecida "carteirada". A multa foi cancelada (jornal *A Noite* de 05/08/1926, p. 5).

Revistas completou a marca de quatrocentas apresentações em seis estados – Rio de Janeiro, São Paulo, Minas Gerais, Pernambuco, Bahia e Rio Grande do Sul –, visitando cerca de 30 cidades, ora alternando-se entre três diferentes peças, ora mesclando-as. A quem minorar o feito, ressalte-se que, à época, os espetáculos do gênero ligeiro não costumavam ultrapassar as 15 apresentações e que a companhia de De Chocolat contava com mais de cinquenta integrantes, entre atores e músicos, que se deslocavam utilizando trens e navios.

Apesar dessa *performance*, De Chocolat pouco foi levado a sério pelos defensores de uma tradição teatral que privilegiava o exercício da "alta" dramaturgia. Em nome do progresso e da civilização, esses intelectuais empenhavam-se pelo teatro de caráter pedagógico, que julgavam capaz de reformar hábitos, gostos e comportamentos de plateias vistas como indisciplinadas e ignorantes. A imprensa, por sua vez, dividiu-se quanto à novidade. Enquanto alguns jornais designaram De Chocolat o "pai do teatro negro", outros não só desdenharam a iniciativa como expressaram o mais profundo racismo contra o artista e seu grupo.

O jornal *O Globo*, logo após a estreia, ocorrida em 31 de julho de 1926 no Teatro Rialto, próximo à Avenida Rio Branco, elogiou a atuação do elenco, em particular de "Pechinguinha", sim, isso mesmo, o velho e conhecido Pixinguinha era, aos 27 anos, o regente da orquestra que compunha o espetáculo. Contudo, deixou explícito que não reconhecia na iniciativa o caráter de teatro.

> Uma excentricidade essa da "Companhia Negra de Revistas" que sábado estreou, dando enchentes[10] a que o Rialto estava desabituado. Certo que os diretores dessa iniciativa, Jayme Silva e De Chocolat, não pretendem dar-lhe o cunho de teatro, porque teatro é uma coisa muito séria, mas o fato indiscutível

10. Designação para casa cheia, forma habitualmente usada nos jornais da época. A Companhia Negra de Revistas acabou com a fama de azarado que cercava o Teatro Rialto em razão de as peças ali montadas não lograrem sucesso.

é que proporcionaram à plateia carioca uma noite de curiosidades interessantes. (*O Globo*, 02/08/1926)

Em termos gerais, a estreia do grupo e a atuação dos atores receberam elogios de boa parte da imprensa, e alguns cronistas teatrais não esconderam a surpresa com o desempenho dos artistas, muitos dos quais pisavam num palco pela primeira vez. Esse foi o caso do jornalista Prudente de Moraes Neto, ao afirmar, na *Revista do Brasil*, que "os negros dessa Companhia fazem não arte negra, mas arte brasileira da melhor" (*Apud*, CABRAL, 1977, p. 109). Entretanto, certos setores da imprensa, notadamente revistas como *Fon-Fon* e *O Malho* e o jornal *A Rua* manifestaram incômodo com o que entendiam serem "negros fora do lugar", sobretudo social e cultural.

Tratava-se de uma companhia de revistas, uma companhia de negros autênticos, que haviam desertado do nosso serviço doméstico para o palco da Avenida. Orquestra preta, piadas pretas, black-girls exibindo a sua negra nudez, um ambiente que abalava o nosso sentimento estético pela pulhice da apresentação da troupe. Era preciso realmente que o teatro tivesse descido de nível, entre nós, para que alguém se lembrasse de organizar uma companhia de negros instalando-a em pleno coração da cidade. (*O Malho*, 21/08/1926, p. 18. "Tudo preto")

Bem depressa [...] se verificou que os pretos do De Chocolat eram a maior blague deste mundo! [...] Em Paris exibiram-se os pretos artistas; aqui se exibem os nossos copeiros e as nossas cozinheiras. Havia uma pequena diferença... O declínio, o desastre. Ora, constatada a palhaçada que o De Chocolat havia imposto ao público, o declínio era certo, a decadência fatal. Hoje, felizmente, a Companhia estrebucha. Graças! Vamos ter de novo, em casa, as nossas cozinheiras. [...] Era realmente de causar pena o espetáculo de miséria e desgraciosidade a que pudemos assistir com as representações do Rialto.

> As pobres raparigas a exibir em cena magríssimos gambitos negros com manchas brancas chegavam a dar náuseas [...] O que se estava praticando era um abuso, a requerer intervenção da própria polícia [...] Ali [no palco do Rialto] eram exibidos como se pode exibir, num lugar público, um grupo de animais curiosos. (*A Rua*, 14/09/1926)

A revista *O Malho*, por mais de uma vez, e antes mesmo da estreia da Companhia, publicou entrevistas fictícias com De Chocolat, que grafavam, desdenhosamente, "Dechocolá". Em uma delas, a revista advertia os espectadores do Rialto, principalmente os que atendessem às segunda e terceira sessões, para que levassem "máscaras contra os gases asfixiantes", em insinuação a odores que os corpos negros dos artistas exalariam.

Sonho, desvario ou aposta na emergência de uma arte negra?

A primeira menção, na imprensa, ao projeto de De Chocolat surgiu nas revistas *Careta* e *O Malho*, respectivamente, em 11 e 27 de fevereiro de 1926. Nessa última, a novidade veio na forma de um deplorável classificado:

> Precisa-se de negros e negras, para a organização de uma companhia teatral destinada a enfeitiçar o Rialto. Devem ser absolutamente retintos e não muito horrendos, idade entre 16 e 40 anos, sabendo ler, escrever e dançar. (*O Malho*, 1926)

A inspiração para a criação de uma companhia só com "gente da raça" teria vindo da congênere francesa *Revue nègre*, estrelada pela atriz afro-americana Joséphine Baker, cujo sucesso em palcos parisienses teria sido acompanhado por De Chocolat. Registros sustentam que De Chocolat viveu na Europa durante um certo período, mas há divergências quanto às datas. É quase certo que deixou o Brasil na terceira classe de um navio. Isso teria ocorrido antes do início da

Primeira Guerra Mundial, em 1914, e ele por lá teria permanecido por longos anos ou, o que é mais plausível, ele teria viajado após o fim do conflito, em 1919, de lá retornando em 1925.

Tampouco há consenso acerca de sua experiência em terras francesas. Em Paris, teria ficado amigo do ator, cantor e humorista Maurice Chevalier e da cantora e atriz Mistinguett, à época, popularíssimos na noite francesa. A possibilidade de De Chocolat, apelido, aliás, que teria ganho por lá, ter se aproximado da dupla deve ser considerada. Desde o início do século 20 os brasileiros Antônio Lopes de Amorim Diniz, um dentista baiano conhecido como Duque, e a dançarina "mulata" Plácida dos Santos conquistavam admiradores em Paris, dançando e dando aulas de "maxixe". Assim, não é improvável que tenham aberto as portas da vida noturna parisiense a De Chocolat. Como reforço dessa hipótese, na década de 1930 De Chocolat e Duque assinaram a produção, em palcos cariocas, de um espetáculo musical que celebrava as raízes mestiças brasileiras.[11]

Se De Chocolat, de fato, retornou ao Brasil em 1925, são grandes as chances de que tenha assistido a Joséphine Baker e sua *Revue Nègre*. Caso tenha voltado antes, é possível que em sua estadia na França tenha estreitado laços com negros de outras origens e que a ideia de uma arte popular negra estivesse sendo germinada, lembrando que Paris, à época, vivia a descoberta da arte africana e do jazz americano, além de receber negros que começavam a chegar de suas colônias africanas e caribenhas. E se De Chocolat não chegou a viajar à Europa, certamente acompanhou pela imprensa o sucesso de Baker, pois os jornais brasileiros abriam espaço ao mundanismo parisiense.

A referência à *Revue Nègre* está presente em *Tudo preto*. "Havemos de demonstrar a nossa habilidade. Em Paris o Douglas não está com sua companhia Negra de Revistas?", indaga um dos personagens. Mas não se trataria de mera cópia. O trunfo da originalidade brasileira estava na

11. O espetáculo intitulava-se *Casa de caboclo*. Estreou em 1936 e cumpriu mais de cinco temporadas de sucesso no circuito teatral Rio–São Paulo.

Bahia, segundo De Chocolat. "Devemos fazer o mesmo que estão fazendo em Paris, imitaremos", propõe o personagem Patrício, sendo rebatido por Benedito (*alter ego* de Chocolat): "Imitaremos, sim, porém com vantagens [...] Tudo em nós será original!". Patrício, ao indagar onde buscar tal originalidade, recebe como resposta: "No Norte, na minha saudosa Bahia".

O espetáculo *Tudo preto* narra, exatamente, o processo de criação da Companhia Negra de Revistas e se ancora nos dois personagens acima citados,[12] que retratam "brasis" diferentes. O baiano Benedito incorpora o "Brasil real", impregnado pela ancestral cultura africana, e o paulista Patrício traduz o "Brasil desejado", dependente do meio estrangeiro e influenciado pelas "romanzas amacarronadas" do imigrante italiano. A partir dessa construção, De Chocolat pontua anseios, dores e frustrações enfrentados pela população negra naquele momento. A canção que abria o espetáculo, interpretada por um "coro de serviçais" portando utensílios de cozinha, assim como o diálogo que a sucede, são bem representativos dessa questão.

Deixamos as patroas
Artistas boas vamos ser
Cheias de alacridade
E com vontade de vencer
Seremos as estrelas
Chics e belas a dominar
Mostrando que a raça
Possui a graça de encantar

Na sequência dessa abertura, Patrício e Benedito comentam:

Patrício: Lá vão elas, meu amigo, lá vão elas! Havemos de formar a nossa companhia de revistas só com gente da raça... Só devemos aceitar elementos pretos!

12. Além dos dois, havia também a estrela Rosa Negra.

Benedito: Certíssimo! Lá vão elas e vão contentíssimas!
Patrício: Disso sei eu. Os patrões é que não estão nada contentes...
Benedito: [...] Havemos de demonstrar a nossa habilidade.

De Chocolat, inegavelmente, desafiou convenções estabelecidas à época. Ousou ao criar uma companhia teatral cujo protagonismo repousava nas "habilidades" de artistas negros, num tempo em que os poucos negros presentes nos palcos do país raramente tinham voz ou sequer seus nomes relacionados no elenco, e ousou ao discutir a exclusão e a subalternização da população negra na sociedade, valendo-se de um meio popular como o teatro de revistas.

Seja como cançonetista, dançarino ou produtor cultural, marcou presença no meio artístico do início do século 20, embora insistam em apagar sua memória. Sérgio Cabral, em biografia sobre Pixinguinha, menciona De Chocolat, mas insinua que ele não teria capacidade para escrever *Tudo preto* e que a autoria seria de brancos, revelando a persistência de ideário que põe em polos opostos corpos negros e intelecto. Imagine-se, então, a descrença com que De Chocolat deve ter sido recebido, em sua época, enquanto criador e diretor teatral. Talvez por isso tenha precisado do branco Jayme Silva como sócio, já que a cor da pele deste, perante o meio teatral, dava ao empreendimento a confiabilidade que a cor de De Chocolat era incapaz de transmitir.

Os sucessos conquistados ao longo da carreira não foram suficientes para garantir a De Chocolat a estabilidade financeira. No fim da vida, mantinha-se com parcos recursos dos direitos autorais pagos pela SBAT. Poucas pessoas tomaram conhecimento de sua internação em um hospital público do Rio, devido a um derrame cerebral, na véspera do Natal de 1956. Encontrava-se afastado dos palcos desde que, durante uma apresentação num teatro, não percebeu que o buraco do ponto no palco estava aberto e coberto por um pano. Com a queda, quebrou a perna, mas ainda assim finalizou o espetáculo sentado em uma cadeira (HOLANDA, 1970).

O teatrólogo Paschoal Carlos Magno foi um dos poucos a vê-lo ainda com vida no hospital. "Dei com aquela enfermaria pobre, sem um leito vazio [...] Fui andando à procura do meu velho e caro amigo De Chocolat, de muita inteligência e muita capacidade inventiva [... que] tivera, no nosso teatro de variedades, uma situação excepcional como repentista, improvisador, imitador, cantando, dançando e dizendo versos como pouca gente." (*Correio da manhã*, 1956)

De Chocolat faleceu em 27 de dezembro de 1956.

Referências bibliográficas

BARROS, Orlando. *Corações de Chocolat*: a história da Companhia Negra de Revistas (1926--27). Rio de Janeiro: Livre Expressão, 2005.

BHABHA, Homi. *O local da cultura*. Belo Horizonte: Editora da UFMG, 1998.

CABRAL, Sérgio. *Pixinguinha*: vida e obra. Rio de Janeiro: Lumiar Editora, 1977.

COSTALLAT, Benjamin. *Gazeta de Notícias*, 22 de janeiro de 1922.

EFEGÊ, Jota. *Figuras e coisas da música popular brasileira*. V. 2. Rio de Janeiro: Funarte, 1979.

HOLANDA, Nestor de. *Memórias do Café Nice*. Subterrâneos da música popular e da vida boêmia do Rio de Janeiro. 2. ed. Rio de Janeiro: Ed. Conquista, 1970.

LOPES, Herculano. *Entre Europa e África*: a invenção do carioca. Rio de Janeiro: Fundação Casa de Rui Barbosa; Topbooks, 2000, p. 113-154.

MARTINS, Leda. Oralitura da memória. *In*: FONSECA, Maria Nazareth Soares (org.). *Brasil afro-brasileiro*. 2. ed. Belo Horizonte: Autêntica, 2001, p. 61–86.

MOURA, Roberto. A indústria cultural e o espetáculo-negócio no Rio de Janeiro. *In*: LOPES, Antonio Herculano. *Entre Europa e África*: a invenção do carioca. Rio de Janeiro: Fundação Casa de Rui Barbosa; Topbooks, 2000.

SILVA, Raphael F. A. Moreira. Os *macaquitos* na Bruzundanga: racismo, folclore e nação em Lima Barreto (1881-1922). *In*: CHALHOUB, Sidney; NEVES, Margarida;

PEREIRA, Leonardo (org.). *História em cousas miúdas*: capítulos de história social da crônica no Brasil. Campinas: Editora da Unicamp, 2005, p. 161–198.

SODRÉ, Muniz. *O terreiro e a cidade*: a forma social negro-brasileira. Rio de Janeiro: Imago Ed; Salvador (BA): Fundação Cultural do Estado da Bahia, 2002.

A invisibilidade de José Ezelino da Costa: o primeiro fotógrafo negro do Rio Grande do Norte

Sérgio Caetano Nasceu em Salvador, na Bahia. Mudou-se para Natal, no Rio Grande do Norte, aos 28 anos. Graduou-se em comunicação social e atua como diretor de criação numa agência de propaganda. Já pós-graduado em produção de documentários pela Universidade Federal do Rio Grande do Norte (UFRN), pegou gosto por fazer cinema e lançou 4 documentários, um deles chamado *O povo de Zumbi na terra dos Potiguares*, em 2020. Também lançou dois livros, ambos com a temática voltada para o dia a dia do negro na sociedade: *A maioria das cores: lamentos e empoderamento*, e *Histórias de pretos, pobres e pessoas em situação de rua*. Poeta no ócio, diz que a beleza da sua vida é ser farol de Matheus e Victória, seus filhos, e já publicou que em seu peito crepitam essas duas paixões: uma em sístole, a outra em diástole.

Em 2017, na capital do Rio Grande do Norte, Natal, foram lançados o foto-livro e a exposição fotográfica: *Quando a pele incendeia a memória nasce um fotógrafo no sertão do século XIX*, de Almeida (2017), através do Programa Municipal de Incentivos Fiscais a Projetos Culturais – Djalma Maranhão. Tanto o livro quanto a exposição tinham como tema principal a pessoa e a obra de José Ezelino da Costa, o primeiro fotógrafo negro da história do Rio Grande do Norte. O intrigante é que, tanto antes disso quanto depois também, nunca se ouvira falar sobre ele e sua relevante obra fotográfica.

Nascido em Caicó/RN, em 1889, uma região historicamente habitada por pessoas de origem branca ou descendentes de europeus, veio a falecer em 25 de outubro de 1952. É nesse contexto que o trabalho do fotógrafo surge: no sertão do Nordeste, em pleno século 19, e em meio a uma sociedade aristocrática. Ele produziu autorretratos e retratos de pessoas negras de uma forma que até então não haviam sido feitos, afinal, a fotografia de negros se restringia a mostrá-los como ex-escravos, trabalhadores ou exóticos. Aliada a isso, sua fotografia primou por uma capacidade criativa cheia de detalhes, na composição do cenário, na estética, na percepção da luminosidade. No entanto, nada do que foi realizado por esse homem, que fez da fotografia sua ascensão financeira, parece ter sido relevante na história da fotografia do estado.

Posto isso, nos vem a seguinte reflexão que é a base do tema a que se destina este artigo – a invisibilidade de José Ezelino da Costa, o primeiro fotógrafo negro potiguar. Por conseguinte, surgem alguns questionamentos que envolvem sua vida e a dos fotógrafos e fotógrafas negros e negras: por que uma parte significativa dos fotógrafos do Rio Grande do Norte não sabe quem foi o primeiro fotógrafo negro do estado? Qual a relevância do seu trabalho para a fotografia norte-rio-grandense? Por que ele nunca recebeu o devido reconhecimento pela sua obra? Quais os reais motivos para a falta de visibilidade do trabalho de José Ezelino da Costa? Os fotógrafos e fotógrafas negros e negras potiguares já ganharam algum reconhecimento por seus trabalhos? Existe alguma predisposição de cunho racial para que se tenha reconhecimento na fotografia norte-rio-grandense? Existem profissionais da fotografia que realizam trabalhos sobre as questões raciais?

Para atender a esses objetivos, esta pesquisa se deu de forma exploratória, biográfica e descritiva, através de uma metodologia qualitativa, com pesquisa bibliográfica e documental, além da aplicação de um questionário com perguntas abertas. No total, foram 20 fotógrafos entrevistados, sendo assim classificados: duas mulheres, sendo uma negra e uma não negra; 18 homens, sendo um negro e 17 não negros. Longe de esgotar o assunto, o que se faz interessante é abrir uma discussão sobre a invisibilidade à qual foram relegados José Ezelino da Costa e o seu trabalho, que certamente têm muito a dizer dentro do contexto histórico e racial.

O mito da democracia racial e a importância do debate

A questão racial brasileira passa pelo mito de uma nação não racista graças à miscigenação, à diversidade de raças e culturas e à não criação de dispositivos oficiais contra uma raça específica, como na África do Sul com o *Apartheid* e nos Estados Unidos com a declarada lei que proibia que negros e brancos, por exemplo, andassem no mesmo vagão de trem. Ao conceituar sobre mito, Chauí menciona que:

> Ao falarmos em mito, nós o tomamos não apenas no sentido etimológico de narração pública de feitos lendários da comunidade (isto é, no sentido grego da palavra *mythos*), mas também no sentido antropológico, no qual essa narrativa é a solução imaginária para tensões, conflitos e contradições que não encontram caminhos para serem resolvidos no nível da realidade. Se também dizemos fundador é porque, à maneira de toda *fundatio*, esse mito impõe um vínculo interno com o passado como origem, isto é, com um passado que não cessa nunca, que se conserva perenemente presente e, por isso

mesmo, não permite o trabalho da diferença temporal e da compreensão do presente enquanto tal. Nesse sentido, falamos em mito também na acepção psicanalítica, ou seja, como impulso à repetição de algo imaginário, que cria um bloqueio à percepção da realidade e impede lidar com ela. (CHAUÍ, 2000, p. 5)

Assim, conclui-se que, na questão do nosso mito da democracia racial, tendo o pensamento de Marilena Chauí como norte, a situação brasileira se encontra nesse limbo atemporal do vínculo com o passado escravocrata que não cessa e se conserva até os dias de hoje. E bem como disse Darcy Ribeiro: "A distância social mais espantosa do Brasil é a que separa e opõe os pobres dos ricos. A ela se soma, porém, a discriminação que pesa sobre os negros, mulatos e índios, sobretudo os primeiros." (RIBEIRO, 1995, p. 218.) Não podemos relativizar o peso da temática porque no Brasil, depois de 1888, não houve uma lei que segregou e seccionou a sociedade por matéria de raças como o *Apartheid* ou que veio promover uma guerra como nos Estados Unidos. Isso não quer dizer que a cor da pele não tenha seu peso no Brasil, ou que isto não exista. Existe e é cada vez mais presente. Darcy Ribeiro ainda diz em *O povo brasileiro* que "a luta mais árdua do negro africano e de seus descendentes brasileiros foi, ainda é, a conquista de um lugar e de um papel de participante legítimo na sociedade nacional" (Ibid., p. 220).

Portanto, mais do que nunca é necessário discutir o tema em todas as frentes, seja nas escolas, universidades, meios de comunicação, literatura e artes em geral, seja em uma das mais potentes ferramentas: a fotografia. E é nesse sentido que este artigo mostrará que, na atualidade, ainda não houve o devido reconhecimento da produção fotográfica de José Ezelino da Costa, como sendo o primeiro fotógrafo negro do RN, que retratou os negros com um olhar diferente dos praticados pelos demais fotógrafos de sua época, mas que não é mencionado na história da sua cidade natal, Caicó/RN, e nem no estado; fato esse que contribuiu para a invisibilidade desse homem que revolucionou a estética fotográfica para com os negros em pleno sertão, no século 19, fazendo surgir, assim, a importância do tema trabalhado.

A fotografia e o negro na fotografia

Fazer fotografia não é apenas apertar o disparador; existe a necessidade da sensibilidade para registrar o momento singular, recriando o mundo externo através da realidade estética. Roland Barthes diz que "o que a fotografia reproduz ao infinito só ocorreu uma vez: ela repete mecanicamente o que nunca mais poderá existir existencialmente". (BARTHES, 1984, p. 13) Expressar as múltiplas e plurais interpretações da condição humana, possibilitando ver o mundo esteticamente, é algo também trazido pela fotografia. O humano, ao se deparar com a fotografia, é capaz de colocar em relevo as reservas éticas e estéticas da vida, a memória e o cotidiano, como também se desperta para as mais variadas emoções e sensações. Para além disso, a foto, considerada uma imagem que está congelada, só terá sentido quando despertar no observador a necessidade de descongelá-la, fazendo dessa forma com que todos os personagens – humanos ou não – voltem à cena e deem continuidade ao exato instante em que foram cristalizados.

Essas histórias que as imagens contêm são enredos existenciais da condição humana e, como tais, criam uma trama que emociona, distorce pertencimentos, aquece, constrange, revela o que nunca mais se repetirá. Desse modo, as fotografias capturam da narrativa mítica, a repetição, a vida própria, e as eternizam. Assim, a invenção da fotografia tem por objetivo materializar a extensa necessidade humana de fixar estruturas que enraízam os seres humanos. E, desse modo, ela permite realizar o desejo desde o início das eras: de gravar, de cunhar em pedaços de papel imagens de si mesmo e certamente do que está fora de si, para poder ser internalizado num segundo momento pelo olhar e pela armazenagem de sentidos na memória. E onde o ser negro se encaixa na fotografia em relação ao que foi apresentado anteriormente? Será que há um encaixe? É o que será visto.

No início dos anos 70, na Bahia, um jovem negro com uma câmera fotográfica que clicava outros homens e mulheres negras, nos seus dias rotineiros ouviu de um deles: "Tá virando turista é?". O que na verdade continha essa zombaria, de forma implícita, era o já conhecido costume de os negros e negras serem objetos de turistas e fotógrafos brancos. Essa surpresa de ser contemplado por um seu semelhante trouxe empatia nos olhares. O fotógrafo na época e situação era o baiano Lázaro Roberto. A história de Lázaro é exemplo, e não é único, na história da fotografia. Com um acervo de mais de 30 mil imagens e mais de 40 anos de carreira, não há nenhum apoio financeiro para a manutenção do seu acervo que guarda uma preciosidade histórica e cultural. (RAMOS, 2018)

Ao longo da história da fotografia, Lázaro Roberto não é o único fotógrafo negro a ter seu trabalho e sua arte invisibilizados. Isso se reflete de forma amplamente negativa e tendenciosa, já que a população negra e sua representatividade fotográfica, quando é conduzida pelas mãos de uma parcela de brancos, com poder fotovisual, continuará sempre majoritariamente sendo representada dentro dos estereótipos da subalternidade, como nos traz Spivak (SPIVAK, 2010, p. 57) ao falar que "o sujeito subalterno colonizado é irremediavelmente heterogêneo".

Em contrapartida, quando os negros são retratados pelos semelhantes, existe aí uma identificação genuína, espontânea, interligada com costumes, crenças, modos de vida, ancestralidades. Internacionalmente, podemos exemplificar com o malinês Seydou Keïta, que, ao longo da sua carreira, desenvolveu sua própria estética: luz natural, tecidos estampados que traziam presentes a cultura da África Ocidental e um jeito único de posicionar seus personagens. Segundo o artista e professor Ayrson Heráclito, "pela primeira vez a imagem da África era constituída por um africano negro, e não por um colonizador branco com uma visão estereotipada. Nascia ali, uma postura de empoderamento" (GERMANO, 2018).

Nos dias atuais, o interesse dos fotógrafos negros em retratar a estética negra e das periferias normalmente surge quando o protagonista que está com a câmera na mão se reconhece como negro, descobre a história de resistência de seus ancestrais, começa a estudar mais sobre essa história, que sempre foi invisível e repleta de estereótipos negativos sobre a cor da pele negra, e assim começa a representar e ser representado pelos seus.

José Ezelino da Costa: nordestino, negro, fotógrafo e invisibilizado

É de grande importância para o povo brasileiro ter referenciais negros na fotografia; a história da população negra, por si só, é de uma riqueza imensa, mas sempre foi invisibilizada e engolida por uma história eurocentrista. E um dos caminhos para que isso mude é fazendo com que cada vez mais a população negra ocupe os espaços; nesse caso específico, realizando e reconhecendo cada vez mais as obras fotográficas que representam esse povo e a sua história. Existe, sim, uma dívida histórica para com o povo negro. E aqui cabe muito bem trazermos o pensamento de Ribeiro, para quem "a classe dominante bifurcou sua conduta em dois estilos contrapostos. Um, presidido pela mais viva cordialidade nas relações entre seus pares; outro, marcado pelo descaso no trato com os que lhe são socialmente inferiores" (RIBEIRO, 1995, p. 217).

Em 1889, no sítio Umbuzeiro, município de Caicó, nasceu José Ezelino da Costa, filho de Bertuleza Maria da Conceição e pai desconhecido. Em meio às comemorações ainda recentes da Abolição da escravatura, surgiu aquele homem, negro, de família pobre, que assumiu para si, através da fotografia, a tarefa de ser livre, como se fosse escolhido pelo destino para poder se deslocar e olhar o planeta ao seu redor com a autonomia dos que não podem ser servis. O que José Ezelino da Costa fez em pleno século 19 se estabeleceu totalmente no contrafluxo do que os fotógrafos estrangeiros fizeram nesse mesmo período no Brasil. Enquanto os brancos produziam imagens de negros que reforçavam suas condições subalternas, ele fazia o oposto: retratava os negros e seus descendentes primando pela composição da beleza como o fundamento primordial de seus retratados, vestindo-os com roupas que se assemelhavam às da aristocracia, organizando os cenários, direcionando as poses e trabalhando perfeitamente o estúdio.

É importante ressaltar que José Ezelino da Costa nasceu numa família em que a predominância era de mulheres e em uma cidade reconhecida como a cidade do bordado e das costuras. Ele se apropriou dessas habilidades visuais e estéticas para criar um olhar refinado sobre as suas composições, além de transformar os tecidos que tinha disponíveis em casa em almofadas, cortinas e outros artefatos para montar seus cenários fotográficos. Esse refinamento certamente foi adquirido no convívio do lar, da vizinhança aristocrática e das viagens que anualmente fazia para Recife ou ao Rio de Janeiro para comprar equipamentos, produtos químicos para revelação e para se atualizar.

O que ele aprendeu partiu da sua própria experiência, de seus interesses e da sua autonomia em saber adentrar os meandros de uma sociedade elitista, branca e aristocrática de forma muito sutil. Ele também fez fotografias de autoridades da cidade, de formatura de turmas de mulheres, da construção do Açude de Itans e de autoridades militares da época. Mas a predominância de seu acervo está em retratar os negros e a sua própria família com vestes aristocráticas em composições de cenários, como mostra a figura a seguir.

O fotógrafo mostrou ser um intelectual, um observador apurado do seu tempo, capaz de recolher, selecionar e escolher materiais capazes de falar de sua época e permitir que outros também o fizessem. Ele explicitou sua revolta estética marcada por práticas renovadas que permitiram projetar uma cartografia do desejo de ser. Em *Os meus demônios*, Morin diz que "a qualidade de intelectual não é determinada pela pertença profissional à *intelligentsia*, antes vem do uso ou da superação da profissão, nas e pelas ideias" (MORIN, 1995, p. 176).

Sabemos que a representação da população negra na fotografia dos séculos 19 e 20 traz características que refletem uma marginalidade social com a qual o país precisa lidar até hoje. Nesse viés é que José Ezelino da Costa também se coloca além do seu tempo. A sua observação dos seus semelhantes é objetiva: ele os percebia como iguais, numa sociedade que tratava de mostrar o contrário. As pouquíssimas informações acerca de Ezelino, em sua maioria, foram captadas a partir de uma fragmentada biografia feita por Angela Almeida. E é ela que nos diz:

> Tudo confirma a hegemonia do homem branco no sertão do Seridó. E, consequentemente, o sucesso de um homem negro nesse contexto é notadamente raro, apesar de seus contemporâneos e até familiares não terem, pelo menos, reconhecido a importância de seu acervo, tanto para a história da cidade de Caicó como para a do estado do Rio Grande do Norte. O que resta hoje são apenas cópias impressas e muitas cópias de cópias impressas, não facilitando a análise precisa de suas fotografias. Desse modo, mesmo que aqui seja apenas uma tentativa de registro de um fragmento da obra de José Ezelino, é fundamental destacar o ineditismo de sua obra. (ALMEIDA, 2017, p. 117)

Vale ressaltar que não há nenhum documento nem fotografia que fala a respeito dos dois filhos que Ezelino teve com uma namorada. É como se fosse obrigatório esquecê-lo.

O não lugar de José Ezelino da Costa na cena fotográfica do Rio Grande do Norte

Com relação ao questionário aplicado, as respostas e posições foram bem específicas e objetivas a respeito do porquê da invisibilidade da pessoa e do trabalho de José Ezelino da Costa e complementares entre si. Aqui se faz coerente, mais uma vez, o relato de Darcy Ribeiro, quando acentua com objetividade e clareza por que os negros compõem a maior parcela entre os desfavorecidos.

> A nação brasileira, comandada por gente dessa mentalidade discriminatória, nunca fez nada pela massa negra que a construíra. Negou-lhe a posse de qualquer pedaço de terra para viver e cultivar, de escolas em que pudesse educar seus filhos, e de qualquer ordem de assistência. (RIBEIRO, 1995, p. 222)

Dos vinte entrevistados, somente sete afirmaram que Ezelino foi o primeiro fotógrafo negro do Rio Grande do Norte. Os entrevistados 1 e 2, que são dois dos maiores nomes da fotografia do estado, ambos estudiosos da arte da fotografia, juntamente com o entrevistado 3, também teceram comentários mais relevantes sobre a importância do trabalho de Ezelino. O entrevistado 1 nos diz que "José Ezelino da Costa fotografou sua família em poses domésticas, coisa totalmente fora do padrão para os negros da época". O entrevistado 2 complementou dizendo que "nota-se pelas imagens por ele produzidas que o apuramento estético e o rigor técnico com a iluminação estavam sempre presentes em suas fotografias. Seu nome e trabalho são importantes para história da fotografia norte-rio-grandense". E o entrevistado 3 comentou que o fotógrafo "foi um exímio retratista, contribuiu bastante no quesito fotografia do seu dia a dia e de seus familiares, seu rigor estético era refinado, fazia questão de colocar as melhores vestimentas para se autorretratar e seus familiares". Nessa amostra, já podemos ver que o reconhecimento da relevância do trabalho do caicoense é, de fato, feito por uma parcela muito pequena dos fotógrafos locais.

Quando lhes perguntaram se saberiam dizer se José Ezelino da Costa em algum momento recebeu algum reconhecimento, somente alguns responderam ter sabido do foto-livro escrito por Angela Almeida aqui referido. O entrevistado 3 nos fala que "não conheço, sua obra foi perdida durante o tempo, recentemente houve um resgate de seus trabalhos, mas acredito que foi um evento situacional, não se fala dele no estado". A entrevistada 8 disse que "infelizmente não se fala sobre seu trabalho, as documentações que eu soube foi graças ao foto-livro de Angela Almeida". O entrevistado 10 diz que "em vida não recebeu nenhum reconhecimento público". O entrevistado 1 também menciona o foto-livro de Almeida. Os demais entrevistados foram categóricos em responder que desconheciam qualquer reconhecimento ao fotógrafo e seu acervo.

Quando lhes perguntaram que motivos consideravam cruciais para a falta de visibilidade do trabalho de Ezelino, apenas um entrevistado não mencionou algo relativo à cor da pele. Entretanto, colocaremos aqui a fala da entrevistada 6, que respondeu assim:

> Com certeza por ser preto e filho de ex-escravos. Artistas racializados acabam seguindo no obscurantismo e isso faz com que tenhamos a ideia de que eles não existiram, que só agora estamos começando, mas não. Sobretudo, com arte conseguimos ressignificar visões e criar novos arquétipos sociais, para uma sociedade racista isso é inadmissível.

O entrevistado 4 nos diz que "é como se sua história não tivesse importância, por se tratar de um negro, seu trabalho não recebeu o reconhecimento que merecia". Isso nos remete ao que Costa (COSTA, 2004, p. 54) nos informa sobre invisibilidade pública, no seu livro Homens invisíveis: Relatos de uma humilhação social: "a invisibilidade pública – é uma espécie de desaparecimento psicossocial de um homem no meio de outros homens".

Não nos resta dúvida de que há uma lógica de invisibilidade acerca do trabalho e da pessoa de José Ezelino da Costa. Nesse sentido, a exclusão e a invisibilidade histórica dos negros foram pauta durante o Seminário Racismo no Mundo do Trabalho, na sede do Ministério Público do Trabalho, em 2017, em São Paulo. Na ocasião, o professor Cleber Santos Vieira, da Universidade Federal de São Paulo (UNIFESP), que também é membro da Associação Brasileira de Pesquisadores Negros, apontou três tipos de discriminação por que os negros passam nos ambientes de trabalho:

> Existe a discriminação ocupacional, que questiona a capacidade do negro de desempenhar tarefas mais complexas, mesmo que este profissional seja capacitado para tais funções; a discriminação salarial e a discriminação pela imagem, na qual a pele escura e os cabelos crespos são alvo de preconceito e deixam os negros de fora de diversas oportunidades de trabalho. (BOEHM, 2017)

Se já existe um padrão preestabelecido de quem tem e de quem não tem a prioridade de ser e ter seu trabalho reconhecido no que se refere à raça, segundo relatado durante o Seminário Racismo no Mundo do Trabalho, consequentemente, isso se replica nas cidades e, no caso das realizações fotográficas no RN, não seria diferente pelo que este artigo vem mostrando.

Quando lhes foi pedido para citar alguns nomes de fotógrafos negros que ganharam algum reconhecimento, os entrevistados, na sua grande maioria, sempre citaram dois nomes: Walter Firmo e Eustáquio Neves. Ressalte-se que ambos não são norte-rio-grandenses e que nenhum fotógrafo local foi citado.

Quando lhes perguntaram se há alguma predisposição racial para que se tenha o reconhecimento, quatro entrevistados responderam que não há essa predisposição, os outros dezesseis foram categóricos, e suas falas ou se complementam ou são quase que semelhantes. O entrevistado 1 diz: "o que há e o que houve é o de sempre: um racismo estrutural, resquício forte da escravidão que se manifesta na herança cultural, econômica, política, educacional e social em sentido *lato*".

A entrevistada 6 ainda nos trouxe uma questão não só de raça, como também de gênero, "existe sim essa predisposição. Temos um perfil bem estabelecido para o reconhecimento profissional: homem branco, hétero e cisgênero". Fato que também foi levantado pela entrevistada 8, quando disse que "a fotografia é uma profissão muito elitista, apesar de existirem movimentos fotográficos ligados à periferia, mas reconhecimento é muito pouco. Tanto nas questões raciais quanto nas de gênero, o homem branco classe média ainda domina a fotografia". O entrevistado 9 disse que "sinto que ainda há um certo racismo velado". O entrevistado 10 complementa que "o negro sempre sofreu discriminação em qualquer profissão e é claro que isso dificulta o seu reconhecimento profissional".

Falas como essas nos trazem a convicção de que existiu, e ainda existe, uma estrutura invisibilizadora baseada na cor da pele para que José Ezelino da Costa não tivesse o devido reconhecimento, o que se coaduna com a fala do professor da Universidade Federal de São Paulo Cleber Santos Vieira sobre a discriminação pela imagem.

Depois dessas afirmações, os fotógrafos(as) participantes da pesquisa foram questionados se conheciam algum fotógrafo negro que realiza em suas obras fotográficas temas e/ou narrativas sobre a questão racial. Todos falaram conhecer alguns profissionais, porém, nenhum dos citados é do estado. Isso nos leva a pensar ainda mais no ineditismo e na relevância do trabalho de Ezelino, que também impõe a reflexão sobre a responsabilidade das comunidades negras em novas histórias fotográficas, que sejam, de fato, representativas para os povos, que sejam honestas em sua linguagem e sensíveis no seu fazer, pois não encontraremos essa responsabilidade nas produções brancas, masculinas e elitistas. E assim se faz importante a racialização dessas histórias e olhares fotográficos.

Quando se analisam as informações trazidas pelos entrevistados, fica evidente o conhecimento ainda limitado da obra de Ezelino e aumenta a necessidade de se investigar mais a trajetórias desse fotógrafo negro pioneiro, que não tem a visibilidade merecida na sociedade norte-rio-grandense, mesmo tendo produzido um trabalho digno, perspicaz, corajoso, sensível, com olhar único, técnica e primor em fazer da fotografia um manifesto de beleza ao ser negro.

Considerações finais

Ao iniciar a pesquisa para este texto, buscou-se refletir sobre a invisibilidade do primeiro fotógrafo negro do Rio Grande do Norte, José Ezelino da Costa. O objetivo era entender por que essa invisibilidade se consolidou. Foi realizada uma pesquisa exploratória, biográfica e descritiva, seguindo uma metodologia qualitativa, e aplicado um questionário com fotógrafos(as) negros e não negros para saber deles próprios, que estão inseridos no cenário fotográfico norte-rio-grandense, qual de fato é a relevância e significação do trabalho fotográfico de José Ezelino da Costa.

A hipótese se baseou na invisibilidade imposta por um sistema racista incorporado e perpetuado na sociedade norte-rio-grandense, que também se encontra em toda sociedade brasileira. E ao longo deste artigo se pode aferir que a invisibilidade é prioritariamente racista. Vimos também que os próprios fotógrafos, tanto negros como os não negros entrevistados, têm plena ciência dessa não visibilidade.

Podemos concordar com Stuart Hall quando diz que: "os estereótipos são capazes de reduzir as pessoas a algumas poucas características simples e essenciais, que são representadas como fixas por natureza" (HALL, 2016, p. 190). Ainda de acordo com Hall, as características que configuram os estereótipos são "vívidas, memoráveis, facilmente compreendidas e amplamente reconhecidas" (HALL, 2016, p. 191). Ou seja, nada diferente do que vemos no cenário fotográfico do Rio Grande do Norte em relação a como ele é praticamente inexistente, salvo o trabalho de Angela Almeida, que trouxe à tona as poucas fotos que restaram de Ezelino e sua fragmentada biografia.

As informações e hipóteses apresentadas nesse artigo não se resolverão por si mesmas, e, além de mais pesquisas, é necessário também o início de discussões sobre a criação de editais para a realização de obras e acervos fotográficos, que reformulem a estrutura imposta, criando-se cotas para fotógrafos negros e para trabalhos que abordem questões raciais. Afinal, a história das obras fotográficas no Rio Grande do Norte não pode continuar sendo contada a partir do ponto de vista eurocêntrico dos descendentes dos senhores de escravos, tidos como vencedores e privilegiados, mantendo-se na invisibilidade alguém com a importância histórica e cultural de José Ezelino da Costa.

Referências bibliográficas

ALMEIDA, Angela. *Quando a pele incendeia a memória nasce um fotógrafo no sertão do século XIX*. Natal: EDUFRN, 2017.

BARTHES, Roland. *A câmara clara*. 6. ed. Rio de Janeiro: Nova fronteira, 1984.

BOEHM, Camila. Negros enfrentam mais dificuldades que brancos no mercado de trabalho, diz MPT. *Agência Brasil*, São Paulo, nov. 2017. Disponível em: https://agenciabrasil.ebc.com.br/geral/noticia/2017-11/negros-enfrentam-mais-dificuldades-que-negros-no-mercado-de-trabalho-diz-mpt. Acessado em 4 de junho de 2020.

CHAUÍ, Marilena. *Brasil*: mito fundador e sociedade autoritária. São Paulo: Editora Fundação Perseu Abramo, 2000.

COSTA, Fernando Braga. *Homens invisíveis: relatos de uma humilhação social*. São Paulo: Editora Globo, 2004.

GERMANO, Beta. Conheça Seydou Keïta, o fotógrafo que empodera os negros em seus cliques. *Casa Vogue*, São Paulo, maio 2018. Disponível em: <https://casavogue.globo.com/LazerCultura/Fotografia/noticia/2018/05/conheca-seydou-keita-o-fotografo-que-empodera-os-negros-em-seus-cliques.html>. Acessado em 4 de junho de 2020.

HALL, Stuart. *Cultura e representação*. Rio de Janeiro: Editora PUC Rio, 2016.

MORIN, Edgar. *Os meus demônios*. Lisboa: Publicações Europa-América, 1995.

RAMOS, Gislene. O fotógrafo baiano que documenta a história afro-brasileira há 40 anos. *Vice*, São Paulo, nov. 2018. Disponível em: https://www.vice.com/pt_br/article/zmdzz8/o-fotografo-baiano-que-documenta-a-historia-afro-brasileira-ha-40-anos. Acessado em 4 de junho de 2020.

RIBEIRO, Darcy. *O povo brasileiro*. São Paulo: Companhia das Letras, 1995.

SPIVAK, Gayatri Chakravorty. *Pode o subalterno falar?*. Belo Horizonte: Editora UFMG, 2010.

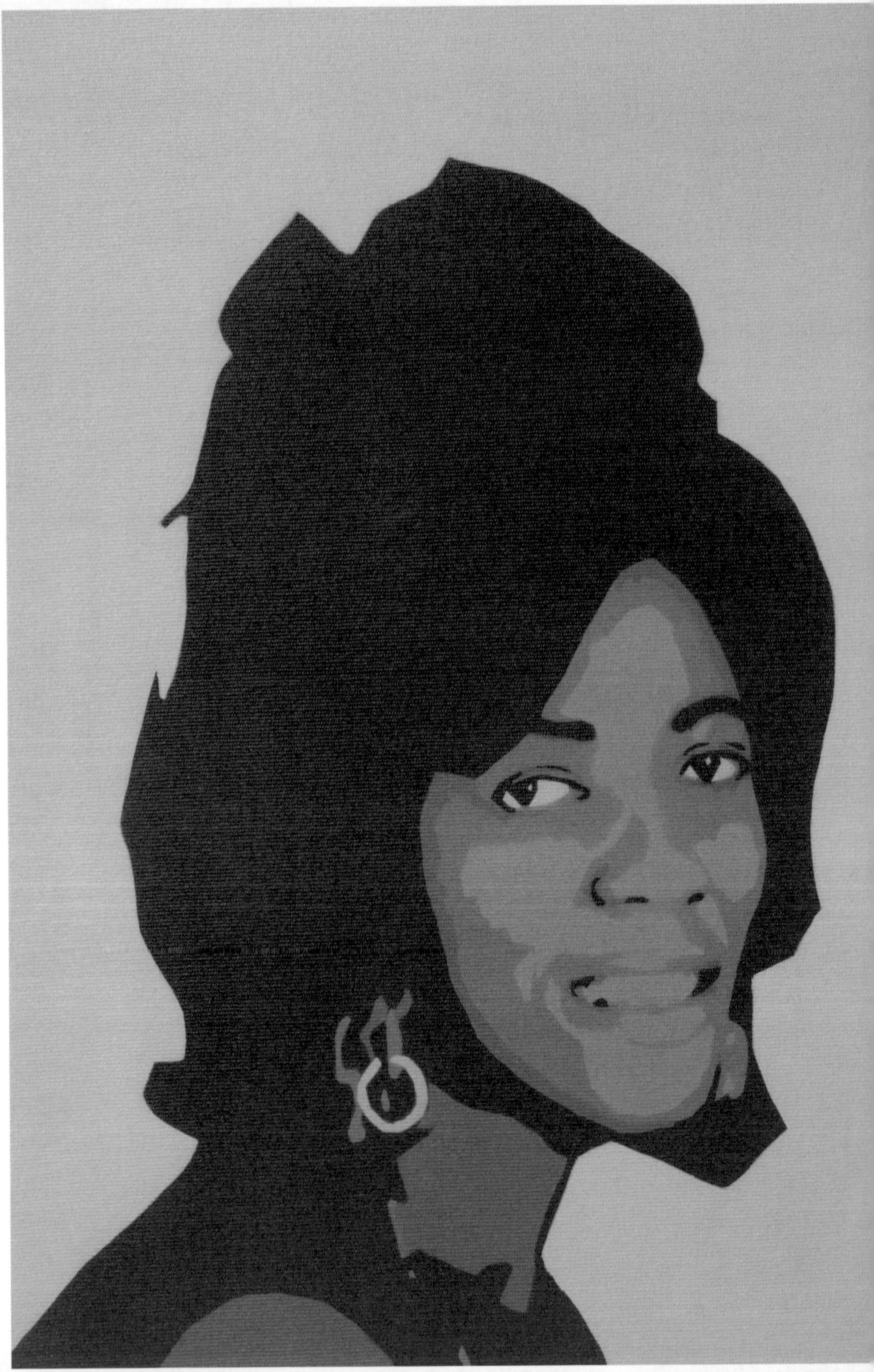

Maria Auxiliadora

no cosmos das artes

Larissa Roberta Pereira Nascida em Campo Belo, Minas Gerais, cursou a faculdade de turismo em Belo Horizonte. Filha de um casal multirracial, foi parte da primeira geração da família a entrar e concluir uma universidade. Sempre muito tímida, principalmente na infância e adolescência, já nessa época encontrou na escrita a ferramenta que precisava para expressar aquilo que sentia e pensava. Escrever lhe abriu muitas portas, e em 2013, aos 20 anos, ganhou um concurso de redação e pode cursar 2 meses de inglês em uma universidade no Colorado, nos Estados Unidos. Isso mudou a forma como ela enxergava a si mesma e o mundo ao seu redor. Atua na área da educação, como professora de língua inglesa na rede pública maranhense e têm desenvolvido estudos e pesquisas no campo da cultura e educação.

"Auxiliadora: mulher realizadora de pisar leve"
Renata Aparecida Felinto dos Santos

Quando Oscar d'Ambrosio[1] utiliza a expressão "cometa das artes" ao se referir a Maria Auxiliadora da Silva (1935–1974) – artista plástica brasileira cuja arte era considerada *naif* e primitiva –, ele menciona que "os cometas fascinam o ser humano pelas aparições frequentemente inesperadas e, às vezes, espetaculares". "Inesperada" e "espetacular" são as palavras que descrevem a curta vida da artista Maria Auxiliadora. Mas, para falarmos desse cometa, é imprescindível que conheçamos o cosmos que orbitava a sua aura. O cosmos de Maria Auxiliadora era composto por uma herança familiar, por sua ancestralidade e por um imaginário criativo cheio de histórias.

Os Silva são a primeira galáxia componente desse cosmos. A mãe, Maria Trindade de Almeida Silva (1909–1991), nasceu em Sorocaba, São Paulo, e era neta de escravizados que trabalhavam nas fazendas de Minas Gerais. Aos 10 anos, ela foi entregue a uma família mineira, pois sua mãe não tinha condições financeiras para criá-la. Quando jovem, essa família escolheu um homem trabalhador para com ela se casar. Esse homem era José Cândido da Silva, nascido em 1897, portanto, doze anos mais velho do que Maria Almeida.

José Cândido, aos 14 anos, decidiu sair da casa de sua família por causa da violência que sofria de seu pai e passou a morar na cidade de São João del-Rei, em Minas Gerais, onde trabalhou como ajudante de padeiro. Quando adulto, passou a trabalhar na lavoura e se casou pela primeira vez, com Maria Julia C. Silva, com quem teve três filhos. Depois, ficou viúvo e passou a cuidar sozinho dos filhos até que se casou novamente com Maria Almeida na cidade mineira de Bom Sucesso, em 14 de julho de 1928. O casal teve 18 filhos. Após o nascimento do primeiro filho, eles começaram a mudar de cidade em cidade em busca de melhores

1. Jornalista brasileiro, especialista em arte *naif* e contemporânea, é crítico de arte e autor de *Os pincéis de Deus: vida e obra do pintor naïf Waldomiro de Deus*. São Paulo: Editora UNESP, 1999.

condições de vida. Primeiro, foi Santana do Jacaré, também no estado mineiro, onde nasceu Vicente Paulo; depois Campo Belo, onde nasceram Maria Auxiliadora, João Cândido, Conceição e Ifigênia; e por último São Paulo, onde nasceram os outros 12 filhos do casal.

A vocação artística de Maria Auxiliadora estava enraizada, principalmente, nos esforços, no talento e na criatividade de sua mãe. Maria Almeida era escultora, pintora, poetisa e bordadeira. Já o pai, José Cândido, tinha vocação para a música, tocava acordeão e gostava de participar das festas tradicionais. Mas era Dona Maria o elemento catalisador da família. Foram seus esforços, para sempre manter a família unida ao redor das tradições artísticas, que influenciaram seus filhos a seguirem carreiras artísticas e a se desenvolverem artisticamente. Todos os filhos herdaram a vocação artística dos pais, alguns tiveram maior reconhecimento, como Maria Auxiliadora. Porém formavam uma família artisticamente muito rica, como é possível identificar no trecho a seguir:

> Sua mãe, Maria Almeida Silva, era escultora e bordadeira; seus irmãos também eram artistas: Sebastião Cândido, empregado na prefeitura, era pintor e vendia seus quadros no Embu e na Praça da República e estudava na Associação de Belas-Artes, tendo produção acadêmica; Vicente de Paula Silva era escultor e vivia de arte, vendendo sua produção no Embu; João Cândido da Silva era escultor e funcionário da prefeitura; Benedito da Silva iniciava-se (em 1972) na pintura a óleo; Natália Natalícia da Silva escrevia poesias; Regina da Silva pintava esporadicamente; Ifigênia Rosária da Silva desenhava 'bem primitivo', segundo Maria Auxiliadora, mas tinha vergonha de expor seus trabalhos; e Conceição Aparecida da Silva pintava a óleo 'bem primitiva', mas não pintava regularmente devido à dedicação à família, era casada e tinha três filhos; o pai de Maria Auxiliadora, já aposentado na época, tocava sanfona. (FROTA, 1975)

Logo que se mudou para São Paulo, a família Silva passou a morar na região do bairro da Casa Verde. Na época, quem se mudou primeiro foi Maria Almeida com os seus cinco filhos. Ao chegar a São Paulo, eles ficaram na casa de uma família de amigos mineiros que já viviam na cidade. Esses amigos os visitavam em Campo Belo e lhes contavam sobre as vantagens de se morar na grande metrópole, influenciando-os a também se mudarem em busca de melhores oportunidades. A vida em Campo Belo não era agitada o suficiente para Dona Maria, que já conhecia as vantagens de se viver numa cidade como São Paulo. Foi ela quem convenceu o pacato marido, que gostava muito da vida no interior e planejava arrendar terras em Minas Gerais, a se mudar para São Paulo. José Cândido ficou por um tempo a mais na cidade mineira, pois ainda tinha alguns negócios pendentes e precisava acertar as contas na rede ferroviária em que trabalhava.

Campo Belo foi a cidade em que nasceu o nosso ilustre cometa, Maria Auxiliadora, em 24 de maio de 1935, e onde viveu até os seus 3 anos. A vida da família na pequena cidade era regada a festas e religiosidade. Os festejos que se caracterizavam pelo sincretismo religioso, mesclando elementos da religião católica com elementos de religiões africanas e afro-brasileiras, como a festa de Nossa Senhora do Rosário, contavam sempre com a participação ativa da família Silva. E, quando não havia festas na cidade, a própria família promovia festas ao redor de fogueiras, em casa.

A memória da terra natal ficou distante para Maria Auxiliadora, suas lembranças se misturavam às histórias contadas pelos adultos, criando em seu imaginário alguns cenários do lugar. Esse imaginário a fez produzir obras que retratavam a vida no interior e no campo remetendo a essa memória inventiva, como na obra Colheita de flores (1972). "É através do que minha mãe conta que ponho no quadro, pinto [...] ou talvez eu tenha visto assim em pequena e ficou gravado na minha mente. Eu penso que não me lembro, mas ficou gravado", contou Maria Auxiliadora a Lélia Frota (1975).

O início da vida da família em São Paulo não foi exatamente como Dona Maria Almeida sonhou. O dinheiro enviado por seu marido era pouco e, mesmo com a ajuda da família que os abrigou e de padres da região, era difícil para Dona Maria sustentar a si mesma e aos filhos. Então, ela começou a vender pão de ló, depois passou a bordar e a fazer bonecas, e por fim passou a expor e a vender suas pinturas no Embu das Artes e na Praça da República, ajudando a complementar a renda familiar. José Cândido, quando chegou de Minas Gerais, arrumou um emprego nas Dragas do rio Tietê, emendando tubos. Os filhos mais velhos também tinham que trabalhar para ajudar no sustento da família e, para isso, muitos tiveram que abandonar a escola – inclusive Maria Auxiliadora, que largou os estudos aos 12 anos.

Foi Dona Maria que ensinou Maria Auxiliadora a bordar aos 9 anos, técnica essa que anos mais tarde a artista utilizaria em várias de suas obras, detalhando as roupas de seus personagens.

> Minha mãe começou a me ensinar bordado quando eu tinha nove anos. [...] E aí depois eu fui bordando e ela começou a me ensinar a colorir. A minha pintura é supercolorida assim, e acho que devo um pouco à minha mãe também, porque ela falava essa cor fica bem, aquela não fica. [...] Nossa casa era tudo coberto de bordado, tudo para a nossa casa mesmo [...] ela fazia o possível para me ensinar a ser costureira, bordadeira, e eu tava tentando falar pra ela que eu queria ser pintora. Nessa época eu já tinha uns 14 anos e desenhava muito essas figura-mulher que eu faço até hoje, desenhava menina e depois punha nome em cada uma: ah essa é filha dessa, essa é filha daquela. (Ibid.)

Aos 16, 17 anos Maria Auxiliadora começou a desenhar com lápis de cor. O seu primeiro desenho foi uma pintura dos pais – e foi quando sua mãe começou a enxergar seu talento. Aos 18 anos, ela começou a pintar com tinta guache e aos 26, passou para a tinta a óleo, mas foi somente em 1968, aos 33 anos, que Maria Auxiliadora começou a expor suas obras.

A segunda galáxia que compunha o universo de Maria Auxiliadora era o Embu das Artes e a Praça da República, lugares em que ela e outros membros de sua família, incluindo a mãe, expunham e vendiam suas obras. Além disso, esses espaços foram suas escolas, onde ela pôde se desenvolver, a partir do contato com outros artistas e suas técnicas. Foi no Embu das Artes que Maria Auxiliadora aprendeu uma das técnicas que utilizava para dar volume a seus quadros.

> Esse relevo e essa massa de Wanda aí foi um pintor do Embu que me deu ideia porque eu fazia já assim com tintas e às vezes não dava certo, às vezes escorria, escorria, sabe. Então eu expus um quadro meu com relevo assim escorrendo a tinta, ele viu que eu tinha vontade de fazer e deu ideia, por que você não faz com a massa da Wanda? (Ibidem)

Maria Auxiliadora se juntou ao Embu no fim da década de 1960, em um grupo cuja principal motivação era a produção de arte e cultura negra. Esse grupo era liderado pelo músico, teatrólogo e poeta Solano Trindade (1920–1974). Ele criou o Teatro Experimental do Negro, um grupo de teatro do Embu no qual a família Silva teve forte participação. O Embu era uma aldeia, formada em 1554, a 28 quilômetros da cidade de São Paulo – hoje, é uma cidade. Esse lugarejo, por volta da década de 1960, era a residência de diversos artistas populares, que expunham suas obras em feiras e exposições. "Nesse grupo do Embu sobressaía uma temática afro-brasileira, movimentada e dionisíaca com muita manifestação de escultura ao jade de pintura, confirmando um dos grandes veios expressivos de arte negra." (Ibidem)

Com o passar do tempo, o Embu perdeu sua força como tradição de arte negra, dando lugar para os "hippies" e se tornando cada vez mais um espaço de comercialização, perdendo seu caráter cultural identitário. Quando Maria Auxiliadora e parte de seus familiares perceberam essa mudança de cenário, voltaram para São Paulo e passaram a expor na Praça da República. Em depoimento a Lélia Frota, a artista fala sobre essa mudança de cenário: "Agora não dá mais, agora misturaram muitas coisas, aquelas coisas fabricadas, muito fabricadas".

A partir de 1968, a Praça da República passou a ser o cenário e palco principal do nosso cometa. Localizada no centro de São Paulo, há uma feira de cultura e artesanato há pelo menos seis décadas na praça, que se mantém pela resistência de seus artistas/expositores. Maria Auxiliadora e sua família eram uma dessas resistências. A feira resistiu ao período ditatorial e à vontade de autoridades públicas em destruí-la. Foi nela que o alemão Werner Arnhold[2] conheceu a obra de Maria Auxiliadora – e a partir dessa descoberta foi que ela teve a oportunidade de levar a sua arte para outros lugares.

Suas obras podem ser consideradas a terceira galáxia desse cosmos.

> Maria Auxiliadora era especial. Uma pessoa diferenciada. Algo incomum em sua essência a distinguia dos outros artistas. E o relevo que deu às suas pinturas chamou a minha atenção. As cores, o volume, característicos de seus trabalhos, as colagens... foram invenções. E não é fácil encontrar invenções. Maria Auxiliadora inventou uma nova forma de pintar. Isso a tornou especial. (ARNHOLD, 2007)

Esse relevo é uma caraterística muito forte nas obras de Maria Auxiliadora. Para obter esse volume em suas obras, ela utilizava massa plástica e até mesmo o próprio cabelo.

> Se por um lado o uso do cabelo pode ser visto como uma afirmação identitária da artista enquanto mulher negra, para os críticos da época isso podia ser entendido como próximo ao movimento

2. Crítico e colecionador de obras de arte. Werner Arnhold é alemão e imigrou para o Brasil em 1953.

da body art, enquanto identificação afetiva de seu corpo com a representação pictórica. Por outro lado, era possível enxergar o que seria um afloramento da pop art, por meio da utilização que Maria Auxiliadora faz da massa plástica para obter relevo. (FROTA, 1975)

No já referido depoimento a Lélia Frota, Maria Auxiliadora destaca seu processo ao adicionar relevo em suas obras:

> Meus primeiros óleos, em 1968, eram chapados, sem relevo. No começo de 1968 não havia relevo, mas nos fins [...] comecei a fazer relevo com cabelo. Primeiro usando o próprio óleo para fixar, porque nessa época eu não conhecia ainda a massa da Wanda. Pegava a tinta a óleo bem grossa e imprimia o cabelo no meio da tinta. Eu já pegava o cabelo natural, muitas vezes o meu mesmo, muitas vezes eu pinto crioulos. Mesmo então já pegava meu cabelo mesmo e imprimia. A tinta ia junto com o cabelo, já ia à tela, já ia bater com o pincel para fixar ali. Tive essa ideia porque comecei a pintar quadro, e estava pintando um quadro grande de candomblé. Meu primeiro quadro de candomblé, em 1968, ganhou o 1º prêmio no Embu. Eu comecei a fazer pintando com óleo mesmo, não tinha nem ideia de pôr cabelo no quadro, mas aí comecei a fazer, não sei como, foi sem querer, um fio do meu cabelo saiu e voou assim na cabeça de uma figura do quadro. E ficou ali aquele fio. Puxa vida, que beleza, vou começar a pôr cabelo, pensei. E aí comecei a colocar cabelo.

Além do relevo, as obras de Maria Auxiliadora se caracterizavam por serem muito coloridas, trazendo certa vivacidade e alegria até mesmo a temas mais mórbidos, como o velório e a morte. Uma das características mais frequentes em algumas obras da artista era a presença de diálogos entre os personagens, além do protagonismo negro. Esse protagonismo é mais evidente quando ela buscava retratar o povo negro em seu dia a dia, passando por momentos de lazer e alegria – ao contrário do que geralmente era retratado na maior parte das representações artísticas brasileiras, com cenas de sofrimento ou subordinação.

A temática da artista era bastante variada. Havia uma forte presença da representação religiosa cristã e das religiões de matrizes africanas, como os orixás nas obras Oxalá (1973) e Oxóssi (1972), além do candomblé na obra Terreiro de Candomblé (1970), em que diversas cenas do cotidiano de um candomblé estão acontecendo ao mesmo tempo dentro de uma única tela. Outra obra religiosa é a nomeada Procissão (1970), em que é possível identificar elementos característicos da religião católica no Brasil, evidenciando o sincretismo religioso que envolvia a vivência de Maria Auxiliadora e sua família. Outras temáticas comuns, encontradas em suas obras, eram as representações das festas populares; a vida e o cotidiano típicos do interior; autorretratos (mais no final de sua vida); natureza-morta; e encontros românticos (com um toque de erotismo).

Como já mencionado, a arte de Maria Auxiliadora era considerada *naif*, um termo em francês que significa ingênuo, inocente ou ainda primitivo. Essa terminologia é usada para designar um tipo de arte popular e espontânea. Os artistas considerados naifs/primitivos geralmente são autodidatas, e não acadêmicos. As obras retratam a vida cotidiana e as manifestações culturais do povo, são coloridas e com temáticas festivas. Por essas características, Maria Auxiliadora foi reconhecida como naif/primitiva, apesar de sua arte ir muito além do que se espera de um artista primitivo, pois expressava originalidade. Com o uso do relevo em seus quadros e os diálogos entre os personagens, ela se aproximava de movimentos como a *body art* e a *pop art*. Contudo, nenhuma dessas classificações definia verdadeiramente suas obras.

> O trabalho de Auxiliadora era, e ainda é, inclassificável. Já houve tentativas de alinhá-lo a movimentos internacionais como *pop art* e *body art*, pelo fato de ele ter mimetizado algumas de marcas e recursos (caso do emprego da tinta industrial, das cores artificiais e

dos balões de histórias em quadrinhos da *pop art*, e do uso do próprio cabelo, da *body art*). Também é possível enxergar semelhanças com artistas brasileiros associados ao autodidatismo, mas que em geral recaem em meras aproximações formalistas, epidérmicas, coisas que num rápido olhar se parecem, mas a analogia se esgota por aí. (OLIVA, 2018)

Viver de arte, para pessoas como ela, em um período de regime ditatorial no Brasil era muito complicado, já que nem sempre o dinheiro recebido era suficiente para o sustento básico. As dificuldades para se manter na profissão eram muitas, tanto que Maria Auxiliadora dividia o ofício com as atividades de doméstica. Ivonaldo, um de seus amigos, artista plástico, companheiro na Praça da República, que possui em seu acervo algumas das obras de Maria Auxiliadora, conta um pouco das dificuldades em que eles viviam em entrevista a Márcia Regina Bull (2007):

> [...] as dificuldades na época eram tantas que eu não tinha recursos para adquirir as obras de Maria Auxiliadora. Mas, quando ela precisava de algo, para as necessidades da casa, gás por exemplo... me lembro que, certa vez, eu lhe cedi um bujão, porque o gás havia acabado... e ela me agradeceu e depois me trouxe um quadro. Eu não queria aceitar, mas ela insistiu para que eu ficasse com a obra. Éramos muito amigos... gostava muito dela.

Foi também na Praça da República que Maria Auxiliadora conheceu o físico e crítico de arte Mário Schemberg, que, junto ao cônsul Alan Fisher, organizou em 1971 uma exposição da artista na Mini Galeria USIS (United States Information Service), na Biblioteca do Consulado Americano em São Paulo. Essa exposição trouxe grande repercussão para o trabalho de Maria Auxiliadora. Na época, o jornal *Dia e Noite* publicou uma crítica, cujo título era: "Empregada doméstica trocou o aspirador pelos pincéis". O título desvalorizava e diminuía a relevância das obras da artista ao destacar características irrelevantes ao se analisar uma obra artística. Já Mário Schemberg tinha uma visão bastante abrangente do trabalho da artista.

> Os quadros de Maria Auxiliadora se caracterizam pela sua grande vitalidade e vibração cromática. Possui o senso mágico afro-brasileiro e uma riqueza de criação rítmica e colorística das mais fascinantes. A sua obra combina vivências autênticas e profundas da vida popular com a sua imaginação construtora de arquiteturas cromáticas e lineares, fundindo uma bela capacidade decorativa com um sentimento popular convincente e verdadeiro. Consegue unir realidade e sonho. Há mais de dois anos que Maria Auxiliadora enriqueceu sua pintura a óleo com elementos de colagem. Posteriormente desistiu da colagem e passou a utilizar apenas o relevo obtido com massa plástica. Conseguiu assim intensificar consideravelmente o dinamismo de suas composições e lhes atribuir um caráter saboroso de obras de artesanato popular, tornando-se uma das figuras de expressão marcantes do nosso primitivismo. (BULL, 2007, p. 275)

Em meados da década de 1970, o *marchand* (crítico e colecionador de obras de arte) Werner Arnhold, por intermédio do físico Mário Schemberg, conheceu o trabalho de Maria Auxiliadora. Ele ficou encantado com o trabalho da artista, levou suas obras para a Europa, fazendo exposições na Alemanha, na Suíça e na França. Werner Arnhold foi o responsável pelo reconhecimento da artista para além da Praça da República e do Embu das Artes. A crítica internacional ficou fascinada com a originalidade do trabalho do nosso cometa. As cores e o volume das obras de Maria Auxiliadora eram uma invenção inovadora para a época.

Nacionalmente, Maria Auxiliadora chegou a fazer exposições no Museu de Arte de São Paulo Assis Chateaubriand (MASP) em conjunto com outros artistas, e participou da exposição afro-brasileira de artes plásticas, que incluía seus trabalhos e de alguns membros de sua família. Em 1975 (um ano após a morte da artista), Lélia Coelho Frota publica "Eros e erosão na pintura de Maria Auxiliadora", um texto muito fiel à trajetória de vida da artista, onde há relatos reais de Maria Auxiliadora sobre a própria vida. Em 1977, Pietro Maria Bardi (1900--1999)[3] lançou um livro de 104 páginas sobre a artista e, em 1981, organizou uma exposição individual de Auxiliadora no MASP. Entre os anos de 1987-2017, ela ficou praticamente esquecida no cenário artístico nacional, com algumas poucas publicações e exposições nesse período. Em 2018, o MASP organizou uma grande exposição individual da artista, intitulada *Maria Auxiliadora: vida cotidiana, pintura e resistência, reunindo um conjunto inédito de 82 pinturas da artista.*

O nosso cometa nos deixou em 20 de agosto de 1974 aos 37 anos, após resistir duramente por dois anos ao tratamento contra um câncer. Maria Auxiliadora resistiu, como sempre em sua vida, com arte, imaginação e sensibilidade. Ela pintou o próprio velório na obra O velório da Noiva (1974), como também o seu leito de morte, onde ela aparece rodeada por seus familiares. Em sua obra intitulada Autorretrato com anjos (1972), a artista aparece diante de um cavalete pintando, muito elegante e contente, com anjos ao seu redor, representando a sua vida após a morte.

Maria Auxiliadora é um cometa que não se apagou. Sua luz permanece em suas obras, no legado identitário que ela deixou para todos nós que ficamos. Talvez essa seja a quarta galáxia que compõe o cosmos da artista – sua obra ganhou o mundo e pertence a todos que de alguma forma se conectaram com ela. Maria Auxiliadora permanece viva por aqueles que tiveram contato com seu legado. Para mim (autora), foi uma feliz surpresa me aventurar e conhecer um pouco do universo de uma conterrânea. Um cometa que agora passa a habitar meu universo, e espero que também passe a habitar outros universos através deste texto.

3. Ex-diretor fundador do MASP.

Referências bibliográficas

BULL, Márcia Regina. *Artistas primitivos, ingênuos* (naifs), *populares, contemporâneos, afro-brasileiros. Família Silva*: um estudo sobre resistência cultural. Tese de mestrado. Universidade Presbiteriana Makenzie, São Paulo, 2007.

D'AMBRÓSIO, Oscar. *Maria Auxiliadora da Silva. Portal Geledés*, 9 de agosto de 2009. Disponível em: <https://www.geledes.org.br/maria-zauxiliadora-da-silva/>. Acessado em 6 de março de 2020.

FROTA, Lélia Coelho. Eros e erosão na pintura de Maria Auxiliadora. *In*: ______. *Mitopoética de 9 artistas brasileiros*. São Paulo: Editora Fontana Limitada, 1975, p. 99-112.

PEDROSA, A.; OLIVA, F. *et al. Maria Auxiliadora*: vida cotidiano, pintura de resistência. Catálogo de exposição no Museu de Arte de São Paulo Assis Chateaubriand. São Paulo: Ipisis Gráfica e Editora, 2018.

SOUSA, Ruan. Maria Auxiliadora, uma pintora brasileira. *Época*. São Paulo, 09/03/2018. Disponível em: <https://epoca.globo.com/cultura/noticia/2018/03/maria-auxiliadora-uma-pintora-brasileira.html>. Acessado em 15 de março de 2020.

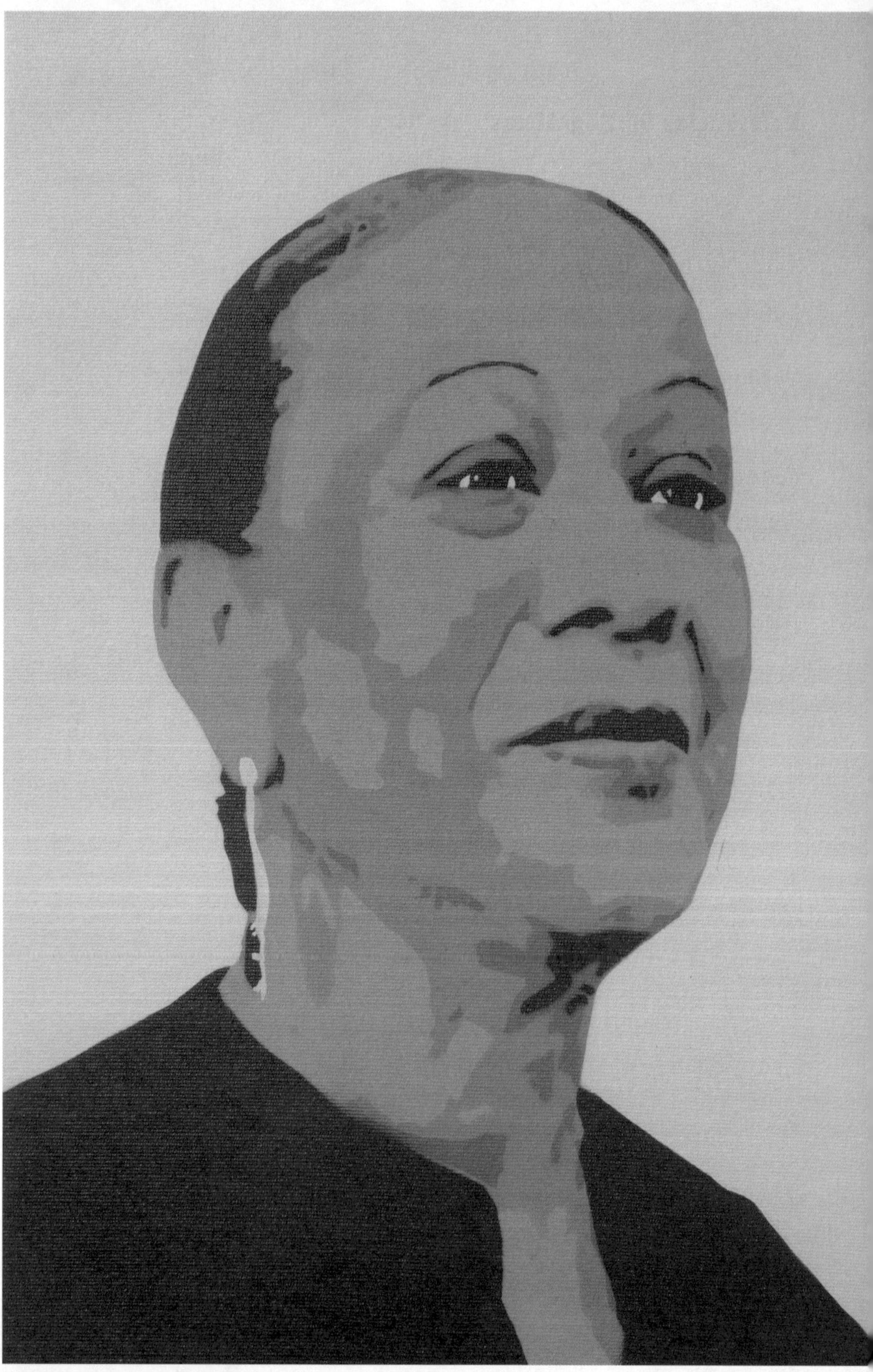

Anemia falciforme e o surgimento do SUS: frente de resistência e pioneirismo de Berenice Kikuchi

Reinaldo José de Oliveira Sociólogo, militante social, mestre e doutor em ciências sociais pela PUC-SP, é pós-doutorado do Programa Nacional de Pós-Doutorado da CAPES/PUC-SP. Organizou as obras *A cidade e o negro no Brasil: cidadania e território* e *Dilemas da raça: empoderamento e resistência*. É autor do livro *Territorialidade negra e segregação racial na cidade de São Paulo: a luta por cidadania no século XX* e exerceu a docência no Departamento de Ciências Humanas e Filosofia da Universidade Estadual de Feira de Santana (UEFS) e do IFBA. É professor colaborador e pesquisador, vinculado ao Núcleo de Estudos Psicanálise, Psicologia, Identidade, Negritude e Sociedade da Universidade Federal do Recôncavo da Bahia (UFRB).
Em 2020 organizou o Dossiê *A Cidade, urbanização e relações étnico raciais no Brasil, na África e na Diáspora*, Revista da ABPN, número 34.

O percurso social, político e intelectual de Berenice Kikuchi é central na história da saúde da população negra, em especial de políticas públicas nas áreas de saúde e educação no quadro da anemia falciforme. Nos últimos quarenta anos, a interlocutora dedicou-se mais precisamente à produção e à reprodução de capital social, cultural e político em torno da promoção de políticas públicas para as pessoas com doença de anemia falciforme.

Berenice e a Associação de Anemia Falciforme do Estado de São Paulo (Aafesp) empreenderam a pesquisa científica e a militância social negra na Zona Leste da capital paulista, em múltiplas frentes. Além do território da Zona Leste, o trabalho social e intelectual da pesquisadora obteve forte alcance nos territórios da capital paulista, recentemente no estado de Mato Grosso do Sul, no Brasil e no mundo. No entanto, o apagamento e a invisibilidade que Berenice vem percebendo em sua vida social se reflete, direta e indiretamente, na Aafesp.

A Aafesp foi fundada em 1997; antes de sua organização, a interlocutora e lideranças sociais negras buscaram atuações de enfrentamento ao racismo e às desigualdades no quadro da Associação Cultural Educacional Assistencial Afro-Brasileira (OGBAN). A OGBAN antecede a Aafesp no trato da anemia falciforme. Em 1988, ela foi constituída por profissionais de saúde e de militantes do movimento negro da região Leste do município de São Paulo. Os atores sociais participaram da implementação das políticas de saúde pública por meio de discussões sobre o Quesito Cor no Sistema de Informações de Saúde, projetos como Saúde da Mulher e Prevenção de DST/AIDS, saúde mental da população negra e oficinas de territorialização do Sistema Único de Saúde (SUS).

A Aafesp, gradativamente, sob a liderança de Berenice e do corpo de militantes sociais negros e profissionais de saúde, foi escrevendo a política de saúde da população negra na Zona Leste e no território de São Paulo. A primeira legislação que vai propor atenção básica, atendimento e políticas públicas se inscreve por intermédio do protagonismo de Berenice e da associação.

Acreditamos que a história e a contemporaneidade da interlocutora deveria, nos momentos centrais das ações dos movimentos sociais negros e da sociedade civil, por suas realizações coletivas de longo alcance, ser percebida com centralidade e reconhecimento. Na história dos movimentos sociais negros, principalmente das mulheres negras, Berenice Kikuchi é uma das protagonistas da história do século 20 na sociedade brasileira, no mesmo patamar que Lélia Gonzalez, Virgínia Bicudo, Neusa Santos Souza, Sueli Carneiro, Mãe Stela de Oxóssi, Benedita da Silva, Zezé Motta e inúmeras mulheres negras, do passado e do presente, que a história oficial e o racismo estrutural persistem em inviabilizá-las.

Portanto, procuraremos trazer os principais fatos históricos, as realizações e problematizações que a enfermeira, doutora e militante social Berenice Kikuchi empreendeu nos últimos quarenta anos na sociedade brasileira. O texto está organizado em três momentos: no primeiro, apresentamos um breve percurso histórico e intelectual da interlocutora; no segundo, são apresentadas as ideias e os pensamentos norteadores de suas principais realizações; e, por último, é examinado o momento atual, a luta por equidade étnico-racial na saúde e na sociedade brasileira.

A história social, a enfermagem e a anemia falciforme

Berenice Assumpção Kikuchi nasceu em 1951, em São Paulo, no bairro de Cidade Patriarca, que fica na Zona Leste da capital paulista. Desde sua meninice, observando as atividades de liderança social de seu pai, foi se apegando ao quadro social da população negra, especialmente de mulheres e crianças, nos cenários da saúde e da educação.

Diante da influência do pai que atuava com o protagonismo social e o cuidado com as pessoas, foi fazer o curso superior de enfermagem. Na época, a jovem Berenice, em torno de seus 23 anos, foi cursar enfermagem na Universidade de Mogi das Cruzes, instituição particular localizada na Região Metropolitana de São Paulo. A entrada no ensino superior pode ser considerada uma situação de superação; antes, ela havia feito um curso de primeiros socorros. Essa experiência ajudou-a a superar o medo, porque ela conta que tinha medo de defunto e de sangue. As experiências teóricas e metodológicas lhe proporcionaram amar a profissão e dar início a um processo de protagonizar o conhecimento a serviço da transformação social da saúde e da sociedade.

A conclusão da formação em enfermagem aconteceu em 1979; quatro anos depois, observando os principais centros de saúde pública e privada de São Paulo, iniciou o curso de especialização em Saúde Pública no Centro São Camilo de Desenvolvimento em Saúde (1983).

Nos anos 1990, no exercício das funções de enfermeira na Prefeitura Municipal de São Paulo, deparou com os primeiros casos de anemia falciforme. Na faculdade, nas aulas e nas referências científicas, sabia apenas que era uma "doença de negros".

No contexto das ciências da saúde, humanidades, exatas e biológicas, o mito da democracia racial teve forte impacto em sua formação em saúde. O racismo estrutural em nossa contemporaneidade se manifesta e se reflete no cenário das relações étnico-raciais, implicando, de um lado, a sobrerrepresentação na pobreza e nas desigualdades e, de outro, os benefícios e os privilégios para a população branca de todos os segmentos sociais. No caso da saúde, a anemia falciforme foi alvo de pouco interesse nos estudos e pesquisas; por isso, ela foi apenas indicada como uma epidemiologia dos negros.

Em 1993, o contato com a anemia falciforme mudou a sua vida e a sua vida também mudou o cenário da anemia falciforme na cidade de São Paulo e no Brasil. A seguir, destacamos a narrativa da interlocutora com o quadro das pessoas portadoras de anemia falciforme, principalmente o cuidado referente à dor física, psicológica e social.

> Conheci, em 1993, uma criança com dez anos recém-diagnosticada com anemia falciforme. Essa família me foi indicada em decorrência

> de minha militância com a saúde da população negra, no distrito de saúde de Guaianazes, na Zona Leste de São Paulo. As dificuldades da mãe em encontrar serviço especializado a partir desse diagnóstico tardio colocaram em xeque o conhecimento dos profissionais de saúde diante da magnitude clínica, social e psicológica da enfermidade. (COREN, 2016, p. 48)

Posterior ao contato com seu primeiro paciente de anemia falciforme, Berenice não parou para nada; de 1993 até 2020 foram inúmeras realizações para caracterizar a anemia falciforme como fenômeno biológico, social e político central para investimentos em saúde e educação dos pacientes e seus familiares.

As décadas de 1980 e 1990 são marcadas por contextos históricos relevantes no Brasil e no mundo. Entre as grandes transformações ocorridas no período, o país se aproximava do fim dos 24 anos de ditadura militar e iniciava, em 1988, a votação da Constituição Federal no Congresso Nacional, demarcando assim um percurso de lutas em torno da construção da cidadania brasileira, sobretudo dos direitos da população negra, indígena, dos povos da floresta, do direito à cidade, das mulheres, crianças e adolescentes.

As últimas décadas do século 20 representam o marco inicial da fundação do Sistema Único de Saúde (SUS), tornando as necessidades biológicas, sociais e psicológicas em saúde um bem público que o Estado passaria a assumir. Portanto, o SUS nasceu a partir da luta e da resistência dos movimentos sociais negros, de mulheres, de lideranças sociais que sedimentaram as inscrições dos direitos na sociedade brasileira.

Na votação e promulgação da Constituição Federal de 1988, edificada com participação popular, o SUS vem a público a partir dos princípios de universalidade, integralidade, equidade e participação comunitária (PALMAS, 2013).

Não podemos nos esquecer de que o ano de 1988 representa o centenário da Abolição, resultado direto das lutas dos quilombolas, escravizados, forros e libertos e dos afro-brasileiros, como a interlocutora Berenice, que protagoniza o quadro social da saúde e da educação na luta por direitos e equidade. Os movimentos sociais negros transformaram o centenário da Abolição em fatos simbólicos da resistência e do enfrentamento ao racismo, ocupando os espaços públicos das ruas, praças, periferias, comunidades e de todos os lugares negros na hierarquia socioeconômica.

No mundo, gradativamente, aconteceu o deslocamento das políticas neoliberais da Europa em direção aos países em desenvolvimento, sobretudo a América Latina. As políticas do neoliberalismo visavam ao enfraquecimento do Estado, com a abertura dos bens e serviços públicos para o capitalismo internacional. No território latino-americano, as experiências não alcançaram o Estado de bem-estar social, portanto, são sociedades que se fizeram com o derramamento de sangue indígena e negro. Parece-nos que a violência do passado se repete no presente, com a minimização do Estado e a flexibilização formal das políticas no mercado de trabalho, saúde e educação. Esse é o cenário em que Berenice e seus contemporâneos, diante das desigualdades de classe social, gênero e raça, foram demarcando suas lutas.

Diante da ausência de informações para promover o cuidado, a assistência e a atenção básica em saúde no trato da anemia falciforme, Berenice começou a galgar etapas importantes. Em 1996 e 1997, ela cursou uma especialização em anemia falciforme pela University of the West Indies, em acordo bilateral Brasil–Jamaica.[1]

A opção pelo curso se deu diante da ausência de capital social, técnico e político para o cuidado de pacientes da doença e seus familiares. Depois do primeiro paciente, veio o segundo, o terceiro, o quarto... e agora a conta não tem fim. Mas foi o processo de intenso

1. Ela foi contemplada com uma bolsa de estudos/apoio da Fundação McArthur durante três anos. Posteriormente, obteve o apoio institucional da Ashoka durante os doze meses na condição de bolsista.

aprendizado, de histórias de nascimentos, vidas e mortes, que promoveu em Berenice a busca por instrumentos técnicos, científicos e informacionais para melhor lidar com o quadro da anemia falciforme.

Após a formação e as especializações no Brasil e no exterior, desenvolveu referências complexas e críticas a respeito do tema da saúde da população negra, muito além da simplificação de "uma doença de negros". Nos idos de 1993, suas ideias e reflexões sobre o assunto estavam à frente de muitos profissionais da saúde, principalmente dos médicos e seus parceiros da enfermagem. A pesquisadora e militante social, além de pensar e refletir sobre a anemia falciforme, foi constituindo novos aportes teórico-metodológicos que vão além do quadro biológico.

> A anemia falciforme, com prevalência de um para mil nascidos na população geral e de um para quinhentos nos afrodescendentes, é doença genética, hereditária e de alta morbidade e mortalidade. A sua característica principal é a capacidade de os glóbulos vermelhos, em determinada circunstância, perderem sua forma bicôncava, adquirindo o formato distorcido parecido com uma foice. (KIKUCHI, 2007, p. 333)

A anemia falciforme é uma doença de origem africana, de mutações genéticas entre os povos e etnias (por exemplo, de bantus e angolas). Com a escravização de africanos para o trabalho nas Américas, como no Brasil, Estados Unidos, Cuba, Colômbia e em todas as colonizações que implantaram o trabalho de escravização, gradativamente foi-se modificando o quadro sociocultural e biológico da anemia.[2]

Portanto, trata-se de uma doença hematológica, genética, incurável e de alta morbimortalidade. A incidência não está relacionada à quantidade de melanina na pele das pessoas, mas à hereditariedade dos genes que causam a doença (genes HbSS).

2. A partir desse momento, a expressão "anemia falciforme" será escrita apenas com as letras AF.

Nos dias de hoje, a descendência africana está no mundo todo, e, por isso, a anemia é uma doença que precisa ser observada em todos os contextos. Nos Estados Unidos e em Cuba, as políticas públicas em anemia falciforme estão mais desenvolvidas do que por aqui; lá, parte das experiências garante qualidade de vida e longevidade para as pessoas com a doença. Nessas sociedades, as políticas públicas foram implantadas antes das experiências nacionais serem escritas e traçadas no Brasil. Esse breve retrato da AF nos Estados Unidos e em Cuba apenas comprova como a realidade nacional está moderada, mesmo com o grande protagonismo de Berenice e da Aafesp. (KIKUCHI, 2007)

É importante destacar que, nas Américas, o Brasil é o território com o maior número de população afro-brasileira, de descendentes fora da África. Nos 380 anos da sociedade escravocrata e nos últimos 132 anos, africanos e afro-brasileiros são os protagonistas que se contrapõem diante da violência e da barbárie.

A seguir, veremos a construção das políticas públicas na realidade nacional; grande parte desse contexto traz a luta, as ideias e as reflexões de Berenice Kikuchi, das crianças, jovens e adultos da AF e da Aafesp.

Educação e políticas públicas no quadro da saúde da população negra

No retorno de sua especialização em AF na Jamaica, Berenice nos proporcionou novos saberes e práticas do contexto da diáspora africana das Américas. No ano de 1997, o protagonismo social da interlocutora, dos militantes sociais negros e da Aafesp resultou na aprovação da primeira legislação no cenário municipal com a Lei n. 12.352, de 13 de junho. Mesmo com os vetos de referências do projeto original, a primeira legislação da anemia falciforme é aprovada na cidade de São Paulo; posteriormente, ela irá nortear legislação similar em municípios e estados do país, por intermédio das associações de AF e dos movimentos sociais negros nos quadros dos legislativos do país.

A interlocutora e seus pares inscreveram uma página importante na história da construção da cidadania brasileira. De 1888 até 1988,[3] o Estado brasileiro desenvolveu a política antinegritude, retratada na generalidade do quadro social com a segregação racial e as desigualdades, que persistem nos espaços urbano e rural e mantêm homens e mulheres negras na base da hierarquia da opressão socioeconômica e política (MBEMBE, 2005; VARGAS, 2016). A política antinegritude, particularmente na saúde e na educação, se reflete no avanço da morbimortalidade da população negra associada à AF. O protagonismo social negro de Berenice e dos movimentos sociais propõe outra forma de construção da saúde da população negra, tendo em vista o contexto de nascimento, desenvolvimento e morte de homens e mulheres negras (LOPES, 2005).

> Um avanço importante foi a Portaria nº 822/2001, que incluiu o diagnóstico precoce da anemia falciforme na triagem neonatal em 12 Estados da Federação. Este processo de inclusão dos outros Estados foi concluído em 2014. As pessoas com a doença, que estão organizadas em uma associação, aprenderam a reconhecer e a reagir à discriminação e ao racismo. Mas a discriminação por cor e classe sociais faz parte da cultura brasileira, e manifesta-se na forma de tratar e interagir com a população negra nas instituições de saúde. Como resultado, os piores indicadores de saúde no SUS colocam a população negra em primeiro lugar. Para reverter esse quadro, é importante reconhecer o racismo institucional e intervir para combatê-lo. (KIKUCHI, 2016, p. 48)

3. Em 1988, o Estado brasileiro torna oficial a Constituição Federal do Brasil; na teoria, a principal instituição do país assume para si a responsabilidade de oportunizar direitos sociais. No entanto, na prática, as populações de menor poder aquisitivo, mulheres, negros e vulneráveis, por exemplo, estão distantes das condições de direitos à cidade, habitação, saúde, educação e toda a forma de proporcionar condições de vida, bem-estar social, igualdade e equidade. No caso específico da população negra, as pouquíssimas leis, como a Lei CAO, são formalmente assinadas em 1989. As políticas para a população negra, lentamente, são encaminhadas pelo movimento social negro, principalmente no período após a Constituição Federal, mas com muita morosidade por parte do Estado (União, estados e municípios).

Conforme a narrativa acima, a primeira legislação foi norteando a ação nos territórios local, regional e nacional. A legislação proporcionou que o exame do pezinho de recém-nascidos fosse realizado logo, e não de forma tardia como era antes. O protagonismo em torno da legislação da AF vem repercutindo em políticas públicas nas áreas de saúde e educação e na formação de recursos humanos, desde médicos e enfermeiros, a auxiliares e agentes de saúde (Ministério da Saúde, 2006).

A Lei n. 12.352, no âmbito local e nacional, antecede o debate e a aprovação de políticas de ação afirmativa, como a política de cotas e permanência nas universidades públicas, a Lei n. 10.639/2003, a Lei n. 11.645/2008 e a Política Nacional de Saúde Integral da População Negra.

Conforme Kikuchi (2016), uma conquista resultante do processo de mobilização nacional ocorreu com a portaria n. 822/2001, que incluiu o exame que detecta anemia falciforme e outras hemoglobinopatias no Programa Nacional de Triagem Neonatal. As referências dos movimentos sociais negros foram centrais nos anos 1990; posteriormente, parte dessas ações vão se refletir nas primeiras décadas do século 21, com a promoção de políticas públicas que nortearão a igualdade, a diferença e a equidade étnico-racial da população nos serviços de saúde e na educação.

As políticas públicas de recorte étnico racial no Brasil têm início com a CF de 1988, em especial com a Lei n. 12.352/1997 na cidade de São Paulo, que a interlocutora e seus pares protagonizaram. Quando problematizamos o apagamento de Berenice Kikuchi, não especificamos um quadro particular; o referido cenário deve-se à localização da história das políticas públicas de promoção da igualdade étnico-racial no Brasil.

No início do século 21, Berenice retorna ao espaço acadêmico para cursar o mestrado. Em 2003, defende a dissertação de mestrado em Educação pela Universidade Cidade de São Paulo, intitulada "A construção de um projeto educativo interdisciplinar: anemia falciforme".

Interdisciplinaridade não é a soma de diferentes áreas do conhecimento; significa interpretação e análise de uma visão globalizada de determinado fenômeno científico. A interdisciplinaridade, aqui, se fez principalmente com saberes e práticas da área da saúde, de pessoas, culturas, histórias e lutas. O percurso teórico-metodológico da interlocutora não é uma construção individual; está nos lados, atrás e em sua frente, vem com os atores sociais negros da ancestralidade e do presente, pacientes e familiares. Berenice traz consigo todo um patrimônio social negro, periférico, científico e social que não está presente nos principais centros de formação científica das universidades públicas e privadas do país.

Parte do capital social, cultural e político que Berenice e seus pares construíram em torno da Aafesp está relacionado ao capital científico da universidade; no entanto, é uma construção coletiva e social, que vem do chão do território negro: atender à população portadora de anemia falciforme; orientar os aspectos de cuidado e tratamento biológico, social e cultural; desenvolver saberes e práticas no trato da atenção básica à saúde.

A Lei n. 12.352/1997 e as ações da Aafesp no que toca à saúde da população negra foram basilares na produção de outras realizações no país, como a constituição da Federação Nacional das Associações de Doenças Falciformes (Fenafal) (KIKUCHI, 2016).

No ano de 2006, como consultora pontual em anemia falciforme na Organização Pan-americana de Saúde, em Washington, nos Estados Unidos, contribuiu para que a anemia falciforme fosse incluída na 59ª Conferência da Organização Mundial de Saúde. Parte desse protagonismo possibilitou a promoção de novas parcerias entre Estados, organizações não governamentais e sociedade civil, a partir dos avanços técnicos, científicos e sociais em anemia falciforme KIKUCHI, 2009).

Em 2010, a partir de convites para participar em eventos científicos, sociais e políticos no contexto da AF, as enfermeiras Berenice e Maria Lúcia Ivo se conheceram e, gradativamente, foram tecendo perspectivas de atuação, reunindo os campos da academia e do quadro social.

No ano de 2014, Berenice foi cursar o doutorado no Programa de Pós-Graduação em Saúde e Desenvolvimento da Universidade Federal de Mato Grosso do Sul, sob orientação da Profa. Dra. Maria Lúcia Ivo. Berenice e Maria Lúcia criaram um importante centro de estudos e pesquisas sobre a AF na região Centro-Oeste e no Brasil.

Lembrando as ideias de Nilma Lino Gomes expostas em *Movimento negro educador* (GOMES, 2017), nossa interlocutora é protagonista da produção de conhecimento científico, social e político. Foi uma construção do movimento social negro no âmbito da educação que se desenvolveu por meio da luta por políticas de ação afirmativa.

Durante os quatro anos de doutorado, a produção acadêmica lhe rendeu livros, artigos, amigos, o contato e o alcance de suas ideias para milhares de pessoas. Entre os principais destaques de sua estadia em Campo Grande (MS), ressaltamos a organização do Grupo de Trabalho Saúde da População Negra, em particular, as construções de políticas públicas na área da AF.

A sua tese, intitulada "Avaliação do processo de implantação do programa de triagem neonatal em doença falciforme no Mato Grosso do Sul", alcançou importantes avanços no debate científico e social referente ao tema. Berenice Assumpção Kikuchi, mulher negra, mãe, enfermeira, militante social, especialista, mestre e doutora, é uma das autoridades mais preparadas para tratar da anemia falciforme no Brasil e na América Latina, em razão de sua formação científica, social e política.

A interlocutora apresenta uma diferença em seu quadro histórico de formação: sua produção é muito rara no âmbito acadêmico. Berenice trabalha arduamente, tematiza saberes e práticas de base social, étnica e racial. É um saber negro que ela empreende coletivamente, que não está presente nas bases teórico-metodológicas das ciências da saúde.

Queremos dizer que a regra da academia no Brasil é o pensamento branco, que as bases das ciências da saúde são eurocêntricas e pouco valorizam a diversidade e as diferenças étnico-raciais fundantes na cultura brasileira e das identidades nacionais.

Queremos destacar que os saberes e práticas de nossa interlocutora, da especialização, mestrado e doutorado, representam parte de um pensamento negro que não se assemelha com o cenário da universidade brasileira.

Relações étnico-raciais e saúde no século 21

Nos últimos quarenta anos da sociedade brasileira, a produção teórico-metodológica em saúde da população negra tem uma parcela imprescindível do pensamento e das ações da interlocutora. Infelizmente, parece-nos que o protagonismo de Berenice, mesmo após a legislação ter se espalhado para todo o país, ainda não teve o efeito de proporcionar um capital simbólico equivalente ao que as realizações de Ruth de Souza, Elza Soares, Nina Simone, Rosa Parks e Angela Davis receberam no cenário das Américas e da diáspora africana no mundo.

Identificamos o referido quadro de apagamento e esquecimento de Berenice Kikuchi em publicações importantes da produção sobre saúde da população negra no Brasil, entre as quais podemos citar o volume da Coleção Negras e Negros Pesquisas e Debates (da Associação Brasileira de Pesquisadores Negr@s – ABPN) sobre o tema,[4] no qual não consta nenhum artigo sobre anemia falciforme. A referida produção de pesquisadores negros, além de não incluir nenhum artigo sobre o tema, também não faz nenhuma citação a respeito da produção teórico-metodológica ou do protagonismo da interlocutora.

Em 2014, promovemos na Universidade Federal do Recôncavo da Bahia, Campus de Ciências da Saúde em Santo Antonio de Jesus, o I Congresso Internacional Territorialidade e Saúde: Desigualdades sociais e raciais em contextos locais e globais. Nesse encontro, o público pôde presenciar os saberes e práticas da diáspora africana no mundo,

4. *Saúde da população negra* (2012), organizado por Luís Eduardo Batista, Jurema Werneck e Fernanda Lopes.

por meio da participação de Sylvia Serbin, escritora e pesquisadora franco-africana, autora da obra[5] *Reines d'Afrique et héroines de la diáspora noire*, e de Berenice Kikuchi, uma das pesquisadoras e militantes sociais de maior empreendimento no tema da AF. Ambas, em suas respectivas áreas de atuação, na saúde, educação e no feminismo negro, demonstraram as referências da ancestralidade para o desenvolvimento do pensamento negro diante do racismo em âmbito local e global.

> As experiências, como moradora durante a infância e juventude da região leste e depois como profissional, ocupando o cargo de Diretora Administrativa do Distrito de Saúde de Guaianazes vinculado à Administração Regional de Saúde 5, foi possível que eu presenciasse e participasse de todo o processo de mobilizações e luta por saúde e equidade na região leste da capital. Como as mulheres negras lutaram e desenvolveram frentes estratégicas, visando à inclusão da população negra no processo de desenvolvimento brasileiro, foi a partir da construção coletiva, dos seminários que desenvolvi o conceito e a identidade de ser mulher, mãe e profissional enfermeira negra. (KIKUCHI, 2003)

Nossa interlocutora, gradualmente, acompanhou as lutas, transformações e conquistas empreendidas pelos movimentos sociais, de mulheres negras, de saúde da população negra. Nos espaços da academia, ela se (re)produziu a partir de bases e referências que reiteram o calor, a luta e as identidades dos territórios negros, das periferias e lugares que reiteram a ancestralidade.

Provavelmente, a ausência de nossa interlocutora em importantes publicações da produção sobre saúde da população negra se deva a sua identidade estar vinculada aos movimentos sociais negros e dos setores mais vulneráveis. A publicação citada acima reúne pesquisadores

5. Em tradução livre, *Rainhas da África e heroínas da diáspora negra.*

negr@s, que são professores, mestres e doutores que vêm transformando a realidade da academia brasileira e do quadro social.

A história de nossa interlocutora nos proporciona muitos saberes e práticas, entre eles: a universidade não mudou drasticamente, mesmo tendo em seus quadros professores negros, indígenas e LGBTI nas ciências humanas, saúde, exatas e na interdisciplinaridade; ainda não proporcionou dialogar, trocar e estabelecer relações horizontais com o objetivo de estruturar uma ciência que articule o saber científico da academia e os saberes populares e das territorialidades negras, indígenas e sociais.

O pensamento de Berenice Kikuchi está solidificado no meio científico e no quadro social de homens e mulheres negras. Ela se fez intelectual, doutora, mulher negra, profissional e ser humano, na condição de observadora e protagonista das realidades sociais.

Nas periferias da Zona Leste, sobretudo nos extremos, os bairros são formados em sua maioria por homens e mulheres negras. Nesses territórios, sobressaem as disparidades socioeconômicas que se refletem no quadro da saúde, desde o nascimento, desenvolvimento e morte da população. Foi no chão da cidade, nos hospitais, postos de saúde e dos espaços públicos que nossa interlocutora foi efetivando o seu pensar; o diálogo do saber científico vinculado ao saber social, lentamente, propondo novas práticas da saúde, buscando a igualdade e a equidade social.

Considerações finais

Hoje, as sociedades do mundo vivem a pandemia da covid-19, tornando todos suscetíveis ao vírus; no entanto, conforme dados dos órgãos de imprensa (sites jornalísticos, redes de televisão, meios de comunicação impressos e online), no universo da população, os mais vulneráveis são os negros, quilombolas, indígenas, moradores de periferias, favelas e sem renda. De acordo com os dados de infectados e óbitos, a população negra está sobrerrepresentada na geografia das desigualdades urbanas e rurais do país.

Recentemente, Berenice escreveu um breve texto sobre a covid-19,[6] orientando a população de anemia falciforme quanto aos principais sintomas do vírus em mulheres gestantes, crianças, jovens e adultos. Nesse momento, de redobrada atenção aos cuidados que todos devemos ter, nossa interlocutora se faz presente com os pacientes e familiares de anemia falciforme.

Aproximando-nos do fim do mês de julho de 2020, consideramos que as quatro décadas de protagonismo social em saúde e educação têm demonstrado, gradativamente, o enfrentamento em relação ao apagamento e à invisibilidade. Essa história de Berenice Kikuchi, focalizada na anemia falciforme, contextualiza para o mundo que vidas negras importam!

Referências bibliográficas

ABPN – Associação Brasileira de Pesquisadores Negros. *Saúde da população negra*. Organizado por Luís Eduardo Batista, Jurema Werneck e Fernanda Lopes. Brasília: ABNP, 2012. Coleção Negras e Negros, Pesquisas e Debates.

BERGEL, Mariana. Enfermeira desvenda doença de origem negra. *Folha de S. Paulo*, São Paulo, 7 de dezembro de 2006. Disponível em: https://www1.folha.uol.com.br/fsp/especial/fj0712200607.htm. Acessado em 14 de junho de 2020.

COREN. Publicação do Conselho Regional de Enfermagem de São Paulo. Entrevista com Berenice Assumpção Kikuchi, n. 14, 2016.

GOMES, Nilma Lino. *Movimento Negro Educador: saberes construídos nas lutas por emancipação*. Petrópolis: Editora Vozes, 2017.

KIKUCHI, Berenice Assumpção. Assistência de enfermagem na doença falciforme nos serviços de atenção básica. *Revista Brasileira de Hematologia e Hemoterapia*, 2007.

6. https://www.aafesp.org.br/images/falciforme-corona-virus.pdf

______. *Enfermagem e promoção de saúde na doença falciforme*. São Paulo: AAFESP, 2009.
______. Participação social e anemia falciforme para avançar na equidade - SUS. *In*: IVO, Maria Lúcia *et al.* (org.). *Interdisciplinaridade na Saúde: doença falciforme*. Campo Grande, MS: Editora da Universidade Federal de Mato Grosso do Sul, 2016.
LOPES, Fernanda. Experiências desiguais ao nascer, viver, adoecer e morrer: tópicos em saúde da população negra no Brasil. SEMINÁRIO SAÚDE DA POPULAÇÃO NEGRA DO ESTADO DE SÃO PAULO, 2005.
MBEMBE, Achilie. Necropolítica. *Revista Arte e Ensaio*, Rio de Janeiro, 2016.
MINISTÉRIO DA SAÚDE. Manual de anemia falciforme para agentes comunitários de Saúde. Brasília: MS, 2006.
MUSEU DA PESSOA - Berenice Assumpção Kikuchi. https://acervo.museudapessoa.org/pt/conteudo/pessoa/berenice-assumpcao-kikuchi-19224.
PALMA, J. J. L. *Lutas Sociais e construção do SUS*: o movimento de saúde da Zona Leste da cidade de São Paulo e a conquista da participação popular na saúde. Tese de doutorado. Universidade Federal de São Paulo, 2013.
Publicação eletrônica da Assembleia Legislativa de Mato Grosso do Sul - Grupo vai discutir políticas públicas para tratamento de pessoas com anemia falciforme. Disponível em: https://al.ms.gov.br/Noticias/89608/grupo-vai-discutir-politicas-publicas-para-tratamento-de-pessoas-com-anemia-falciforme
SÃO PAULO. Câmara Municipal de São Paulo. LEI 13.252/1997. São Paulo, SP, 1997.
VARGAS, João Costa. Desidentificação: a lógica de exclusão antinegra do Brasil. *In*: PINHO, Osmundo; VARGAS, João (org.). *Antinegritude: O impossível sujeito negro na formação social brasileira*. Cruz das Almas: Editora da UFRB; Belo Horizonte: Fino Traço, 2016.(Coleção Uniafro).

Resistência negra nas araucárias: visibilidade para Dona Joana de Andrade Pereira

Nará Souza Oliveira Escreve por prazer, na alegria de ser lida nas suas inquietas personagens nascidas das realidades. É professora aposentada. Nasceu em Rio das Flores, no Rio de Janeiro, e vive no Paraná. Fez parte do Grupo de Trabalho Clóvis Moura, e foi diretora no Colégio Estadual Quilombola Diogo Ramos. Na literatura infantil publicou *Curumim*, pela prefeitura de Piraquara, Paraná; *Panela de barro e colher e pau*, pela Editora Mazza; e *Léia, a menina que tem o nome na flor*, pela editora Flamingo. Em 2019, ganhou o prêmio Oliveira Silveira de Literatura Infanto-juvenil com o livro aguardando publicação. Em 2021, ganhou o prêmio Novas leituras curitibanas/Pinguim Produções; com a peça teatral "Na Estação".

Com sua presença forte, Dona Joana de Andrade Pereira – negra quilombola, agricultora e liderança na Comunidade Remanescente de Quilombo João Surá em Adrianópolis, Paraná – foi fundamental para marcar a sua e as demais comunidades do vale do rio Ribeira em avanços jurídicos e educacionais. Dona Joana nasceu em 27 de outubro de 1935, viveu intensamente a sua história, a história de liberdade das ancestrais, e faleceu no dia 27 de abril de 2018. Seu corpo está em João Surá, em cemitério bordado como o antigo jardim quilombola, guardado ao som das águas do rio Pardo, entre pereguns, espadas-de-ogum, flores e ervas que curam.

O Paraná, estado brasileiro conhecido por suas araucárias, por muitos anos foi referido como "estado europeu" em uma proposta oficializada para invisibilizar as inteligências e as tecnologias da população negra, e para negar a escravidão. Entre os primeiros atos de visibilidade nacional para a população negra paranaense estão a publicação dos "relatórios do Grupo de Trabalho Clóvis Moura"[1] (GT Clóvis Moura),[2] nos anos 2008 e 2010, e a divulgação pelo Instituto Brasileiro de Geografia e Estatística (IBGE) do Censo do ano 2010.

A visibilidade – para Dona Joana de Andrade Pereira, que viveu nos séculos 20 e 21, e para outras quilombolas que enfrentaram o regime escravista nos séculos anteriores – desconstrói a tese de um Paraná branco, de um estado sem escravidão. Dona Joana foi guerreira em estratégias pela sobrevivência, em liderança cultural e política, e na medicina tradicional, no mesmo momento e no mesmo espaço politicamente organizado nas terras das araucárias. Ela foi referência na resistência negra feminina em seu tempo, e faz parte da história das

1. Terra e Cidadania: Relatório (2005/2008); Quilombos do Paraná: Relatório (2005/2010).

2. Grupo de trabalho que recebeu o nome de Clóvis Moura, sociólogo, historiador, escritor, jornalista e militante do Movimento Negro que destacou a importância de pesquisas sobre localização de quilombos no interior do Brasil. Por iniciativa de militantes do Movimento Negro paranaense, o GT foi formado pelo governo de estado para fazer o levantamento básico das comunidades remanescentes de quilombos no Paraná.

personalidades quilombolas no Brasil, transformadas em seres invisíveis depois de seus corpos serem guardados em cemitérios circulares.

Embora no estado já existam estudos e publicações sobre quilombos, percebe-se que na literatura ainda há um campo a ser ampliado, discutido, escrito e reescrito na temática das lutas pela visibilidade feminina negra em resistência à escravidão; no enfrentamento ao completo abandono institucional imposto às comunidades remanescentes de quilombos; e sobre o racismo. Com base na inauguração do pelourinho na cidade portuária de Paranaguá (LOPES, 2008, p. 12), no ano de 1646, percebe-se que os corpos femininos negros estão nos espaços que abrigam as araucárias cantadas em versos de poetas e dedilhadas em violas desde o século 17. Atualmente existem dezenas de comunidades negras, plantadas como se fossem baobás, cabaceiras ou pereguns em suas circularidades, onde viveram as heroínas que não receberam medalhas e não nomearam ruas ou praças.

Formação das comunidades remanescentes de quilombos no Paraná

Diferentes foram as maneiras de formação das comunidades que atualmente são remanescentes de quilombos, no estado do Paraná, pois o povo negro sobrevivente do tráfico humano da África para o Brasil, não aceitando a escravidão, entrou pelos sertões, em grupos ou não, embrenhou-se na mata, seguiu os caminhos dos rios, contornou e habitou em montanhas, desceu aos mais secretos vales, entrou pelos campos gerais, pelo litoral, e livre, na mata, guardou o segredo das batidas de pilões. Formando famílias, dedicando-se à economia de subsistência e, às vezes, ao comércio, o povo negro procurava recuperar as organizações políticas e sociais da África, o continente roubado.

Nas lutas pela liberdade estavam elas, as mulheres negras guerreiras que deram ao Paraná as mais lindas histórias de resistência, formando quilombo, ou liderando comunidades distribuídas estrategicamente em vários municípios. As africanas roubadas do continente de origem, assim como as suas descendentes, chegaram ao Paraná vindas dos portos de Cananeia, em São Paulo, do litoral paranaense, de Salvador e de outros cais, onde eram distribuídas como se fossem cargas. Foram escravizadas por tropeiros, bandeirantes, mineradores e fazendeiros, mas sem esquecer as delícias da liberdade. As comunidades remanescentes de quilombos mostram o quanto a escravidão foi grande e perversa entre araucárias, e o quanto a força da liberdade foi superior a ela.

Os sinais das perversidades racistas estão nos relatos da oralidade das descendentes de negras escravizadas e nas manchas que as queimadas de paióis de sementes, de escolas e de casas deixaram.

As marcas também estão nos cemitérios negros pisoteados e desrespeitados, e nas terras tomadas por gente do governo brasileiro, estrangeiros, gente armada, forças oficiais, garimpeiros, pescadores e madeireiros.[3] As marcas racistas são visíveis, mas as mulheres que as enfrentaram são invisibilizadas pelo mesmo sistema opressor. No município de Curiúva, na Fazenda Água Morna, viveu Mãe Romana, que lutou para salvar as crianças durante a guerra do Paraguai, e na Fazenda Guajuvira viveu Dona Rita Francisca dos Impossíveis, que transformou a fazenda em quilombo. No município de Palmas, viveu Dona Adelaide Maria Trindade Batista, matriarca que no século 19 fundou a comunidade que recebeu o seu nome. No município de Doutor Ulysses, na comunidade Varzeão, viveu Dona Helena, a guerreira que no século 20 transformou a casa de farinha em espaço político, em espaço de luta pelos direitos das terras da família, terras documentadas desde o ano de 1856. No município de Guarapuava, na comunidade Paiol de Telha, viveu Dona Anália Rodrigues, guerreira na luta pelo direito de continuar nas terras herdadas pelas ancestrais, propriedade com documento datado do ano de 1860, terra expropriada durante a ditadura militar. No município de Adrianópolis, na comunidade João Surá, viveu Dona Joana de Andrade Pereira, a que recebe visibilidade neste texto, uma das guerreiras

3. Quilombos no Paraná: Relatório (2005/2010) do GT Clóvis Moura.

que no estado do Paraná, em diferentes séculos, reverentes, com os seus panos brancos na cabeça, fizeram soar liberdades nas batidas em madeiras sagradas dos pilões históricos de africanidades.

África, ponto de partida

Com os seus grandes impérios, civilizações e reinos, partimos da África para discutir, escrever e reescrever as lutas das mulheres quilombolas. Para chegar ao fundamento histórico das heroínas quilombolas paranaenses, foi preciso ouvir o primeiro grito negro contra a escravidão ainda na África, contra invasores, depois, no navio negreiro com destino ao Brasil, porque a história de gente livre começa na África, toda a história começa lá. Foi preciso a criação de terreiros e de quilombos como resistências no Brasil; atuação do Movimento Negro brasileiro organizado; a eleição de governo popular no Brasil. Foi preciso que parte do Movimento Negro organizado apresentasse ao governo do Paraná o projeto de criação de um grupo de trabalho para localizar, mapear os indicativos de comunidades remanescentes de quilombos no estado, e apontar políticas públicas para elas: estrada, saúde, habitação, transporte, energia elétrica, saneamento básico, e educação específica – educação escolar quilombola, entre outras. Foi ainda necessário publicar o relatório dos trabalhos do referido grupo para que o mundo pudesse conhecer oficialmente as dezenas de comunidades remanescentes de quilombos no Paraná, sendo que 37 delas já estão certificadas pela Fundação Cultural Palmares (FCP) do Ministério da Cultura da República Federativa do Brasil, enquanto outras aguardam certificação. Foi preciso que as comunidades se organizassem em associações, e foi imprescindível a oralidade das pessoas mais velhas, descendentes de ancestrais que nas terras das araucárias ensinaram perseverança. Foi assim que na luta e nas resistências ficou garantida a história quilombola, para que na primeira década do século 21 parte dela fosse transportada para a escrita.

Das 37 comunidades certificadas pela (FCP), nove estão no município de Adrianópolis, e entre essas nove está João Surá.

Anteriormente chamado de Paranaí, Adrianópolis, município eminentemente rural, faz parte da Região Metropolitana Norte de Curitiba e, segundo o IBGE, tem menos de 10 mil habitantes. É banhado pelo rio Ribeira do Iguape e pelo rio Pardo, que margeia João Surá. É um reservatório de patrimônios culturais das comunidades remanescentes de quilombos, é guardião de água doce, de belezas naturais.

Mesmo inserido em um quadro de belezas e riquezas naturais, João Surá tem um histórico de perseguição que se repete em todo o estado, pois as comunidades quilombolas no Paraná são sobreviventes do fogo que se alastra, e do fogo que sai de um cano visando ao que mata a fome e que abriga, a terra. São territórios materiais e imateriais que, mesmo invadidos nos espaços sagrados, mesmo queimados no que não se pode queimar, e desconsiderados no que é vivente, água, gente, bicho e verde, ainda sobrevivem. João Surá, a comunidade de Dona Joana de Andrade Pereira, foi formada por negras e negros que saíram do garimpo Santo Antônio, situado em Apiaí, São Paulo, durante as atividades de mineração no alto do rio Ribeira. As primeiras pessoas que fugiram do referido garimpo fingiam-se de mortas e entravam pelo chamado sertão do rio Pardo, formando famílias em comunidades no território que anos depois passou a ser Paraná. Dona Joana é descendente daquelas pessoas africanas que foram escravizadas no garimpo Santo Antônio e que, livres em João Surá, se dedicaram à agricultura, criação de porcos, mineração, fabricação e comércio de canoas.

Como chegar às terras de Dona Joana

São duas as possibilidades de caminho terrestre para chegar à Comunidade João Surá, por São Paulo ou pelo estado do Paraná.

Para chegar a João Surá pelo estado de São Paulo, o acesso se dá pela Régis Bitencourt, BR-116, saindo de Curitiba, entrando no município paulista Barra do Turvo, atravessando de balsa, de São Paulo, para Andorinhas, que fica no lado do Paraná. O trajeto se apresenta de extrema precariedade, tanto pela insegurança da balsa de controle manual, mantida pelo estado de São Paulo, quanto o percurso pela estrada de chão do lado paranaense. A pé, de carro, cavalo ou moto, de Andorinhas até João Surá, são 14 quilômetros de estrada de difícil acesso, quase sem manutenção, passando por Marrecas e por Poço Grande, que é um dos núcleos de João Surá.

Para chegar a João Surá pelo lado do Paraná, é preciso sair de Curitiba com tempo firme, em carro apropriado para percursos em solos irregulares e alagados; percorrer 120 km pela PR-476, passando pelos municípios de Colombo, Bocaiúva do Sul e Tunas do Paraná. Na entrada do município de Adrianópolis deve-se seguir à direita, pela estrada de chão, Porto Novo, margeando o rio Ribeira do Iguape, e depois da junção dele com o rio Pardo, seguir margeando o último, percorrendo, no total, 60 quilômetros de chão. A estrada é estreita, com muitas curvas, subidas e descidas. Vai passar pelas ruínas de uma mineradora e pelas contaminações deixadas por ela principalmente nos bairros Capelinha e Vila Mota. Vai passar por Porto Novo, Sete Barras, Porto Velho, Bairro dos Roque, Tatupeva, e por Guaracuí, núcleo quilombola de João Surá, sempre margeando o rio Pardo. Depois de admirar algumas das belezas naturais que sobreviveram ao plantio de *pinus*, eucalipto e ao pasto para gado, será possível ver João Surá na sua circularidade ancestral.

Dona Joana de Andrade Pereira

Eu conheci Dona Joana de Andrade Pereira, a mulher quilombola, dona de olhares profundos, cheios de noites, cheios de estrelas e de mistérios, no dia 12 de outubro de 2007, data em que a comunidade festejou seus 200 anos. Nunca mais o brilho daquela mulher foi esquecido, nunca mais me separei da força da guerreira quilombola. Seis anos depois, ela e outras pessoas assinaram a carta de anuência para que eu fosse a primeira diretora negra do colégio quilombola na comunidade.

Durante o tempo em que eu estive com ela em João Surá, os seus olhos de luz me acompanhavam nos dias e nas longas noites do quilombo. O seu andar compassado mostrava que ali, onde tudo é circularidade, vida, morte, trabalho, musicalidade e fé se misturam. Dona Joana de Andrade Pereira, a mulher que gostava de baile, gostava de flores coloridas nas jarras, no jardim e nas roupas, destacava a sua preferência pela cor vermelha e por tons de rosa. A quilombola foi mãe e esposa, na sua beleza, personalidade, sexualidade e vaidades em torno de seus perfumes e adornos. Filha de Isolina Cordeiro de Matos e Joaquim Ramos de Andrade; neta de Senhorinha de Freitas e Teodoro Cordeiro pelo lado materno, e de Madalena Andrade Ramos e Laurindo de Andrade pelo lado paterno, Dona Joana de Andrade Pereira, se não podia ir para a roça, ficava em casa fazendo crochê com agulha de madeira que o pai fazia para ela. Casou-se com Benedito Pereira aos 21 anos de idade, teve sete meninos e uma menina: Clarinda de Matos, João Pedro (falecido), Boaventura, João Martinho, Antônio Carlos, Joaquim, Aparecido (falecido) e Altair. Dona Joana de Andrade Pereira foi mulher que de uma forma especial, apoiada em um bordão que a deixava segura, quando passeava no campo de futebol, ou pela trilha da mata para visitar e cheirar os verdes e para escutar as águas durante suas caminhadas, enchia de beleza a presença negra no vale do rio Ribeira, do lado do estado do Paraná.

Escolaridade

Dona Joana foi muito além do que impunha a perversidade racista, que reservava para as negras os papéis de trabalhadoras braçais, de criadeiras ou de mulheres de ganho. Ela teve destaque na luta pela permanência, pela regularização das terras quilombolas, por colégio na comunidade, e por ter fortalecido a infância e a juventude dos quilombos do Vale do rio Ribeira do lado do Paraná, no incentivo ao estudo.

"Eu não aprendi a ler nem a escrever. O meu lápis foi o cabo da enxada", dizia Dona Joana nas rodas de conversa com estudantes no primeiro colégio quilombola do Paraná, o Colégio Estadual Quilombola Diogo Ramos. Ela não deixava a juventude esquecer a importância daquele colégio para descendentes de gente roubada da África e escravizada no Brasil sem direito ao estudo.

"A minha escola foi o cabo da enxada", em outros momentos dizia ela, que não aprendeu a ler nem a escrever. Ela foi perdendo, de pouco em pouco, as melhores e mais bem localizadas terras, mas depois de muitas lutas e resistências, entre lágrimas, medo, terror, e inseguranças em tempos de tocaias, viu a sua comunidade certificada em 26 de julho de 2005. Dona Joana, mulher forte que durante a ditadura militar e mesmo depois enfrentou fazendeiros que queriam tomar as suas terras, sobreviveu às perseguições, privações e humilhações, assim conquistando uma realidade melhor para as gerações futuras. Foi ameaçada, teve sua casa invadida por um homem armado que procurava os documentos da terra dela, terras documentadas pelo Instituto Nacional de Colonização e Reforma Agrária (INCRA). Nos últimos 13 anos de sua vida, já idosa, Dona Joana deu suporte para que o seu filho Antônio Carlos se empenhasse na luta pela organização da comunidade em forma jurídica, pela regularização das terras e por políticas públicas. Entre as políticas públicas buscadas estava a luta por um colégio quilombola, e Dona Joana viu o Colégio Estadual Quilombola Diogo Ramos, o primeiro colégio quilombola do estado do Paraná, ser inaugurado em suas terras, no ano de 2009.

Ela viu chegar ao quilombo a energia elétrica, os computadores e a internet. Viu formaturas do ensino médio, viu a Universidade Federal do Paraná chegar com o curso de Ciências Naturais, e as netas formadas em curso superior. Em certos dias da semana, ela cobria a cabeça com pano branco fininho, rezava no cruzeiro, atravessava o antigo campo de futebol apoiada em um bordão feito pela mata e seguia para o colégio. Era a conselheira, e nenhuma decisão era tomada sem o conhecimento dela, desde a carta de anuência para profissionais da educação à aprovação do plano de trabalho da direção do colégio, desde passeios escolares e festas até a reformulação do projeto político-pedagógico, ao qual ela acrescentava o histórico de tecnologias e culturas guardadas no território quilombola.

Dona Joana, juntamente com a sua família, compartilhava com o colégio os segredos das tecnologias da casa de farinha com seus beijus; das moendas de cana-de-açúcar com melado e rapadura; do monjolo, do alambique e do pilão de arroz integral, café, milho e paçoca. Ela se fazia presente nas rodas de conversas e rodas de decisões comunitárias ou escolares que aconteciam na biblioteca do colégio e no barracão da sua filha Clarinda, ou contando causos na roda de estudantes. Nos gestos, nas palavras e no seu jeito de caminhar, estava sempre ensinando ou lembrando às pessoas de fora da comunidade que em João Surá o tempo é vivido de uma forma especial, o tempo ali é diferenciado.

"Eu não sei ler, mas, se eu soubesse, garanto para vocês que eu lia tudo isso que está nas prateleiras e mais um pouco." Ela falava emocionada, segurando um livro, e assim incentivava a juventude a pegar gosto nos caminhos da leitura. Dona Joana, aos 80 anos ministrou, na Semana da Consciência Negra do ano de 2015, a oficina de café, juntamente com a sua família. Ela iniciou a oficina pelo histórico da dificuldade em manter a cultura do plantio, pela falta de terra e pelo desmatamento feito por grandes fazendeiros. Ela orientou a colheita tradicional dos grãos, voltando aos mesmos pés de café, vários dias por semana; secando os grãos na paciência do tempo; torrando; pilando e, por fim, passando aquela delícia em coador de pano para servir no colégio.

Dona Joana também estava à frente das organizações da romaria de São Gonçalo, do Terço Cantado, da Recomendação das Almas e de outras tradições, juntando conhecimento, trabalho, diversão, cultura e religiosidade, unindo adultos, crianças e juventude. Ela descrevia a romaria de São Gonçalo, detalhadamente, com muita emoção. As voltas, durante horas, em torno da igreja, com o povo cantando a mesma música do santo. Ela explicava a diferença entre dança e romaria de São Gonçalo: a dança acontece quando a comunidade se reúne para dançar, sem pagamento de promessa, sem o rigor do número de voltas; e romaria, quando a dança é organizada por número de voltas a serem dadas em louvor ao santo, em pagamento de promessa por pedidos atendidos. Com didática quilombola, Dona Joana descrevia também a Recomenda das Almas, o costume de sair percorrendo as casas e as cruzes, em cantos e orações, ao som das matracas, sempre destacando a necessidade de união para a comunidade ter alegria, e dava exemplos do tradicional trabalho quilombola em puxirão, mutirão.

O jardim de Dona Joana

Em manhãs ou tardes de sol, Dona Joana, mulher que ria de riso inteiro, sentada num banquinho, contava histórias na varanda, olhando o seu jardim circular, com um lencinho na mão. Ali juntavam-se crianças, jovens e adultos. A comunidade ia chegando, cada pessoa mais velha com o seu banquinho ou cadeira para uma roda de conversa. Dona Joana aproveitava o momento para ensinar as propriedades de cada erva. Ela rodava o lencinho, torcia, balançava, fazia desenhos com ele, e daquela maneira dava vida às contações. Se fazia sol ou se ventava, se era noite ou se chovia, se era alegria ou se era pranto, ela demonstrava em gestos e onomatopeias.

Contava causos, fatos acontecidos e histórias, narrativas entremeadas de leituras que possibilitavam interpretações para além das palavras. Dona Joana de Andrade Pereira, gente feita para bordar as palavras africanamente, contava histórias de sua família, de seu mundo agrícola, religioso e cultural. Narrava plantios e colheitas de feijão, de arroz, de milho, de café, de cana-de-açúcar, de amendoim, de mandioca e de cará, mas Dona Joana não sabia que naquelas contações estava plantando esperança. Ela incluía cantigas, provérbios, poemas e metáforas aos acontecidos, às resistências e aos causos, mas sempre sendo fiel ao conteúdo da informação. Contava uma história como se estivesse trabalhando com a enxada na terra macia depois de uma chuvinha; contava rindo, talvez visualizando uma grande e dourada espiga futura, bem devagarinho, indo e voltando no enredo. Para fundamentar um fato contado, ela sempre falava que tinha visto, tinha vivido ou tinha escutado das pessoas mais velhas, e citava os nomes. Com a prática tradicional da oralidade, ela foi fortalecendo a infância e a juventude na redescoberta da história do povo negro no Brasil, em especial no Paraná, e assim garantiu a história dos fundamentos da comunidade.

A cozinha de Dona Joana

Em dias frios ou chuvosos, quando Dona Joana resolvia sentar-se um pouquinho na sua antiga cozinha estilo quilombola, logo aparecia gente pedindo histórias enquanto ela atiçava o fogo e colocava água para ferver em uma chaleira de ferro, para fazer café. A cozinha é estilo quilombola na sua construção depois de um corredor, sem ligação direta com o corpo da casa. Ali estão o grande e antigo pilão de madeira, o fogão feito de barro com panelas cheias de delícias. Cozinha estilo quilombola, desde a cordinha em uma das paredes de estuque em que ficam penduradas as tampas das panelas de alumínio brilhando de tanta claridade e luz, parecendo espelho; o trançado de arame sobre o fogão onde se defumam courinhos, linguiça, pés, rabinhos e cabeça de porco; as réstias de alho e de cebolas penduradas em outra parede, temperos, dividindo espaço com fotografias em preto e branco, quadros de santinhas, guias, patuás e rosários; até as folhas bentas em processo de seca. Do fogão de Dona Joana saíam diferentes resultados de misturas de alimentos que a terra oferecia, cará-moela, ora-pro-nóbis, milho, palmito, amendoim, banana-da-terra, banana-preta, arroz integral, farinha de mandioca e café.

Para abrir o apetite, nada melhor do que uma caneca de chá de amendoim, uma fatia de pão caseiro ou um pastel de farinha de milho recheado com palmito. Para a sobremesa, ela preparava uma *pressada* – doce feito de ovos com rapadura. O virado de banana ou de feijão era especial para acompanhar o café torrado no tacho da Clarinda e pilado pelas netas Cassiane, Lilinha e Eliziane. Eram texturas, belezas, sabores e aromas em encantadoras variedades. Da janela daquela cozinha, Dona Joana ensinava a olhar e a entender as águas do céu, depois que a saracura e a araponga as adivinhavam nas corridas e nas cantorias; a fazer a leitura dos caminhos da formiga-correição, anunciando tempestade; e a ver a hora no relógio do tempo, observando a chegada dos jacus nos pés de café. Ensinava também a ler o rio nas suas diferentes melodias das águas, pois em João Surá, nos fundos da cozinha de Dona Joana, as águas do rio Pardo passam cantando no reflexo da lua cheia ou de um céu aberto de sol. Ela, Dona Joana de Andrade Pereira, contando histórias sentada num banquinho na varanda da frente da casa, na biblioteca do colégio, numa roda no pátio de recreio ou na sua cozinha quilombola, da oralidade trouxe visibilidade às comunidades tradicionais negras nas suas riquezas, nos bens tecnológicos, materiais, imateriais, culturais e sagrados, no vale do rio Ribeira.

A história de Dona Joana, aqui parcialmente descrita, é parte da história das mulheres negras no Brasil, personagens femininas que da oralidade entram para a escrita e se tornam visíveis. A vida de Dona Joana mostrou que, no semear do arroz em trabalho de mutirão, na partilha da casa de farinha, nas moendas, nos monjolos, nos alambiques, nas rezas, no tocar as matracas nas cruzes, e no bater sincronizado nos pilões, as mulheres encontraram força. Mostrou também que foi no cafuné, nos trançados demorados dos cabelos carapinhas, no beijo largo nas redes e nas esteiras, nas danças circulares e nos segredos das ervas e das cachoeiras, que as mulheres negras quilombolas buscaram curar as dores do banzo.

Dona Joana de Andrade Pereira ao guardar as força das ancestrais, e ao repassar essa força da resistência negra no Brasil em rodas de contação de história, fortaleceu as comunidades quilombolas que conseguiram, mesmo sob ameaças, enfrentar emboscadas e tocaias, em estratégias regionais de sobrevivência, na busca dos direitos à cidadania.

Referências bibliográficas

LOPES. José Carlos Veiga. *Icatuporangatuba*: subsídios para a história de Piraquara. Piraquara: Prefeitura Municipal de Piraquara, PR, 2008.

GRUPO DE TRABALHO CLÓVIS MOURA. Terra e Cidadania: terras e territórios quilombolas: Relatório 2005/2008. Curitiba, PR, 2008.

GRUPO DE TRABALHO CLÓVIS MOURA. Quilombos do Paraná: Relatório 2005/2010. Curitiba, PR, 2010.

Do movimento *soul* à cultura *hip-hop*: a trajetória de King Nino Brown

Daniel Péricles Arruda Arte-educador, *rapper* e poeta conhecido como Vulgo Elemento. Professor da Universidade Federal de São Paulo (Unifesp), vinculado ao curso de graduação em serviço social, ao Departamento de Saúde, Educação e Sociedade, e coordenador do Grupo de Estudos e Pesquisas sobre Vivências Artísticas, Culturais e Periféricas. É graduado em serviço social pela PUC-MG, mestre (bolsista do *Ford Foundation International Fellowships Program*, turma 2010) e doutor em serviço social pela PUC-SP, pós-doutor em psicologia social pela PUC-SP, com formação em psicanálise pelo Instituto Langage. Autor de diversos trabalhos, como o CD *Fecha Comigo*, o vídeo "Transtornos Poéticos", os livros *Espelho dos invisíveis: a arte no trabalho com adolescentes em cumprimento de medida socioeducativa* e *Sujeitos privilegiados* e os artigos "O que é genocídio?", "Dimensões subjetivas do racismo estrutural", "Sujeitos periféricos como metáfora da violência: reflexões a partir da música 'O Bagulho é Doido', do rapper MV Bill" e "O que o rap tem a dizer sobre o extermínio da juventude negra, pobre e periférica?".

Militante da causa negra, King Nino Brown vivenciou parte da ditadura militar no Brasil e fez parte do movimento *soul* paulistano, na década de 1970. Ele é uma das principais referências do florescimento da cultura *hip-hop* no Brasil em meados de 1980 e desenvolve importantes ações artísticas e educativas até hoje.

Ao entrevistá-lo recentemente para minha pesquisa de doutorado,[1] na qual usei a metodologia de história oral, apreendi elementos importantes de seu percurso. Por isso, apoiado em alguns dados da pesquisa, apresento a trajetória de King Nino Brown por meio de suas narrativas, que poderão ser lidas e reconhecidas como conhecimentos oriundos de sua própria vivência.

Com isso, vamos destacar a relação de Brown com o movimento *soul* e o seu comprometimento com a disseminação da cultura *hip-hop*, na perspectiva da valorização da cultura africana e afro-brasileira, na luta contra o racismo e no combate contra a invisibilidade do sujeito negro brasileiro.

Quem é King Nino Brown?

Joaquim de Oliveira Ferreira, conhecido como King Nino Brown, pernambucano, nasceu no ano de 1962 em Canhotinho, região de Garanhuns, Pernambuco. Aos 10 anos de idade, mudou-se para Paulista, no mesmo estado. Após dois anos, em 1974, em sua segunda mudança, numa viagem longa de ônibus, saiu de sua cidade no dia 12 de outubro e chegou a São Paulo, capital, no dia 14 de outubro. Residiu, primeiramente, em Pinheiros, na Praça Benedito Calixto, durante um ano. Em 1975, mudou-se para São Bernardo do Campo, instalando-se na Favela do Jardim Calux.

1. Trabalho intitulado "Cultura hip-hop e serviço social: a arte como superação da invisibilidade social da juventude periférica". Tese defendida no Programa de Estudos Pós-Graduados em Serviço Social da Pontifícia Universidade Católica de São Paulo (PUC-SP), sob orientação das Profas. Dras. Myrian Veras Baptista (1/2013) e Maria Lúcia Martinelli (2/2013 a 1/2017). As citações que aparecem ao longo deste texto grifadas foram retiradas do depoimento de King Nino Brown concedido ao autor.

Ao ter contato com a cultura *black*, ainda em sua adolescência, encantou-se.

> Eu comecei no baile *black*, em 1977, com 15 anos. Foi quando o DJ Reginaldo, da equipe Máquina, tocou James Brown, e eu disse: 'Nossa! É isso que eu quero pra mim! Vou comprar um disco do James Brown'. Hoje, o Reginaldo mudou de nome, se chama Mr. Ge. E a equipe mudou de nome para Black News. Tudo isso aconteceu na sede do Jardim Calux, um salão de baile que também tinha um time de futebol, em São Bernardo do Campo. Porém, hoje, não existem mais nem a sede, nem o time e nem a Black News.

King Nino Brown narra a origem de seu pseudônimo. "Por que King Nino Brown? É a construção de um nome. É a construção de uma história, entendeu?" Por isso, em razão dos contextos e da riqueza de detalhes, preservamos a sua narrativa na íntegra:

> Meu nome é Joaquim, né? Joaquim de Oliveira Ferreira. Meu pai que me registrou com esse nome; minha mãe não gostou e colocou o apelido de Nino. Porque em Pernambuco, Nordeste, assim, sempre te chamam pelo apelido. Nino é de menino. Aí eu fui, é... Eu comprava disco na 'Poster Som' e nesse dia o Tony Tornado estava lá. Às vezes, até esqueço de contar essa história, só quando perguntam... Aí comprei um vinil. Os Bailes Black no Palmeiras. Nesse dia, comprei esse vinil. Na hora que cheguei na loja [disse-me Tony Tornado]: 'Ao Nino aí, que também gosta do James Brown'. Aí, começamos a conversar. Isso há vinte anos atrás! Eu tinha uns 30 anos. É bastante tempo! [risos] Foi na 'Poster Som', na Galeria ali, no subsolo, com o Pelé. Primeiro ficamos na loja, só trocando ideia, aí o Pelé rolando o som do James Brown, e nós conversando, e pá! E ele contando as coisas e falando. Aí saímos da loja e fomos tomar um guaraná, sentamos ali e pá! Normal, trocando ideia! Na hora que ele foi embora pedi pra ele dar um

tag [dar um autógrafo] no meu disco, ele escreveu uma pá de coisa lá... 'Ao Big Nino Brown.' Porque o Pelé falou: 'Põe Brown aí no meio'. Então, ele foi lá e escreveu, e tudo. Aí ficou Nino Brown. Desse dia em diante, mudou tudo. Aí, em 1994, quando conheci, quando mandei a carta para Zulu Nation, e em 1999 quando o Bambaataa veio, levei um disco, um disco que peguei o endereço da Zulu, aí foi quando começou o King, King Nino. King porque eu sou batizado na Zulu Nation. E quando o rei Zulu, nascia Zulu, somos reis e rainhas, né?! Então, por isso que tem esse nome King Nino Brown. É dessa construção. King da Zulu, Nino da minha mãe, e Brown de James Brown, numa conversa com Tony Tornado. E quando eu encontrei com ele também... Tenho um vinil dele, que eu falei assim: 'Esse vinil eu vou guardar pra ele autografar o próprio vinil'. Só que esse vinil é plastificado. É um vinil bem antigo. Então, você tem que tirar o plástico, aí fica só o papel. Eu tive que fazer isso porque é uma honra, né?! Aí quando teve a Black Fashion Week [uma homenagem ao programa Soul Train que aconteceu em Los Angeles nos anos 1970, apresentado por Don Cornelius], aí ele participou fazendo uma homenagem ao Don Cornelius, o interpretando. Olha como são as coisas, o Tony Tornado fazia o Don Cornelius, ele que ficava na frente, como se fosse o baile Soul Train, chegando e dançando, né?! Entramos eu e o Nelsão [Nelson Triunfo]. Cumprimentávamos o Tony Tornado, os outros vinham dançando e pá, aí no final eu levei o vinil, e falei pra ele "Olha! Isso aqui estava guardado há muito tempo" dá um tag aí. Aí ele fez e tiramos uma foto.

O depoimento de King Nino Brown faz lembrar *Abril despedaçado* (filme brasileiro de 2001, dirigido por Walter Salles e inspirado no romance homônimo de Ismail Kadaré, escritor albanês), no momento em que um adulto indaga a uma criança: "Como você se chama?" Então a criança responde: "Menino". No filme, o modo como se faz referência ao gênero é utilizado para nomear a pessoa.

A busca e a construção de um nome são marcantes para o sujeito, pois há nomes que libertam e outros que aprisionam. Há nomes que contêm uma carga simbólica forte, outros nem tanto. A questão não é somente a estética nem a sonoridade nominal, mas o sentido que lhe é atribuído, seja por quem chama, seja por quem é chamado. Às vezes, o apelido tem mais representatividade do que o próprio nome formal, pois há apelidos que expressam reconhecimento e carinho, e outros que expressam ódio e rejeição. O nome implica também o modo como olhamos para o outro – nesse caso especial, o adulto que carrega em si as marcas infantis de sua vivência. O nome é importante, pois carrega a história do sujeito.

Quer dizer, "King da Zulu, Nino da minha mãe, e Brown de James Brown, numa conversa com Tony Tornado" demonstra que, de fato, ninguém se constitui sozinho e que precisamos do outro para construir as nossas histórias, embasadas em valores positivos para não sermos invisíveis de sentido humano e alteridade, principalmente no que se refere à construção de identificações e subjetivações na perspectiva étnico-racial.

King Nino Brown se torna um nome que convoca à ação, que reúne a juventude, que contribui na formação de outros sujeitos periféricos. O nome não serve apenas para identificar ou chamar o outro, mas também como espelho e inspiração.

O nome de King Nino Brown vai se tornando referência na cena *black* em São Paulo e seus ensinamentos, inspirados em James Brown e Afrika Bambaataa, vão se espalhando pelo país. Em sua caminhada, vai construindo irmandades nos bailes *black* e nas ações e festas da cultura *hip-hop*. E constroem parcerias marcantes, por exemplo, com Nelson Triunfo, este que também foi um dos precursores da cultura *hip-hop* no Brasil.

King Nino Brown foi um dos fundadores da Posse Hausa, em 26 de junho de 1993, coletivo constituído por jovens da cultura *hip-hop* de São Bernardo do Campo. Posse Hausa foi a base para que Elaine Nunes de Andrade realizasse sua pesquisa de mestrado intitulada *Movimento Negro Juvenil*: um estudo de caso sobre jovens *rappers* de

São Bernardo do Campo, de 1996. Surgiu dessa experiência a coletânea de artigos organizada por ela, em 1999.

Como um dos fundadores da primeira Casa do Hip-Hop no país – situada no Centro Cultural Canhema, em Diadema, no estado de São Paulo –, inaugurada no dia 29 de julho de 1999, King Nino Brown permaneceu na instituição até 2012.

Em sua trajetória, foi fundador e presidente da Zulu Nation Brasil. Esse reconhecido feito teve início a partir da articulação com Afrika Bambaataa, fundador da Zulu Nation, em Nova York, Estados Unidos da América (EUA).

> A Zulu Nation (fundada em 12 de novembro de 1973, nos EUA) é uma organização que existe em vários países e luta pela divulgação e fortalecimento da cultura *hip-hop*. No Brasil, King Nino Brown iniciou as articulações com a Zulu Nation em março de 1994. Após anos de pesquisas e de estudos, ele foi batizado como King Nino Brown, por Afrika Bambaataa, e, em junho de 2002, a Zulu Nation Brasil se torna uma Organização Não Governamental (ONG). Criada a partir da necessidade de organizar as atividades de seus membros, todos ligados à cultura negra e ao movimento *hip-hop*, privilegia ações sociopolíticas e culturais, com a juventude de periferia, em especial a mais carente e em situação de vulnerabilidade. A Zulu Nation Brasil divulga a missão da Zulu Nation, por meio de oficinas socioculturais, palestras, seminários nacionais e internacionais, encontros de jovens, eventos realizados em escolas nos centros culturais, núcleos habitacionais municipais da capital paulistana, e em outras cidades e estados do Brasil. Os membros da Zulu Nation Brasil possuem representação em dez capitais no País; são jovens que sempre estiveram na cultura *hip-hop*. (Estatuto da Zulu Nation Brasil, 2002, p. 1)

Foi coordenador da Casa do Hip-Hop de São Bernardo do Campo de 2 de agosto de 2013 a 3 de agosto de 2016. Hoje com 58 anos de idade, exerce o cargo de Zulu King ancião. De acordo com

Yoshinaga: "De tanto garimpar discos e devorar livros, Nino Brown se tornara uma espécie de historiador autodidata da cultura negra." (YOSHINAGA, 2014, p. 295). Atualmente, desenvolve vários projetos por meio da cultura *hip-hop*, com jovens de várias cidades do estado de São Paulo, bem como de outras regiões do país.

> Então, tudo isso que eu faço, essas buscas, essas coisas, é um trabalho educativo. Se depois for ter o Museu do Hip-Hop, o Museu da Black Music ou o Museu da Cultura Negra no geral, de ter essas coisas na vitrine, né?! Imagina hoje um Instituto King Nino Brown? Pô, se alguém quiser bancar o recurso, pô, eu aceito. Um espaço onde essas coisas todas vão estar todas lá. Capa de disco... Isso é fundamental...

Do movimento *soul* à cultura *hip-hop*

Ser *black*, certamente, era um modo de ser e viver, acompanhado de uma representatividade política de ser negro/a, como é o caso.

> [...] também do nosso próprio cabelo. Não tinha uma pessoa especializada no bairro. Então, a gente ia no 'Gê Black Power' cortar o cabelo, pra ir pro baile, comprar as roupas, e... A gente começou a ter a ideia de: 'Ah! Vou cortar o cabelo também'. Então, a gente ia na casa de um dos amigos e cortávamos o próprio cabelo.

Ir ao baile a caráter, desse modo, tinha expressões estética, ética e crítica. Era importante cuidar-se para frequentar esse lugar. E esse lugar legitimava essa posição. A vontade de fortalecer o outro e o coletivo despertava as habilidades de um cabeleireiro em King Nino Brown.

> Cortei o cabelo de uma menina uma vez que, assim, fiz um 'blackão'. Cara, aquilo foi... A galera... Quando chegou no baile... Assim, com o cabelo bem redondinho, bem bacana que o pessoal ficava assim: 'Caraca! Quem cortou o seu cabelo?' E até hoje, às

vezes, eu encontro com ela. Foram duas pessoas... Ah! Eu olhava assim: 'Deixa eu cortar o seu cabelo, vai?' [risos]. Não porque estava ruim ou feio, não é isso! Era a vontade de cortar o cabelo, sabe?! De deixar um black bem pá!

Esses detalhes são pertinentes para compreendermos a música *black*, que deu sustentação para a formação da cultura *hip-hop* nos EUA, e aqui no Brasil também. "A questão da minha trajetória começa no baile *black*, quando se ouve James Brown. Ali foi... Eu falo sempre de James Brown porque foi o meu início."

Por meio de filmes internacionais, como *Beat Street* (1984) e *Breakin'* (1984), alguns elementos da cultura *hip-hop*, em especial o *breaking*, passaram a ser mais difundidos, tornando-se, também, norteadores da cultura no país.

O *hip-hop* chega... Chega a dança, aqui, em 1984. Depois de um tempo que foi saber dos outros elementos, porque em 1984 a gente não tinha nem videocassete, nem ia pensar. Meu primeiro videocassete eu comprei em 92, seminovo ainda, não tinha nada. O que tem hoje aí que você clicou e lá você tem... Nada, nada... Era só mesmo alguma revistinha e olhe lá, pra poder se informar mais.

Em Alves (2004, p. 29-30), o *rapper* Thaíde afirma:

Entre abril e maio de 1984, o filme *Beat Street* estreou em São Paulo. Era fim de outono e o visual que a gente usava naquela época era bombeta, jaco, colete e tal. Até então, todo mundo já tinha visto alguma coisa em videoclipe, mas não daquela forma. Era algo específico sobre o movimento ao qual estávamos ligados. Era como se aquilo estivesse falando diretamente pra mim, pra todos nós que estávamos começando o movimento. Todos já estavam contaminados pela música e pela dança e o filme foi importante: foi o que nos deu a concepção de que o que estávamos fazendo era parte de algo maior.

Na sequência, continua:

> O *Beat Street* abriu a cabeça de muita gente para o *hip-hop*. Foi quando todo mundo se tocou de que aquilo era um movimento. Hoje se fala em cultura *hip-hop*, mas naquela época era um movimento, porque ainda eram poucas as pessoas envolvidas. Mas para a grande maioria das pessoas, o *break* era apenas a grande moda do ano.

O *breaking* foi muito difundido por Nelson Triunfo, integrante do grupo Funk Cia. Assim como por outros grupos, como, por exemplo, Back Spin Crew, Jabaquara Breakers, Crazy Crew, Street Warriors, Nação Zulu e Electric Boogies.

No Brasil, são vários os *rappers* que conheceram a cultura *hip-hop* por meio da dança, como Thaíde, de São Paulo, e GOG, de Brasília. Ainda nesse período, em 1984, a dança *breaking* fez parte da abertura da novela *Partido alto*, da rede Globo. Outras referências foram os concursos de *funky* original, que aconteciam nos programas *Barros de Alencar*, exibido pela TV Record, e *Viva a Noite*, exibido pelo Sistema Brasileiro de Televisão (SBT).

Esses registros são importantes para preservar o modo como se deu inicialmente a construção da cultura, bem como servir de referência para as outras gerações, tanto para os que nasceram antes do surgimento da cultura *hip-hop* quanto para os que nasceram depois, mas a questão não é sobre quem nasceu primeiro, e sim sobre como essa cultura nasce dentro de cada pessoa, seja por meio do discurso, do afeto, do modo de vestir e de se apresentar no baile, nos demais eventos, e de se apresentar em sua cotidianidade em uma perspectiva histórico-geracional.

Africanidades e cultura *hip-hop*

A cultura *hip-hop* tem expressivas origens históricas, que devemos considerar para compreender sua realidade hoje. Por isso, utilizamos o termo "construção", para nos referirmos ao seu desenvolvimento sócio-histórico.

Às vezes, é difícil e delicado identificar a origem exata e o ponto de partida dos fatos, mas podemos analisá-los com base em seus contextos. Assim, falar de cultura *hip-hop* é tratar de uma condição de vida que envolve visão de mundo e visão de humanidade.

Nessa lógica, antes, temos que nos reportar às culturas e às diásporas africanas. Na história da humanidade, tivemos várias diásporas, como a judaica, a grega, a chinesa, a africana. Essa última é a que nos interessa para discutir o berço da cultura *hip-hop*.

Durante os séculos 16 a 19, milhares de africanos foram postos em condições desumanas para fortalecer e enriquecer diversos países. Ao analisar determinadas sociedades, o historiador francês Pétré-Grenouilleau (2009) afirma que a escravidão (escravização) não é sinônimo de África, tampouco de negros e negras, mas esse processo se desenvolveu com características próprias, em cada sociedade e em cada tempo histórico, com concepções definidas sobre quem e como escravizar alguém.

Em várias sociedades, esse sistema ocorreu de maneira intensa; em outras, nem tanto; em algumas sociedades, não existiu. Porém, durante muitos anos, o sistema pautado pela escravização de africanos/as foi intenso, cruel e alimentado pelas tramas da colonização. E, nesse aspecto, o Brasil foi o último país a *abolir*, legalmente, a escravização, em 1888. Mas, de acordo com Pétré-Grenouilleau (Ibid., p. 109), a escravidão (escravização) não foi eliminada do mundo, ou seja, "hoje, porém, mesmo que a escravidão persista, e às vezes até se desenvolva, ela só pode fazer isso de maneira ilegal, informal e dissimulada".

Anteriormente, a lógica estava no deslocamento forçado de africanos e africanas para diversas partes do mundo, por meio da apropriação de suas vidas, de seus corpos e do rebaixamento de sua humanidade à condição de mercadoria, como mostra o filme *Quanto vale ou é por quilo?* (2005).

> Tendo descoberto o lucro, por acaso ou por tê-lo buscado, o colonizador ainda não tomou, porém, consciência do papel histórico que lhe caberá. Falta-lhe um passo no conhecimento de sua nova situação: é preciso que compreenda igualmente a origem e a significação desse lucro. Para dizer a verdade, isso não tarda. Como poderia ele deixar de ver por muito tempo a miséria do colonizado e a relação dessa miséria com sua tranquilidade? Ele percebe que esse lucro só é tão fácil por ser arrancado de outros. Em suma, ele faz duas aquisições em uma: descobre a existência do colonizado e ao mesmo tempo seu próprio *privilégio*. (MEMMI, 2007, p. 40-41, itálico do original)

Antes das navegações, os oceanos davam certa proteção a determinados grupos. Evitavam a invasão, a exploração e o domínio de um território sobre o outro, mas também impediam e/ou dificultavam a fuga e o conhecimento de outras culturas. Nessa reflexão, nem todas as invenções humanas contribuíram para o avanço da humanidade, e sim para sua (auto)destruição, dependendo das mãos que manusearam o conhecimento, como foi o caso do avião, da pólvora e da lobotomia.

No caso da diáspora, um dos ícones marcantes foi o navio – como se pode ver no filme *Amistad* (1997) –, que se tornou, então, muito mais do que um meio de transporte. Nas palavras de Falcão, do grupo O Rappa, "todo camburão tem um pouco de navio negreiro".

O navio transportou os/as africanos/as, quando foi retirada, da África, parte de seu povo, dividido entre as várias etnias para evitar a comunicação, o entendimento e a capacidade de articulação. O fato é que "pouco importa ao colonizador o que o colonizado verdadeiramente é" (Ibid., p. 121). Enquanto isso, os grupos dominantes eram incitados a capturar os integrantes de outros grupos. A coisificação também está aí, embora envolva uma questão de raça, o que se destaca são as questões política, religiosa e/ou territorial, na busca de dominação de uns sobre os outros.

Trata-se de questões históricas complexas, por isso a importância de implementar as Leis Federais nº 10.639/2003 – que estabelece as diretrizes e bases da educação nacional, para incluir no currículo oficial da Rede de Ensino a obrigatoriedade da temática História e Cultura Afro-brasileira – e nº 11.645/2008 – que inclui no currículo oficial da rede de ensino a obrigatoriedade da temática História e Cultura Afro-brasileira e Indígena. Pois, é preciso, ainda, superar o fato de que:

> Muito do que conhecemos da África chega até nós pelos meios de comunicação de massa. Filmes como os de Tarzan e outros popularizados no cinema e na TV trazem para nós imagens distorcidas do povo africano, de suas tradições e sabedoria. (MUNANGA; GOMES, 2006, p. 32)

A diáspora seguia as vontades do colonizador. "Assim como o colonizador é tentado a aceitar-se como colonizador, o colonizado é obrigado, para viver, a aceitar-se como colonizado" (MEMMI, 2007, p. 127), ou seja, o colonizador foi o responsável-mor pela violência cometida contra o povo africano, pela destruição de suas culturas, e deixou traumas que se perpetuam até os dias atuais.

Se, de um lado, temos a diáspora e a "aceitação" da imagem imposta como forma de sobrevivência, de outro, temos as insurreições, como nos mostra Freitas (1976, 1982, 1983), que foram movimentos de enfrentamento dos africanos escravizados contra a elite dominante da época. Em destaque, citamos a insurreição que ocorreu no Haiti, de 1791 a 1804. Também podemos analisar essas questões a partir de Galeano (2002), que mostra o tratamento dado aos africanos na América Latina.

Desse modo, ao falarmos dos valores culturais da África, destacamos a oralidade e a narrativa como modos de preservar os ensinamentos e as vivências. Os *griots* eram os responsáveis por manter essa expressão verbal entre os integrantes de seu grupo. "En África occidental, los trovadores (*griots*) eran los guardianes de la historia cultural. Su folclor de canción hablada dio pie a las artes verbales en Estados Unidos." (NATIONAL GEOGRAPHIC, 2007, p. 68) ["Na África ocidental, os trovadores (griots) eram os guardiões da história cultural. Seu folclore de canções faladas deu origem às artes verbais nos Estados Unidos", numa tradução livre do autor].

Esse ponto nos liga à questão da cultura *hip-hop*.

> Verdadeiramente, a cultura *hip-hop* se origina a partir de um amálgama de culturas africanas que vieram da diáspora – ela se reflete na vida urbana dos EUA, particularmente em Nova York. Concomitantemente, o processo de criolização no Caribe e em muitas partes da América do Sul foi e é um reflexo deste fértil cruzamento cultural expresso na música e na dança da região. (OSUMARE, 2015, p. 70)

Na Jamaica, nos anos de 1960, surgiram os *sound systems*, que eram grupos formados por jovens que faziam festas e manifestações acerca das condições política e econômica do país. Desse período, destacou-se o DJ Kool Herc (Clive Campbell, jamaicano), que migrou para os Estados Unidos, aos 12 anos de idade, em 1967.

A cultura afro-caribenha influenciou a construção da música *rap*, e da cultura *hip-hop*. É o caso do *toast*, modo rítmico de cantar que dá essa estética às músicas compostas, dando a sensação de um cantar falado. Nesse contexto, entre as décadas de 1970 e 1980, destacam-se os artistas/grupos The Last Poets e Gil Scott-Heron. Teve também o norte-americano Sugarhill Gang, que influenciou muitos jovens e obteve muito sucesso com a música "Rapper's delight".

Nesse período, havia muitos conflitos nos Estados Unidos, principalmente no que se refere aos direitos civis das pessoas negras. Fase em que se destacam Medgar Evers (1925–1963), Malcolm X (1925–1965), Martin Luther King (1929–1968), Rosa Parks (1913–2005), Angela Davis (nasceu em 1944) e a organização política Black Panthers (Panteras Negras), de 1966 a 1982. Cada um ao seu modo, todos contribuíram para a luta contra a segregação racial naquele país. Não por menos, também o movimento Black Power, da década de 1970, e a arte, em especial, a música e a literatura, tornaram-se formas de protesto, o caminho para a manifestação e, também, uma forma de enfrentar a violência de Estado.

Antes mesmo da música *rap* (*rhythm and poetry*/ritmo e poesia), outros estilos musicais também contemplavam suas manifestações acerca da condição racial, como é o caso do *blues* (final do século 19), do *jazz* (entre o final do século 19 e as primeiras décadas do século 20), do *gospel* (década de 1930), do *soul* (décadas de 1950/60), do *funky* (década de 1960), do *reggae* (surgiu nas décadas de 1960/70). Todos os estilos musicais *identitários*.

Para King Nino Brown, a música *black* "era o estilo nosso, assim, [estilo] da nossa presença, de ser diferente, de se identificar". Por isso, ele considera que a cultura *hip-hop* é importante para a continuidade dessas construções.

> Porque ele [o *hip-hop*] é o resgaste do que a gente fazia. Se você faz um *graffiti* homenageando alguém, por exemplo, 'Ou, dá pra fazer o *graffiti* do James Brown dentro do *hip-hop*?'. Tanto é que a foto que saiu no livro (AMARAL; CARRIL, 2015, p. 86) eu estou com o *graffiti* do James Brown. Então, pô. Esse é um *graffiti* que faz parte da minha história, da minha vida, está eternizado já num livro. Olha que negócio louco! Você faz as coisas sem profetizar e acaba profetizando, né?! Então, eu vou guardar isso aqui [o livro]. Imagina se eu tivesse jogado fora a Circular de bairro? Isso não estaria no livro hoje. E tem que essa ideia, muitos que curtiam bailes não pensavam nisso. Então, a gente ia em tal baile, pegava aquela Circular, o flyer. Aí, levava pra casa, porque a gente sabia que tal dia ia ter tal baile. 'Vamos escolher o baile que a gente vai hoje?' Pegávamos o flyer, entendeu? 'Ó, vamo nesse aqui?' Aí, ia guardando, né?! Vou guardar porque isso faz parte, recorte de jornais e

> revistas. Eu até comprei umas revistas na época, em 84. Em 84 nada. Anos 90 comprei a [revista] *Rolling Stones*, com James Brown na capa desenhado. E tudo que saía eu recortava e montava as pastas, sabe?! Eu sempre me preocupei com isso, com a memória. Tanto é que nas palestras eu tinha que falar como que eu cheguei até aqui, como é que foi, como é que se deu isso, então: 'Foi assim, assim e assim'.

São histórias cruzadas com a trajetória de King Nino Brown e o desenvolvimento do movimento *soul* e da cultura *hip-hop* no Brasil. O que fica evidente é que essas artes foram constituindo o modo de vida de King Nino Brown e servindo-lhe de fonte de reconhecimento humano, de fundamento para que pudesse se desenvolver como artista, intelectual orgânico, arte-educador e historiador autodidata.

Em seu percurso, há um vasto conhecimento territorial, pois já viajou por várias cidades do país transmitindo a cultura *hip-hop*, realizando oficinas, *shows*, sendo entrevistado por jornais e pesquisadores de trabalho de conclusão de curso, dissertações, teses e pesquisas de pós-doutorado, sem falar dos convites para se apresentar fora do país, como em Portugal e Venezuela.

Portanto, este artigo não seria capaz de apresentar por completo toda a riqueza da trajetória de King Nino Brown, que influenciou gerações a ter amor pela vida, respeito ao próximo, orgulho de ser negro/a e a não aceitar humilhações, pois, como ele próprio diz: "A repressão não gosta de ver a gente feliz, porque a nossa infelicidade é que mantém o emprego deles".

Referências bibliográficas

Filmes

Abril despedaçado. Direção: Walter Salles. Brasil: Videofilmes, 2001. Drama (1h45min).

Beat street. Direção: Stan Lathan. Música: Harry Belafonte, Arthur Baker e Webster Lewis. Estados Unidos da América: Orion Pictures, 1984. Filme musical/dança (105 min).

Amistad. Direção: Steven Spielberg. Estados Unidos da América: Dream Works SKG e Home Box Office (HBO), 1997. Drama, história (2h35min).

Breakin'. Direção: Joel Silberg. Intérpretes: Lucinda Dickey, Adolfo Quinones, Michael Chambers, Ben Lokey. Autoria: Charles Parker, Allen DeBevoise. Estados Unidos da América: Metro-Goldwyn-Mayer e Cannon Filmes, 1984. Comédia, Drama, Música (90 min).

Quanto vale ou é por quilo? Direção: Sergio Bianchi. Brasil: Rio Filmes, 2005. Drama, son., color. (104 min).

Livros

ALVES, César. *Pergunte a quem conhece*: Thaíde. São Paulo: Labortexto Editorial, 2004.

AMARAL, Mônica do; CARRIL, Lourdes (org.). *O hip-hop e as diásporas africanas na modernidade*: uma discussão contemporânea sobre cultura e educação. São Paulo: Alameda, 2015.

ANDRADE, Elaine Nunes de. *Movimento negro juvenil*: um estudo de caso sobre jovens *rappers* de São Bernardo do Campo. Tese de mestrado. Universidade de São Paulo, 1996.

______. (org.). *Rap e educação, rap é educação*. São Paulo: Summus, 1999.

ARRUDA, Daniel Péricles. *Cultura hip-hop e serviço social*: a arte como superação da invisibilidade social da juventude periférica. Tese de doutorado. Pontifícia Universidade Católica de São Paulo, 2017.

BRASIL. Lei nº 10.639, de 9 de janeiro de 2003. *Diário Oficial da União*, Brasília, 10 jan. 2003.

BRASIL. Lei nº 11.645, de 10 de março de 2008. Altera a Lei nº 9.394, de 20 de dezembro de 1996, modificada pela Lei nº 10.639, de 9 de janeiro de 2003. *Diário Oficial da União*, Brasília, 10 mar. 2008.

ESTATUTO DA ZULU NATION BRASIL. Zulu Nation Brasil. Associação Cultural e Educacional, 2002.

FREITAS, Décio. *Escravos e senhores de escravos*. Porto Alegre: Mercado Aberto, 1983.

______. *Insurreições escravas*. Porto Alegre: Movimento, 1976.

______. *Palmares*: a guerra dos escravos. 4. ed. Rio de Janeiro: Graal, 1982.

GALEANO, Eduardo Hughes. *As veias abertas da América Latina*. São Paulo: Paz e Terra, 2002.

MEMMI, Albert. *Retrato do colonizado precedido de retrato do colonizador*. Prefácio de Jean-Paul Sartre. Rio de Janeiro: Civilização Brasileira, 2007.

MUNANGA, Kabengele; GOMES, Nilma Lino. *O negro no Brasil de hoje*. São Paulo: Global, 2006.

NATIONAL GEOGRAPHIC (em espanhol). "Cultura *hip-hop*: cómo se apoderó del mundo", v. 20, n. 4, abr. 2007.

OSUMARE, Halifu. "Marginalidades conectivas" do *hip-hop* e a diáspora africana: os casos de Cuba e do Brasil. *In*: AMARAL, Mônica do; CARRIL, Lourdes (org.). *O hip-hop e as diásporas africanas na modernidade*: uma discussão contemporânea sobre cultura e educação. São Paulo: Alameda, 2015.

PÉTRÉ-GRENOUILLEAU, Olivier. *A história da escravidão*. São Paulo: Boitempo, 2009.

YOSHINAGA, Gilberto. *Nelson Triunfo*: do sertão ao *hip-hop*. São Paulo: Shuriken Produções/LiteraRUA, 2014.

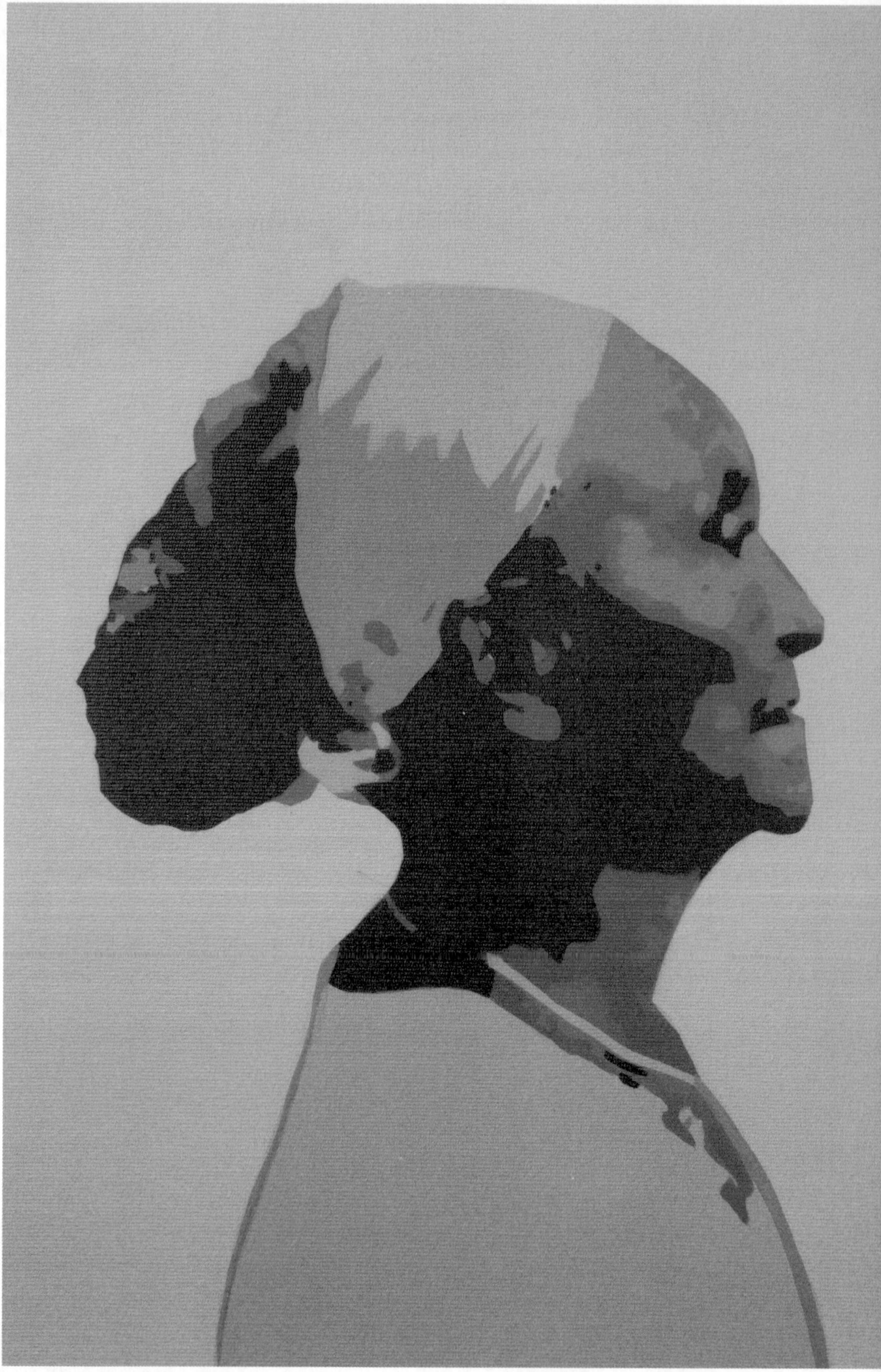

No caminho dos ancestrais: vida e luta de **Paquinha**, quilombola da Paraíba

Alcione Ferreira Graduada em história e em serviço social, especialista em história e cultura afro-brasileira e em gestão pública e mestra em serviço social pela Universidade Estadual da Paraíba (UEPB), integra o Núcleo de Estudos Afro-Brasileiros e Indígena, o Grupo de Estudos Abayomi, na mesma universidade, e a Frente Nacional de Assistentes Sociais no Combate ao Racismo. Atualmente é docente substituta vinculada ao Departamento de Serviço Social na UEPB.

Leonilda Coelho Tenório dos Santos, mais conhecida como Paquinha, é uma das grandes líderes quilombolas brasileiras. Neste capítulo, vamos conhecer sua trajetória enfatizando o percurso de resistência ao racismo e sua constituição como liderança comunitária. O texto apresentado é fruto de dois momentos de pesquisa, ambos realizados no âmbito da Universidade Estadual da Paraíba. O primeiro foi em 2010, por ocasião de participação, como discente do curso de história, no projeto "Práticas culturais, memória e a arte de inventar o cotidiano: (re)escrevendo as brincadeiras infantis, cantigas, festas e práticas de cura em três comunidades afrodescendentes paraibanas". O segundo momento se deu por ocasião da pesquisa de mestrado em serviço social "Nas trilhas da ancestralidade e na força da cor".

Metodologicamente, as pesquisas supracitadas recorreram à história oral por meio da técnica de entrevista semiestruturada, em face de esse método oferecer instrumentos importantes para a produção documental sobre grupos sociais, que não tiveram registrados seus modos de vida em documentos escritos/oficiais ou, quando o tiveram, esses registros adotavam apenas a perspectiva elitista-colonial.

Consideramos que a história oral é um conjunto específico de processos que nos permite a elaboração de documentos orais, que são os registros de "[quaisquer] recursos que guardam manifestações da oralidade humana". (MEIHY; HOLANDA, 2014, p. 13) Porém, para além dessa possibilidade, a história oral permite uma experiência mais profunda, haja vista que

> [...] a palavra dita e gravada não existe como fenômeno ou ação isolada. Muito do que é verbalizado ou integrado à oralidade, como gestos, lágrimas, risos, silêncios, interjeições, ou mesmo as expressões faciais [...] pode integrar os discursos que devem ser trabalhados para dar a dimensão física ao que foi expresso em uma entrevista de História Oral. (Ibid., p. 14)

A partir dessa metodologia, e do encontro com a Comunidade Quilombola do Grilo, na Paraíba, emergiu a história de uma forte liderança marcada pela resistência frente a opressões estruturais. A vida de Paquinha conta a história do racismo e do enfrentamento a ele, faz emergir uma trajetória que revela a face não gentil que "a pátria amada" mostra para os filhos negros desse solo. Dessa história de vida, neste espaço de escrita, apresentaremos um recorte para se compreender o caminho de constituição de Paquinha como líder comunitária quilombola, através de fragmentos da sua memória generosamente divididos conosco, que serão costurados nas palavras que se seguem.

Marcas da infância

Uma das últimas filhas de 12 irmãos, fruto do casamento entre o agricultor Manoel Cândido Tenório e a professora de educação infantil Maria das Dores Coelho Tenório, Leonilda Coelho Tenório dos Santos, a Paquinha, nasceu em 1° de janeiro de 1961. Seu nascimento ocorreu em casa (costume comum em comunidades rurais na década de 1960), na comunidade quilombola do Grilo, através das mãos da parteira Moça Martins.

Paquinha reside na Comunidade Negra Nossa Senhora Aparecida, que é apresentada e conhecida por todos como Comunidade Quilombola do Grilo, pertencente à área rural do município paraibano de Riachão do Bacamarte, localizado na microrregião do agreste paraibano. De acordo com o Relatório Técnico de Identificação e Delimitação (RTID), a Comunidade do Grilo é composta por 71 famílias e abrange uma área de 138,8964 ha (cento e trinta e oito hectares, oitenta e nove ares e sessenta e quatro centiares).

Paquinha se apresenta como "agricultora, pedreira e um bocado de coisa". Esse "bocado de coisa" nos apresenta cenas de sua vida e revela a história da constituição de uma liderança iniciada antes mesmo de seu nascimento e que foi mantida através das gerações de mulheres de sua família.

Já na infância, Paquinha é marcada pela história da origem da comunidade que traz as chagas da escravização. Ela fala sobre seus ancestrais, explicitando a ausência de liberdade de um antepassado que chegou àquele espaço em virtude de uma fuga. Sobre esse momento, ela afirma, conforme histórias de sua mãe e avó:

> [...] meu tataravô veio pra cá fugido [...] ele veio para cá com seus dezenove anos fugido de um canto, chegou aqui, ficou. Viajou muito tempo de pé, de mata adentro pra poder encontrar, quando chegou aqui encontrou neste lugar alguma cabana de palha [...] já tinha algum habitante. [...] com vinte e três anos ele casou com uma pessoa daqui, que são meu parentesco [...] era Pai Manoel o nome dele.[1]

Paquinha cresceu ciente dessa origem, em um ambiente no qual a ausência contínua de direito à terra perpassou toda a sua família, desde o antepassado que, ao fugir, conseguiu se libertar da escravização. Sua memória sobre esse fato é carregada da certeza de que a escravização de seu povo não obedece à cronologia histórica, nem acabou com a Lei Áurea. Ela não sabe ao certo se seu antepassado fugiu antes ou depois de 1888, mas tem certeza de que ele, independentemente da data da fuga, permanecia escravizado.

Essa perspectiva se evidencia na fala de seu irmão Elias Tenório, que, ao narrar o mesmo episódio, afirma:

> Olhe, com certeza, a gente sempre ouvia falar, sabe, porque minha mãe fala, falava pra gente é que meu avô, bisavô, era avô dela e bisavô da gente, ele foi trazido pra cá e pegado a dente de cachorro no mato, quer dizer, é a pessoa viver na escravidão ou queria fugir, alguma coisa assim, né? Então ela conta, naquele tempo era escravizado mesmo, não tinha como, a pessoa morava numa fazenda da serra como escravo, de qualquer maneira

1. Depoimento de Leonilda Coelho Tenório dos Santos, em 2010.

tinha descendência de escravo, mesmo querendo ou não, porque era mesmo, era escravo de qualquer maneira.[2]

Essa impossibilidade de acesso à terra impactou a família durante a infância de Paquinha, que vivenciou uma realidade na qual a moradia e o trabalho de seus pais estiveram ligados a terras que não eram suas, levando-os a se submeter a relações de intensa exploração – uma evidente prova da continuidade das sequelas da escravização.

Enquanto crianças, Paquinha e seus irmãos testemunharam, conforme narra Elias Tenório, o trabalho do pai na agricultura sob condições que o distanciavam da possibilidade de gerir livremente a própria vida. Situação sobre a qual fala nas seguintes palavras:

> [...] meu pai foi morar nessa fazenda e a gente era praticamente escravizado, não tinha como se negar, nera? Não tinha como se negar, porque meu pai trabalhava alugado de quatro dias por semana lá, ficava um dia só pra ele trabalhar no roçado, sujeito no sábado, que era o dia dele, de ele ficar com a gente no roçado, tinha obrigação de ir pra Serra Redonda, que era a feira mais próxima aqui, pra fazer a feira dele (do fazendeiro) e tinha que ir, não podia se negar, quer dizer, não é escravidão? É escravidão.[3]

Paquinha reforça esse depoimento afirmando que seu pai, Seu Manoel, tinha por objetivo "não morrer na terra do fazendeiro". Para tanto, foi preciso ele imigrar para o Rio de Janeiro, se tornando mais um nordestino, negro, quilombola que, em face do empobrecimento ao qual seu povo foi submetido, precisou ir para longe da família como tática de assegurar sua sobrevivência.

Enquanto seu pai imigrava, sua mãe precisou assumir mais um turno de trabalho como professora, ensinando à noite sob luz de

2. Depoimento de Elias Coelho Tenório dos Santos, em 2017.
3. Depoimento de Elias Coelho Tenório dos Santos, em 2017.

candeeiro, para poder comprar um pedacinho de chão, conquista que, ao ser alcançada, desagradou o fazendeiro. Segundo Paquinha, em 2010 Seu Manoel respondeu: "Não! Eu vou ter de sair dessa escravidão, não vou criar meus filhos dando tudo pros outros e eu me acabando, e eu vou manter meus filhos aonde?"

Nesse contexto, a infância de Paquinha teve a marca do peso racial deixado pela Lei de Terras, Lei n° 601 de 18 de setembro de 1850, que já em seu primeiro artigo determinou que a terra era um bem, acima de tudo, econômico, pois só poderia ser adquirido por meio da compra. Na prática, essa lei estabeleceu que as terras, antes roubadas de indígenas, passavam a pertencer aos herdeiros dos colonizadores, impedindo a população negra de acessá-la. Isso reverberou na vida da população quilombola mais de um século depois.

Se o trabalho do pai na agricultura foi uma das inspirações de Paquinha para, mais tarde, na vida adulta, ela se colocar a serviço da luta pela conquista do território quilombola, o empenho de sua mãe pela comunidade também a inspirou – e foi seu maior exemplo.

Na infância, Paquinha só pôde estudar os anos iniciais da educação básica. Tendo por professora Dona Dôra, única docente da comunidade, ela relata como esse processo de aprendizagem com a mãe foi importante para pensar sobre a história da comunidade, visto que as aulas eram comprometidas com o povo negro. Paquinha afirma que sua mãe ensinava sobre os escravizados, sobre o que lembrava ter vivenciado na própria infância. Seus filhos praticamente não tinham acesso a essas histórias nas escolas.

Foi por meio dos aprendizados que sua mãe sustentou a família após ficar viúva. Sobre este momento, Paquinha recordou, em 2010: "Meu pai trabalhando demais pegou uma doença, problema de coração [...] e minha mãe, com filho pequeno ainda, trabalhando pra sobreviver".

A morte de Seu Manoel foi mais um capítulo acerca da força do racismo sobre o povo negro quilombola. Marcado por uma vida de superexploração e doente, aos 48 anos, ele passou mal, em função de problemas cardíacos, em uma praça pública do município de Campina Grande, na Paraíba, e caiu desacordado. Não retornaria mais para casa com vida. Paquinha perdeu o pai ainda criança e, alcançando a idade adulta, lembra-se do que o levou à morte, em uma memória marcada pela negligência que os corpos negros, pobres e em sofrimento recebem de uma sociedade racista e classista. Ele caiu, ninguém socorreu, e sua filha acredita que a ausência de atenção se deveu ao fato de as pessoas acharem se tratar de um bêbado com ressaca.

Após esse fato, foi na educação realizada na comunidade que sua família pôde seguir - através do trabalho de Dona Dôra –, e também onde Paquinha e seus irmãos viveram uma de suas fortes experiências de exclusão. Conforme seus relatos, eles não conseguiram continuar os estudos para além do primário, pois era necessário que fossem para a cidade a fim de seguir nas séries escolares. Eles foram fortemente impactados por violências racistas, a ponto de terem de levar os bancos nos quais sentariam, já que ninguém queria dividir assento com os negros. Com o tempo, acabaram desistindo.

Esses episódios revelam uma vida transpassada pelo impacto do racismo estrutural, que tem faces particulares ao se apresentar às comunidades quilombolas. Diante dessas manifestações do racismo, Paquinha se ergueu em luta, tornando-se uma liderança comunitária, que seguiu os passos trilhados, especialmente, por sua avó e sua mãe.

Espelhos para a liderança

O que a menina viveu construiu a mulher. Paquinha casou-se jovem, aos 20 anos, com Francisco Graciliano dos Santos, também morador da Comunidade do Grilo. Juntos, tiveram cinco filhos: Marcelo, Massilene, Márcio, Mailson e Maurício - este último faleceu aos 5 anos de idade. Casamento e maternidade estiveram sempre envoltos em um processo de luta pela comunidade, seguindo os passos de mulheres que lhe antecederam e que lhe ensinaram com a vida a resistir e lutar pelo coletivo.

A jovem Paquinha era, ao mesmo tempo, voz e corpo a serviço do Grilo e ocupava esse lugar como um compromisso de vida, como sequência da luta que sua avó e mãe travaram por melhores condições de vida. Paquinha lembra que Dona Arquelina, sua avó, era muito conhecida e respeitada dentro e fora da comunidade por seu conhecimento de cura através das ervas. Muitas pessoas iam procurá-la para "se consultar" com ela.

Sua mãe, por sua vez, foi – além de professora e guardiã das histórias locais – agricultora, rezadeira e parteira, funções de grande importância e respeito para a comunidade. Sua vida foi marcada pela luta, especialmente por melhorias na educação. A relação de Paquinha com elas foi fundamental na constituição de sua liderança.

> Minha vó foi muito importante. Eu acho que já vem de tradição de mãe pra filho [...] as lideranças daqui de antigamente vêm de mãe pra filha, já veio da minha mãe [...] minha mãe tinha tudo da minha vó e minha vó não tinha medo de nada.[4]

A luta de Dona Dôra se deu, em grande medida, em torno da educação. Ela sempre fez desse espaço um ambiente de luta contra o racismo, tematizando a questão muito antes da Lei 10.639/03, que tornou obrigatório o ensino sobre história e cultura afro-brasileira.

Paquinha afirma que sua mãe, em sala de aula nos anos 1960, já falava sobre escravos, sobre Zumbi, "que libertou escravos e morreu pelos negros". Acrescenta ainda: "Ela dava as aulas na casa dela, [por]que aqui não tinha colégio nenhum e ela falava muito dessas coisas aí, como era negro, como era sofrido".

Dona Dôra sempre sonhou com a construção de uma escola na comunidade. Após anos de luta, ela conseguiu junto à gestão municipal e através de um dos muitos pedidos feitos como condição para apoiar uma candidatura à prefeitura. Assim, foi construída a Escola de Ensino Fundamental Manoel Cândido Tenório, fundada em 2008, que levou o nome do esposo (*in memoriam*).

4. Depoimento dado por Leonilda Coelho Tenório dos Santos, em 2017.

Paquinha, que não pôde seguir os estudos devido o racismo na infância, foi parceira da mãe em todas as lutas – inclusive nesta, pelo direito à educação escolar. A maior materialização se deu com a construção da escola.

Abrindo caminhos com as próprias mãos para os sonhos dos ancestrais passarem

A estrada era demanda antiga dos moradores, já solicitada por sua mãe e nunca atendida pelo poder público, até então. Paquinha lembra que ambulâncias, carros-pipa e carros de entrega trazendo compras de moradores, por exemplo, não chegavam à parte mais alta do Grilo, localizada no alto de um lajedo.

Sem respostas positivas por parte das instituições procuradas, Paquinha resolveu iniciar ela mesma a abertura e pavimentação da estrada em locais com grandes formações rochosas que impediam a passagem de veículos e dificultavam a transição de pessoas.

A empreitada era difícil, de modo que até sua mãe achou ser algo impossível. Então, Paquinha se ergueu contra "as pedras no meio do caminho" e decidiu que, mesmo sozinha, abriria trechos da estrada.

> Foi quebrando pedra de lá da entrada até aqui, porque da entrada até aqui você vê que é pedra, era pra passar um carrinho pequeno e com muito cuidado, até que de vez em quando virava um carro ali em cima [...] mas isso aí eu gastei muito, eu comprei uma máquina fiado, eu matei três burros carregando essas lenhas[5] [...], os meninos não queriam saber, Mailson (filho) também não queria saber e eu com aquela cisma, eu fazia trabalho até meia-noite, até dez horas, quebrando pedra, carregando lenha, pra quando amanhecer já tá tudo pronto pra tocar fogo e ir quebrando na mão, mas pra chegar ali em cima não teve jeito de quebrar à mão, de

5. Paquinha quebra as rochas com método que utiliza fogo.

quebrar com fogo, porque lá é rocha, né? [...] um monte alto, aí eu consegui, mas não foi eu que fiz, foi pago pro menino fazer, foi quebrado com estilete.[6]

Foi assim, à mão e a fogo e pagando com seus poucos recursos o serviço quando seu trabalho solo não era suficiente, que ela abriu a estrada para a comunidade.

Paquinha acompanhou as lutas da mãe por toda a vida e, com a morte de Dona Dôra, seguiu em luta pela Comunidade. A passagem da liderança para Paquinha se deu no momento no qual chegavam as políticas públicas para comunidades quilombolas, no segundo quinquênio dos anos 2000.

Seguindo o que aprendeu com as mulheres que lhe antecederam, a líder quilombola paraibana seguiu sua história, em uma nova fase, de luta pela conquista da terra e por melhoria nas condições de vida. As mulheres líderes que a precederam sabiam de seu lugar de liderança e o resguardavam como bem familiar. Essa compreensão se evidencia quando Paquinha fala sobre o porquê de ela se assumir como herdeira da luta que a mãe carregou:

> Ela contou tudo de bom pra mim, e dizia: 'Paquinha, quando eu tiver perto de morrer, se eu ficar numa cama falando, tudo que eu sei eu vou passar pra você. Só não posso passar pra você agora, porque se eu ver que eu não morro, as minhas coisas não vai servir, as minhas coisas não vai servir pra você, mas quando tiver perto, se eu ver que não vai ter solução...'[7]

Esse relato expressa a importância que as mulheres ocuparam, e ocupam, no processo de salvaguarda da memória e na organização de resistência das comunidades tradicionais negras. É interessante notar

6. Depoimento dado por Leonilda Coelho Tenório dos Santos, em 2017.
7. Depoimento de Paquinha, em 2016.

que a constituição da liderança de Paquinha remonta a tempos imemoriais de sua ancestralidade.

As mulheres negras no Brasil sempre ocuparam espaços fundamentais para a resistência do povo negro, atravessando os tempos da escravização. Raimundo (2003) ao falar sobre o contexto do Brasil Imperial, destaca como as mulheres, quitandeiras e vendedoras ambulantes, foram resistentes e criativas. Elas extrapolavam, muitas vezes, o ofício da venda e agiam como benzedeiras e espiãs. As duas ações eram limitadas pelas autoridades coloniais, uma vez que essas mulheres mantinham contato com escravizados em fuga, podendo ser intermediárias dos quilombos nas vendas de seus produtos.

Cabe lembrar ainda, conforme Bebel Nepomuceno, citada por Assis (ASSIS, 2015), que às mulheres negras não coube ocupar apenas o espaço privado como as mulheres brancas de elite, pois se viam forçadas a utilizar múltiplas estratégias para sobreviver e a enfrentar os desafios impostos cotidianamente, situação que perdura após a aurora do século 20.

> [...] trabalhando como pequenas sitiantes, agriculturas, meeiras, vendedoras de leguminosas e demais produtos alimentícios nas ruas das cidades brasileiras. Muitas delas (mulheres negras) viviam em lares sem presença masculina, chefiando a casa e providenciando o sustento dos seus. Outras trabalhavam para as famílias de mais posses como criadas para todo o serviço. Algumas haviam conseguido acumular patrimônio, formar núcleos familiares estáveis, criar rede de solidariedades e comunidades religiosas. Ao contrário do prescrito para a mulher idealizada da época, as negras circulavam pelas ruas, marcando a seu modo presença no espaço público. (NEPOMUCENO, 2012, *apud* ASSIS, 2015, p. 5)

Paquinha, agricultora, pedreira e mais "um bocado de coisa", como ela se apresenta, se ergue como representante dessa história de mulheres negras fundamentais para a resistência e sobrevivência dos seus. Após a abertura da estrada, ela vislumbrou não apenas carros e pessoas chegando à comunidade, mas a própria conquista da terra, que fecharia um dos ciclos abertos naquele território por seu parente que chegou fugido.

Carregando sua história e as palavras de sua mãe, "a terra é a vida de quem tem ela na mão", na memória, Paquinha seguiu em busca dessa nova e fundamental conquista. Pela estrada aberta passariam alguns dos sonhos que lhe antecederam.

"Terra tem um poder muito forte": caminho aberto em busca da liberdade

Entre a Lei de Terras de 1850, passando por uma mal dita libertação, e a Constituição Federal de 1988, a descendência dos quilombolas, ainda que formalmente livre, viveu sob a negação do direito a seus territórios.

Paquinha se situou nessa questão a partir de debates já trazidos, principalmente, por sua mãe, que desde a sua infância lhe ressaltava a importância da terra e advertia sobre os espaços de conflitos que a luta por ela trazia. Sobre esse tema, ela afirma:

> Ela já falava muito da terra, né? Falava muito da terra, que sem terra ninguém vive; pra trabalhar, pra se libertar, a gente tinha que ter terra e foi por aí... Incentivava que a gente pra viver tinha que ter terra. Mas como que a gente ia arrumar terra?[8]

Guiada por sua mãe, Paquinha cresceu com a certeza de que a terra se constitui em um meio necessário à sobrevivência da comunidade enquanto grupo, por isso não concebia a liberdade sem a posse

8. Depoimento dado por Leonilda Coelho Tenório dos Santos, em 2017.

coletiva do chão no qual o modo de vida de seu grupo se estabeleceu e se reproduzia.

Todas as suas ações de resistência são também ações de luta pela terra e por conquista de formas de sobrevivência nela, que se erguiam antes da existência de qualquer política de titulação e posse do território.

Todavia, a possibilidade de reconhecimento legal de propriedade coletiva da terra, aberta com a Constituição de 1988, trouxe para Paquinha uma nova fase de luta em diálogo com políticas públicas de regularização fundiária que poderiam ser acessadas pela comunidade.

Os primeiros contatos com essas políticas trouxeram uma nova dinâmica que causou estranhamento a muitos na comunidade. Sobre esse momento, Paquinha afirma:

> Faz uns 18 anos, foi quando começou o primeiro carro que chegou aqui, foi lá por baixo [por]que não passava carro por aqui, chegou aquele caminhão, chegou aquela caminhonete aqui, quatro por quatro, branca e a gente ficou assim abismado.[9]

Frente ao estranhamento comunitário, Paquinha se colocou como líder, assumindo a mediação dos debates e trabalhos que decorreriam daquele momento, da caminhonete estranha chegando.

> Eles chegaram, não disseram que era da AACADE (Associação de Apoio aos Assentamentos e Comunidades Afrodescendentes)... e daí começou tudo, ele foi perguntando como é que a gente fazia com água, quem é que tinha cisterna, como era, como não era, foi quando veio esse programa, já tava no papel esse programa das cisternas,[10] aí quando veio na terceira vez,

9. Depoimento dado por Leonilda Coelho Tenório dos Santos, em 2017.
10. Refere-se ao programa Um Milhão de Cisternas. Cabe ressaltar que, como pedreira, Paquinha foi a pessoa que construiu e instalou as cisternas na comunidade.

já foi dizendo que ia começar as cisternas e falou que era da AACADE [...], mas eu não sabia nem o que era AACADE, não sabia que força tinha, né? Aí na terceira vez disse que tinha essa parceria com o governo [...]. Aí da quinta pra oitava vez chegou Edibrando fazendo levantamento, um antropólogo,[11] né? Fazendo levantamento da terra, e quem vai andar? Ninguém vai andar com esse homem, ninguém conhece, aí ele mandou procurar Paquinha, eu não contei duas vezes, botei uma bermuda... uma calça, montei em cima de uma moto e saí.[12]

A partir desse momento, Paquinha, inicialmente acompanhada de seus irmãos Lourdes e Elias, começa a representar a comunidade em todos os atos necessários ao acesso às políticas públicas, os quais ainda deixavam muitas pessoas desconfiadas. Sobre a participação em reuniões nas quais acompanhava a irmã Paquinha, Dona Lourdes aponta o temor causado:

A gente fomos pra João Pessoa, porque não tinha ninguém que quisesse ir, ficaram com medo [...] disseram que a gente ia ser vendido [...] Eu disse: "Eu vou".
AFS:[13] O povo achou que [...] iam vender vocês?
MLTC:[14] Era, praquele negócio do exterior,[15] né? Aí disseram. Uma cunhada minha que mora lá em Serra Rajada, ela disse: "Não vai hoje não". Eu disse: "Eu vou". Ela: "Não vai". Eu disse: "Eu vou, se for alguma coisa pra levar pro exterior, e eu me importo? Matar eu é que eles não vão matar, se deixar lá tem nada não". Aí fui.[16]

11. O levantamento para realização do laudo antropológico se constitui em uma das etapas necessárias ao processo de titulação definitiva das terras.
12. Depoimento de Paquinha, em 2017.
13. Iniciais de Alcione Ferreira da Silva (entrevistadora).
14. Iniciais de Maria de Lourdes Tenório Coelho.
15. Tráfico de pessoas.
16. Depoimento de Maria de Lourdes Tenório Coelho, em 2017.

A interação com novos atores políticos não foi a única novidade imposta pelas políticas de acesso à terra. Era preciso se inserir numa dinâmica que colocava Paquinha frente a frente com os "donos" da fazenda na qual estava situada a Comunidade Quilombola do Grilo, situação que também causava grande temor. A líder trazia na memória o exemplo da paraibana Margarida Maria Alves, assassinada pelos que se sentiam ameaçados por sua luta. Nesse sentido, Paquinha afirmou, em 2017, que "tinha muito medo, eu tinha até medo de passar por eles antigamente, era medo mesmo".

Esse não era um medo individual. Elias, irmão de Paquinha, explicita em 2017 como outras pessoas da comunidade também temiam por ela: "Tanto é que, quando começou esse processo aí, o pessoal, como eu já disse a você, ficava falando: 'Mas Paquinha tá correndo risco demais, Paquinha vai terminar morrendo'."

Esse medo acompanhou toda a trajetória do processo pela titulação da terra, que tramitou por dez anos, considerando que o reconhecimento do Grilo como área quilombola se deu em 2006 e apenas em 2016 se consolidou o Ato de Imissão de Posse do território – fato comemorado pela comunidade, na qual aparecem em primeiro plano Paquinha e seu irmão Elias.

Emocionada, Paquinha simboliza a concretização dos sonhos de muitos que lhe antecederam e que teve um momento antecedente que ela guarda com carinho na memória: a cerimônia de assinatura do decreto para desapropriação de terras quilombolas. Nessa cerimônia, ela se encontrou com uma presidenta que admira e da qual conquistou admiração. Dilma disse em uma reunião: "Paquinha é um exemplo de luta!"

Desde o golpe em 2016, Paquinha vê "o futuro repetir o passado", preocupa-se com o empobrecimento da comunidade, que se torna cada vez mais aprofundado, e nos demonstra que a tal Abolição de 1888 apenas iniciou um caminho no qual a busca por liberdade é permanente, e que a estrada segue aberta para passar a luta e os demais sonhos dos que vieram anteriormente.

Referências bibliográficas

ASSIS, Dayane Nayara Conceição de. Sobre griots: por uma história das mulheres negras, por elas mesmas. *In*: IV SEMINÁRIO ENLAÇANDO SEXUALIDADES. Bahia. 2015, p. 1-12.

MEIHY, J. C. S. B.; HOLANDA, F. *História oral*: como fazer, como pensar. São Paulo: Contexto, 2014.

OYÈWÚMI, Oyèronké. Family bonds/Conceptual Binds: African notes on Feminist Epistemologies. *Signs*, v. 25, n. 4, Feminisms at a Millennium. Chicago: University of Chicago Press. 2000, p. 1093-1098. Tradução para uso didático de Aline Matos da Rocha.

RAIMUNDO, Valdenice José. É preciso ter raça: As formas de organizações informais no cotidiano das mulheres negras da favela Bola de Ouro – território de maioria negra. Dissertação de mestrado. Universidade Federal de Pernambuco, 2003, p. 113.

Fontes orais

Todas as entrevistas foram feitas pela autora

Entrevista de Leonilda Coelho Tenório dos Santos, concedida ao projeto "(Re)-escrevendo as brincadeiras infantis, cantigas, festas e práticas de cura em três comunidades afrodescendentes paraibanas". Março de 2010.

Entrevista de Elias Coelho Tenório, concedida ao projeto "Nas trilhas da ancestralidade e na força da cor: protagonismo social de mulheres da Comunidade Quilombola do Grilo (PB) na luta pelo direito social a terra". Abril de 2017.

Entrevista de Leonilda Coelho Tenório dos Santos, concedida ao projeto "Nas trilhas da ancestralidade e na força da cor: protagonismo social de mulheres da Comunidade Quilombola do Grilo (PB) na luta pelo direito social a terra". Abril de 2016 e março de 2017.

Mestre Badu:
medicina natural, saúde e fé

Luana Gonçalves Filha de Maria Albanita e neta de Judite de Lima, natural de Belo Horizonte, Minas Gerais. Aprendiz de griô em medicina natural através dos ensinamentos de Mestre Badu e a mãe natureza. Treina capoeira na Associação de Capoeira Angola Cativeiro, no Ilê do Mestre Adó. É mestra pela Universidade Federal do Recôncavo Baiano (UFRB) pelo Programa em História da África, da Diáspora e dos Povos Indígenas. Integrante e idealizadora do Coletivo Café das Pretas, que une mulheres pretas para promoção à saúde e à luta antirracista, "buscamos a descolonização do nosso sentir, através da educação, como ferramenta na luta antirracista".

"Vamos saudar a Mãe Natureza, que é quem nos cuida e nos dá o sustento de cada dia."
Mestre Badu

Mestre Badu tem 84 anos. Ele e sua irmã gêmea, a Dona Bina, são dois dos mais velhos da comunidade quilombola Mato do Tição, em Jaboticatubas/MG. Foi Dona Bina quem deu o apelido ao irmão, que era mais conhecido como "Seu Badu". Escolho tratar Seu Badu como Mestre Badu, por ser a forma usada por nós, pretas e pretos diaspóricos, para nos referirmos aos nossos mais velhos, detentores de conhecimentos que são importantes para a resistência do povo preto.

A primeira vez que vi Mestre Badu ele estava olhando, fixamente, para uma flor e me disse: "Minha filha, se você se concentrar naquela flor, você vai sentir a energia dela passando para você". Nosso primeiro encontro foi em 2014, quando participei como aluna ouvinte do Programa de Artes, Ofícios e Saberes Tradicionais, na Universidade Federal de Minas Gerais (UFMG), onde pude aprender com ele sobre plantas medicinais e técnicas de cura com o solo e com os seres vivos. Mestre Badu atribui o que conhece aos ensinamentos do pai, Benjamin José de Siqueira, e aos conhecimentos que adquiriu no curso de extensão da Universidade Federal de Viçosa (UFV), em 2009.

Em 2015, trabalhei como produtora do documentário *Tança*, que registra a oralidade dos mais velhos do quilombo Mato do Tição, sobre a ancestral Constança Basílio dos Santos, a Tia Tança. Tia Tança é a tia-avó de Mestre Badu, e foi ela que deixou os fundamentos da tradição do candombe aos sobrinhos. A experiência do filme me aproximou ainda mais de Mestre Badu e do quilombo, momento no qual passei a escrever sobre a vida do mestre, atividade que começou a ser registrada, como pesquisa, desde 2018, no âmbito do Programa de Mestrado em História da África, da Diáspora e dos Povos Indígenas, na Universidade Federal do Recôncavo Baiano (UFRB).

Como pesquisadora, proponho o registro do pensamento do Mestre Badu sobre saúde, como forma de contribuir para aplicação da Lei nº 10.639/2003,[1] para a formação de jovens conscientes de seus corpos, no trato com a Mãe Natureza e, sobretudo, no conhecimento de suas naturezas privadas, associadas à ancestralidade africana e dos povos originários do Brasil.

Registrar a biografia do Mestre Badu é uma forma de homenagear, em vida, o mestre que dedicou anos e anos aos estudos com a natureza e ao trabalho de prevenção dos males, por meio de seus conhecimentos de cura. Uma vida inteira de pesquisa e resultados, sem remuneração, sem o reconhecimento do Estado e sem a garantia de direitos como aposentadoria e plano de saúde. É necessário seguir na produção de evidências que auxiliem na elaboração de políticas públicas para que tais práticas e filosofias estejam disponíveis na sociedade, como de direito, de forma fluida e legitimada.

Honramos com este artigo o legado de luta contra o racismo que torna nossos mestres e mestras, e seus conhecimentos, ainda pouco visíveis na sociedade. Nesse sentido, em agosto de 2019, Mestre Badu concorre ao título de Doutor Honoris Causa, pela UFMG, a partir da aprovação da resolução que torna possível essa atribuição a mestres e mestras indígenas, afro-brasileiros, quilombolas, das culturas populares e de povos tradicionais no Brasil – título equivalente a um doutorado. A medida é uma revolução epistêmica, pois torna concreto o reconhecimento de outras formas de saber e de intelectuais formados nesses saberes radicalmente diferentes da tradição de matriz ocidental que é historicamente guardada, reproduzida e transmitida nas universidades brasileiras (UFMG).

A seguir estão destacados alguns pontos relevantes das várias implicações e dos conhecimentos que fazem parte da biografia de Mestre Badu. Eles alimentam nosso imaginário de outra concepção de saúde, bem-estar e qualidade de vida, ligada a conhecimentos ancestrais.

1. Obrigatoriedade do ensino da História da África da Diáspora e dos Povos Indígenas.

Mestre Badu

Mestre Badu é quilombola e traz em si os conhecimentos dos escravizados, homens e mulheres, que deram origem ao Quilombo Mato do Tição, em Jaboticatubas, a 30km da capital de Minas Gerais. Neto de Liduvina Maria da Conceição, filho de Benjamin José de Siqueira e Josefa Basílio dos Santos; sobrinho de Constança Basílio dos Santos, a Tia Tança; Mestre do Candombe, da Folia de Reis e do Reinado; toca cavaquinho, caixa, violão, pandeiro e berimbau; praticante do ofício da Medicina Natural (cura através de recursos naturais); homeopata, radiestesista, raizeiro e benzedeiro; mestre dos conhecimentos da natureza e de suas fontes inesgotáveis de cura e abundância; o floral, o E. M. e o nosódio são suas ferramentas de pesquisa.

> Então eu sou um raizeiro, um simples raizeiro, e um homeopata, que vivo assim, correndo atrás, pra ver se eu encontro aquele talento, pra socorrer alguma pessoa, dar alívio a algumas pessoas, a mim e alguém que acredita, porque aquilo que Deus oferece pra gente, que foi bom pra mim, eu acho que deve ser bom para o meu semelhante. É por isso que eu vivo correndo atrás, nunca acho que eu fiz demais, eu sempre acho que eu tenho que aprender mais para oferecer mais para humanidade.[2]

Mestre Badu é reconhecido por seus conhecimentos e práticas, classificados nas Ciências Naturais como Medicina Natural, que se desdobram no trabalho com a homeopatia e a radiestesia. Ser homeopata rural significa estudar visando a conhecer os princípios que regem a ciência e a tecnologia da homeopatia, atuando nos desequilíbrios da natureza a partir de fenômenos naturais: manipulação dos seres vivos e dos sistemas vivos das matas e do solo (SILVEIRA, 2011, p. 10).

2. Conversas com o Mestre Badu. Filosofia de Mestre Badu. Jaboticatubas, Quilombo Mato do Tição. Agosto/dezembro de 2019. Transcrição: Luana Gonçalves.

Mestre Badu dialoga com as energias vitais da natureza, e sua intimidade com a força vital do solo e dos seres vivos possibilita que ele, depois de anos de pesquisa, produza conhecimentos sobre os desequilíbrios no organismo das pessoas e das criações, e também das plantações e do solo. Através da manipulação de remédios com plantas medicinais, o uso da técnica da radiestesia e o entendimento da fé como poderosa vibração emanada pelo ser humano, Mestre Badu pode ser considerado um filósofo da natureza, praticante da medicina natural, que trabalha na prevenção dos males que afetam a saúde dos seres vivos:

> Eu acho que a pessoa adoece mais fisicamente, porque tem muito mal que pega as pessoas fisicamente. Não tem a dengue? Doença física. Não tem a xistose? Doença física. Não tem o verme? Doença física. Agora a doença mental já é uma outra doença. Um outro tipo de vírus que ataca... Você vai ficar numa depressão pelo menos põe você em uma doença mental. Você vai ficando assim com a sua natureza privada, vai cansando a natureza, vai cansando seu cérebro, sua mente vai diminuindo e daí vem a doença mental. Mas agora doença espiritual é uma doença surgida através do ódio, da ganância, ou inveja. Essa doença é bem dessa forma, pois uma pessoa tem inveja de você, ele quer te perseguir, fazendo aquele mal.

Com o pai, Mestre Badu aprendeu, desde os 5 anos de idade, a pensar a terra como fonte de saúde para cuidar de si e da comunidade, aprendendo ainda criança a entender como vibra a vida na natureza. O que o caracteriza é que a terra que vibra em suas mãos é quilombola, ou seja, fonte de conhecimentos ancestrais.

A trajetória de vida do Mestre Badu se mistura com a produção de conhecimentos desenvolvidos e transmitidos dentro e fora da comunidade quilombola Mato do Tição. Badu é ascendente aos povos originários do Brasil e africanos, e guardião de conhecimentos ancestrais aprendidos com a vida em comunidade. Esses conhecimentos estão diretamente associados à nossa história de colonização, que se inscreve a partir do massacre dos povos originários do Brasil e do tráfico de milhares de africanos escravizados. Povos que tiveram seus saberes e valores desacreditados e foram submetidos à imposição de saberes e valores ocidentais dominantes (CARVALHO, 2006).

Existem incontáveis versões sobre a vinda dos colonizadores para o Brasil. Kaká Werá[3] nos apresenta uma perspectiva dos povos originários, no que diz respeito aos remédios e à medicina praticada naquela época:

> No Brasil a sabedoria indígena a respeito dos aspectos de cura foi fundamental, desde a formação da nação brasileira, porque no século XVI, quando os jesuítas chegaram aqui, eles trouxeram um acervo de remédios da Europa, mas teve uma hora que esses remédios acabaram, eles que trouxeram aquele famoso boticário que são os remédios da época. A medicina que era da época, na Europa, era na base do corte: tem um problema no pé, corta, tem um problema na mão, corta, não existia um aprofundamento, um domínio, na questão das ervas que cicatrizam, que podem conter o desequilíbrio, sem, necessariamente, ter que extirpar determinadas partes do corpo, e naquela época essa medicina indígena atendeu as necessidades dessa população que estava colonizando o Brasil, porque os jesuítas fizeram essa ponte.
>
> Então, desde essa época, a sabedoria de cura dos povos indígenas já serve, tem servido o cidadão, as pessoas, principalmente as ervas que são usadas como anti-inflamatórios, as ervas que curam traumas, pancadas, aquelas que causam uma diminuição do impacto, da dor, aquelas que aliviam a dor, todo esse conhecimento que hoje faz parte de uma medicina oficial, naquilo que se refere à parte de farmácia, eu posso dizer que 90% desse conhecimento tem inspiração, tem uma raiz indígena no Brasil. Hoje se torna ainda mais

3. Escritor tapuia que ensina sobre a medicina dos povos originários do Brasil.

interessante e ainda mais necessário porque essa medicina indígena é preventiva, ela ajuda a prevenir determinados males. Eu tô falando, assim, da medicina das ervas, dos chás, que são base para fazer tinturas, pomadas; é uma alternativa muito grande, principalmente para uma população mais pobre, né? As ervas podem ajudar a contribuir com a população como preventivo.

O processo de escravização no Brasil fez com que milhares de africanos se unissem aos povos originários do Brasil e construíssem formas de (res)existir à colonização dos portugueses. Vários conhecimentos de cura confluíram a partir desse encontro, sobretudo sobre as plantas medicinais e as formas de comunicação com o mundo espiritual nos processos de cura:

Meu avô, meus tio tudo, o que não era africano era índio. Porque eu sou de duas descendências: meu pai, a mãe dele era índia, ela foi pegada no mato. E o pai e mãe da minha mãe era africano, veio da África, não sei falar o lugar que vieram, mas sou dessa descendência. Por exemplo, eu acredito assim, que meu pai puxou muito para o lado de medicamento, raizeiro e cuidado com medicina por conta dos índios, do sangue dos índios e nisso eu acho que saiu uma garra pra mim. A parte dos índios, veio com meu pai, e a parte africana deixou o cantar, a tradição, candombe, reza, passar na brasa, isso é dos africanos. (BADU, 2019)

A comunidade Mato do Tição

A comunidade é constituída pelos descendentes do casal Benjamin de Siqueira (filho de pai africano e mãe indígena) e Josefa Basílio dos Santos (africana escravizada). Além do casal, é personagem na construção da história do quilombo Constança Basílio dos Santos, a Tia Tança, irmã de Josefa e tia-avó de Mestre Badu. Tia Tança está viva na memória dos mais velhos como a ancestral responsável por ensinar fundamentos aos sobrinhos, sendo um deles a tradição do candombe. Na narrativa dos sobrinhos candombeiros, o Mestre Badu se apresenta como o "tio que melhor dança candombe", sendo um dos principais guardiões da tradição.

> Candombe é um ritual de louvação, um tipo de toque dos tambores, de cantos específicos com uma forma de dança associada. Muitos dos cantos, chamados de cantigas ou pontos, têm versos cantados na gíria ou dialeto africano, referidos como coisa do tempo dos escravos. O nome candombe é usado tanto para referir ao conjunto de uma articulação sonora, coreográfica e ritual quanto para indicar alguma de suas partes [...] ritual que acontece em Minas Gerais ligado ao reinado ou congado, que é um complexo sistema de devoção afro-brasileira a Nossa Senhora do Rosário (envolvendo grupos de congos, moçambiques, catopês, marujadas, e uma corte de reis negros). Nesse sistema, o candombe é a parte mais ligada aos segredos mágicos da tradição [...] Mas sempre que participa das cerimônias do reinado, esse grupo é reverenciado como dos mais antigos e importantes para a comunicação eficaz com as forças do Rosário de Maria. (OLIVEIRA, 2013)

Tia Tança ensinou aos sobrinhos a conexão com os ancestrais através da música, da dança e da terra, contribuindo para a intimidade de Mestre Badu com as vibrações da natureza e do plano espiritual. Os mais velhos da comunidade contam que Tança foi escrava na região em torno do quilombo Mato do Tição e que, junto com sua irmã e outros escravos, se enraizou nas terras onde hoje vive a comunidade. Nos casos dos antigos, Tança aparece como uma *preta veia* que vivia descalça, com seu vestido longo e pano na cabeça, sempre cantando e ninando seus sobrinhos. A irmã Isaura conta que Tança vivia dançando candombe e bebendo seu golinho de cachaça. As histórias narram que ela teria vivido até os 126 anos e deixou à comunidade a herança da tradição do candombe.

A comunidade é constituída hoje pelas famílias dos irmãos Siqueira:[4] Dante Siqueira, 97 anos, e Dona Divina, 88 anos, os mais velhos dos irmãos. Mestre Badu nasceu em 1936, junto com sua irmã gêmea, Silvia de Siqueira, a Dona Bina, sendo eles, portanto, os filhos do meio, com 84 anos. Dona Isaura, 77 anos, e Dona Nilce, 73 anos, são as irmãs mais novas. Elza e Jair Siqueira são os irmãos que já fizeram a passagem para o plano espiritual.

Família

Mestre Badu é viúvo de Raimunda Ferreira, a Dona Dica, que fez a passagem para o astral em junho de 2018, com 79 anos de idade, após 61 anos de casamento. O casal Badu e Dona Dica teve 17 filhos e 47 netos. Dona Dica trabalhou muitos anos atendendo e cuidando espiritualmente dos moradores de Jaboticatubas e região, em um terreiro de umbanda, onde fazia atendimentos e curava com as forças dos orixás e de seus guias. Dona Dica era parteira e durante anos trabalhou para trazer moradores da cidade ao mundo. São muitos os casos de Dona Dica sobre cura, "benzeção", partos, conhecimentos para espantar os maus espíritos, conselhos e diálogo com o mundo espiritual. Ela tinha intimidade com os fundamentos que envolvem a cura com os orixás e os rituais do terreiro.

Dona Dica e Mestre Badu eram forças que se complementavam e juntos curaram muitas pessoas na cidade. Quando não era ela com sua força de conexão com os orixás, caboclos e *preto veio*, era ele com seus saberes da homeopatia. A casa do casal em Jaboticatubas, onde Mestre Badu mora atualmente, tem quatro quartos, uma cozinha, uma área externa grande e um banheiro que fica do lado de fora da casa. Nos fundos da casa há uma passagem que dá acesso às casas de duas filhas do casal, Aparecida e Andreza, que estão sempre na presença do pai e zelando pela casa onde nasceram.

4. Mestre Dante retornou ao plano espiritual aos 97 anos, em maio de 2020, durante a escrita deste artigo.

Aparecida Maria de Siqueira, de 43 anos, é a filha do casal que mais reverbera os conhecimentos dos pais sobre o plano espiritual e também sobre a cura com as plantas medicinais. Ela é a filha que cuida da alimentação do pai, zelando pelos ensinamentos da mãe sobre como manter a vibração da casa alta, espantando assim todo mal. Dos 17 filhos do casal, 11 estão vivos e 9 moram em Jaboticatubas, perto do pai.[5]

Além da casa no centro de Jaboticatubas, onde criou a família ao lado de Dona Dica, Mestre Badu tem outra casa dentro da comunidade do Matição, em um terreno de 10 hectares, carinhosamente chamado de *Roça*, local onde ele planta e faz seus experimentos. Na Roça, há uma casa de dois quartos, sendo que um funciona como quarto de televisão, e o outro tem uma cama de casal onde ele repousa e oferece para as visitas dormirem. Mestre Badu passa cerca de oito horas do seu dia na Roça, fazendo seus experimentos e observando a natureza. Passa grande parte do dia na companhia de suas criações (porco, galinhas, gatos, cachorros), ou, às vezes, na companhia de seu sobrinho Genaro, que o ajuda no roçado.

Por um outro pensamento sobre saúde

Mestre Badu aprendeu com o pai e avançou na comunicação sobre o que sabe. Seus pensamentos sobre a natureza e os seres vivos, e sua comunicação sobre seus experimentos, geram audiência naqueles que buscam por saúde e autoconhecimento.

> Porque meu pai era rezador, era agricultor, ele entendia tudo... ele pegava sua mão e quase que ele contava as tripas da sua barriga. Mas acontece que ele não tinha esse desembaraço com a natureza que eu tenho. Se for pra falar da natureza e observar o que a natureza tem, ele não falava e eu já achei isso... a natureza me ofereceu isso. (BADU, 2019)

5. Geraldo Siqueira mora no Rio de Janeiro e Ângela Maria mora em Santa Luzia, Minas Gerais.

Aprender com o Mestre Badu é saber que a flor, quando nasce para o mundo, está com a maior concentração de energia vital; e que ao tomar o floral você traz para si a vitalidade daquela flor. É entender que fé é energia. Que você precisa acreditar para vibrar. Se você vibra, seu corpo pulsa energia, e assim você pode acontecer no que quiser (vibração que comunica de dentro para fora). É ter convicção que somos natureza sagrada, e que, assim, como a Mãe Natureza, estamos sempre nos desequilibrando e buscando o equilíbrio. É entender no que o jogo da vida consiste, na busca diária por equilíbrio, e que para isso temos a Mãe Natureza e seus caminhos de conhecimento, vibração e mistério. É aceitar que, como somos uma natureza sagrada, devemos ter ciência sobre a comunicação e o movimento constante de busca por equilíbrio feito pelos nossos corpos (físico, mental e espiritual). É aprender que a medicina natural trabalha com a prevenção do mal (desequilíbrios) e nos ensina que, para ter uma vida saudável, é preciso se apropriar de procedimentos, técnicas, medicamentos e filosofias que garantam o bem-estar e evitem que o desequilíbrio aconteça:

> Tem muito problema que é o médico que tem que resolver, principalmente o problema de cirurgia, isso é do médico, porque ele tem credencial para fazer aquela cirurgia. Eu trabalho diferente, eu quero evitar que aconteça aquela cirurgia, porque se eu cuidar do ser humano antes eu vou evitar ele daquela cirurgia, chegou naquela situação porque ele não teve uma pessoa para prevenir, porque se você prevenir o mal ele não acontece. (Ibid.)

Destaco aqui os três elementos-base que sustentam o pensamento de Mestre Badu: sua origem indígena e africana; a concepção da fé como poderosa vibração emanada pelo ser humano; e a confluência de conhecimentos ancestrais com os conhecimentos acadêmicos, aprendidos no curso de extensão da Universidade Federal de Viçosa.

Mestre Badu é descendente de homens e mulheres, africanos e indígenas, fundadores do quilombo Mato do Tição, e detentores de importantes saberes de cura e cuidado com a terra. Além de ter aprendido conhecimentos sobre a natureza, os irmãos Siqueira também aprenderam a comunicação com o plano espiritual. Desde pequeno Mestre Badu interpreta a vibração da natureza e do plano espiritual.

Ele afirma que fé é vibração emanada pelo corpo humano. É vibração de confiança em si mesmo e no procedimento de cura proposto: "para pegar qualquer remédio na natureza, é preciso ter fé em que ela está viva e emanando vibrações" ou, "todo paciente que deseja ser curado com a homeopatia precisa ter fé que aquele remédio vai curá-lo, ele precisa vibrar para receber o remédio e influenciar no efeito esperado". Na filosofia do homeopata Badu, a fé pode ser entendida como a união da vibração do médico, com a vibração da planta medicinal usada no tratamento, com a vibração de confiança emanada pelo paciente. A fé é a manifestação, intencional, da vibração.

Outro ponto é a revolução que acontece na prática de Mestre Badu quando, em 2009, o homeopata Badu incorpora novas técnicas em seus experimentos, aprendidos no curso de extensão da UFV. Além da *radiestesia*, Mestre Badu aprendeu a desenvolver os E. M. – micro-organismos eficientes (usados para alimentar a terra e abrir caminhos para as raízes no solo); o *nosódio* (remédio que combate a praga nas plantações sem agredir o solo com produto químico); o *floral* (remédio manipulado com a energia vital das flores). A radiestesia é uma técnica de captação de ondas de baixa frequência, que são amplificadas por instrumentos como pêndulos e varinhas, sistematizando o processo de emissão de energias, via ondas. Pode ser compreendida como "a arte de sentir, perceber e identificar as microrradiações ou ondas" (SILVEIRA, 2011, p. 5).

> Você acreditar que seu corpo tem energia, seu corpo vai vibrar, seu corpo vai emitir resistência, você confiar em você, né? Quanto mais resistência você tem, mais seu corpo vai vibrar, porque não é todo mundo que consegue, pessoa fraca, ela tem pouca vibração. A vibração nossa é energia, você não vê que quanto mais

potencial tem um motor elétrico, mais ele reproduz? Nosso corpo é mesma coisa, quanto mais energia você tem, mais seu corpo vibra. (BADU, 2019)

Mestre Badu defende que, para ser radiestesista e fazer a leitura correta dos movimentos do pêndulo, é imprescindível ter fé e firmeza espiritual. Na prática, o pêndulo responde a Badu perguntas sobre determinado processo de cura e os caminhos que cada tratamento deve seguir. Às perguntas feitas ao pêndulo só cabem respostas do tipo "sim" ou "não", que são interpretadas a partir da direção que o pêndulo gira: direita/esquerda. A radiestesia ajuda a fazer a divulgação do remédio, respondendo as perguntas sobre tempo de uso, formas de manipulação e dosagem de cada remédio homeopático. Com a radiestesia, Seu Badu avança no desenvolvimento dos conhecimentos apreendidos com seu pai e pode pesquisar tudo o que quiser na natureza, é só perguntar ao pêndulo.

Com os E. M., Mestre Badu aumenta seu conhecimento sobre o crescimento das plantações (raízes, irrigação, nutrição do solo etc.), pois passa a ter em mãos um composto que "cria" micro-organismos vivos, invisíveis a olho nu e que, quando em contato com a terra, adentram o solo em busca de água, abrindo caminhos para as raízes das plantas.

O nosódio combate as pragas das plantações e das criações (lagartas, formigas, carrapatos, pulgas, lagartas-de-fogo, pulgões etc.) com as próprias pragas (como o princípio "semelhante cura semelhante" da homeopatia) (SILVEIRA, 2016), sem agressão à terra ou aos animais e promovendo o equilíbrio entre os seres vivos e a natureza.

Com o floral, o mestre apreende sobre a cura que une a vibração das flores e a das pessoas. Os florais nos revelam, através do reestabelecimento do equilíbrio das dores humanas, a potência da energia vital das flores. Entre a infinita diversidade de flores na natureza e a infinita diversidade de desequilíbrios emocionais que demandam a cura das flores, está a radiestesia. Para saber qual flor é adequada a determinado desequilíbrio, Mestre Badu pergunta ao pêndulo.

Iluminar os pensamentos de Mestre Badu é, também, tratar de tecnologias ancestrais, que são zeladas e postas em movimento por ele, na busca por curar seus iguais, por aprender com a natureza e por transmitir o que sabe aos mais novos. O que vibra em Mestre Badu encontra caminhos na vibração dos seres vivos, da natureza, e tudo vira conhecimento em sua oralidade.

Mestre Badu alimenta o imaginário de quem o conhece, trazendo as memórias sobre as formas de cuidado e afeto que as pretas e pretos velhos nos entregam enquanto crianças. Falo de banhos de folhas, chás, rezas, fundamentos ancestrais para cura, que revelam características das culturas que herdamos de africanos e indígenas, que são lapidadas com ferramentas do presente e se mantêm vivas em nossos mestres e mestras, nossos ancestrais em Terra. Neste artigo, buscamos registrar esses conhecimentos, junto com a biografia de Mestre Badu, associando-os à nossa herança de guardiões de fundamentos de cura e intimidade com o invisível.

Com Mestre Badu, buscamos estimular nossos jovens ao movimento *Sankofa*: olhar para trás para entender o presente e se inspirar para viver o futuro. Entender que somos herdeiros de culturas de amor, de sonhos, de natureza, de conhecimentos e de fé. O que precisamos é de caminhos e saber em quem confiar; por isso, agradecemos a todos os mestres e mestras guardiões de nossos conhecimentos, que nos ajudam nessa beleza do viver. Gratidão, Mestre Badu!

Referências bibliográficas

Tança. Jaboticatubas, Minas Gerais. Documentário. Realização: Irmandade dos Atores da Pândega e Associação Quilombola Mato do Tição. Fundação Cultural Palmares, MinC, 2015.

BADU, Silvio de Siqueira. Filosofia de Mestre Badu. Jaboticatubas, Quilombo Mato do Tição. Agosto/dezembro de 2019. Transcrição: Luana Gonçalves.

BISPO, Antônio dos Santos. *Colonização, quilombos: modos e significações*. Brasília: INCTI, 2015.

BRASIL. *Política Nacional de Plantas Medicinais e Fitoterápicos*. Brasília: Ministério da Saúde, 2006.

CARVALHO, J. J. *Inclusão étnica e racial no Brasil:* a questão das cotas no ensino superior. Brasília: Attar, 2006.

OLIVEIRA, Eduardo David de. *Cosmovisão africana no Brasil:* elementos para uma filosofia afrodescendente. Fortaleza: Ibeca, 2003.

______. *Filosofia da ancestralidade:* corpo e mito na filosofia da educação brasileira. Curitiba: Editora Gráfica Popular, 2007.

OLIVEIRA, Fernanda. *Quando reza a fé no Quilombo Matição*: família, festas, males e curas fazem comunidade. Belo Horizonte: UFMG, 2013.

SILVEIRA, José Carlos da. *Caderno da radiestesia*: instruções práticas tradicionais sobre investigação dos efeitos de ondas de baixa frequência na saúde dos seres vivos e no ambiente rural [*online*]. Universidade Federal de Viçosa, 2011. Disponível em: http://www.sunnet.com.br/biblioteca/livros-e-textos/caderno-de-radiestesia.pdf. Acessado em novembro de 2016.

SILVIO, Siqueira (Mestre Badu). Retrato do Mestre Badu / Silvio Siqueira. Publicado pelo canal saberes tradicionais UFMG. Disponível em: https://www.youtube.com/watch?v=-76ZS9ugqwjA&t=40s. Acessado em 2018/2019.

_______. Manejo ecológico do solo / Silvio Siqueira. Publicado pelo canal AMANU – educação, ecologia e solidariedade. 2014. Disponível em: https://www.youtube.com/watch?v=F5jr7nv-cOk. Acessado em 2018/2019.

UFMG, Saberes tradicionais. Texto do post. Facebook, Belo Horizonte. 9 de agosto de 2019. Disponível em: https://www.facebook.com/saberestradicionais/posts/2606467022717403.

WERÁ, Kaká. 2019/2020. Especial Medicina Indígena. Publicado no canal Consciência Próspera. Disponível em: https://www.youtube.com/watch?v=uK_NzCqvtiU. Acesso em 2019/2020.

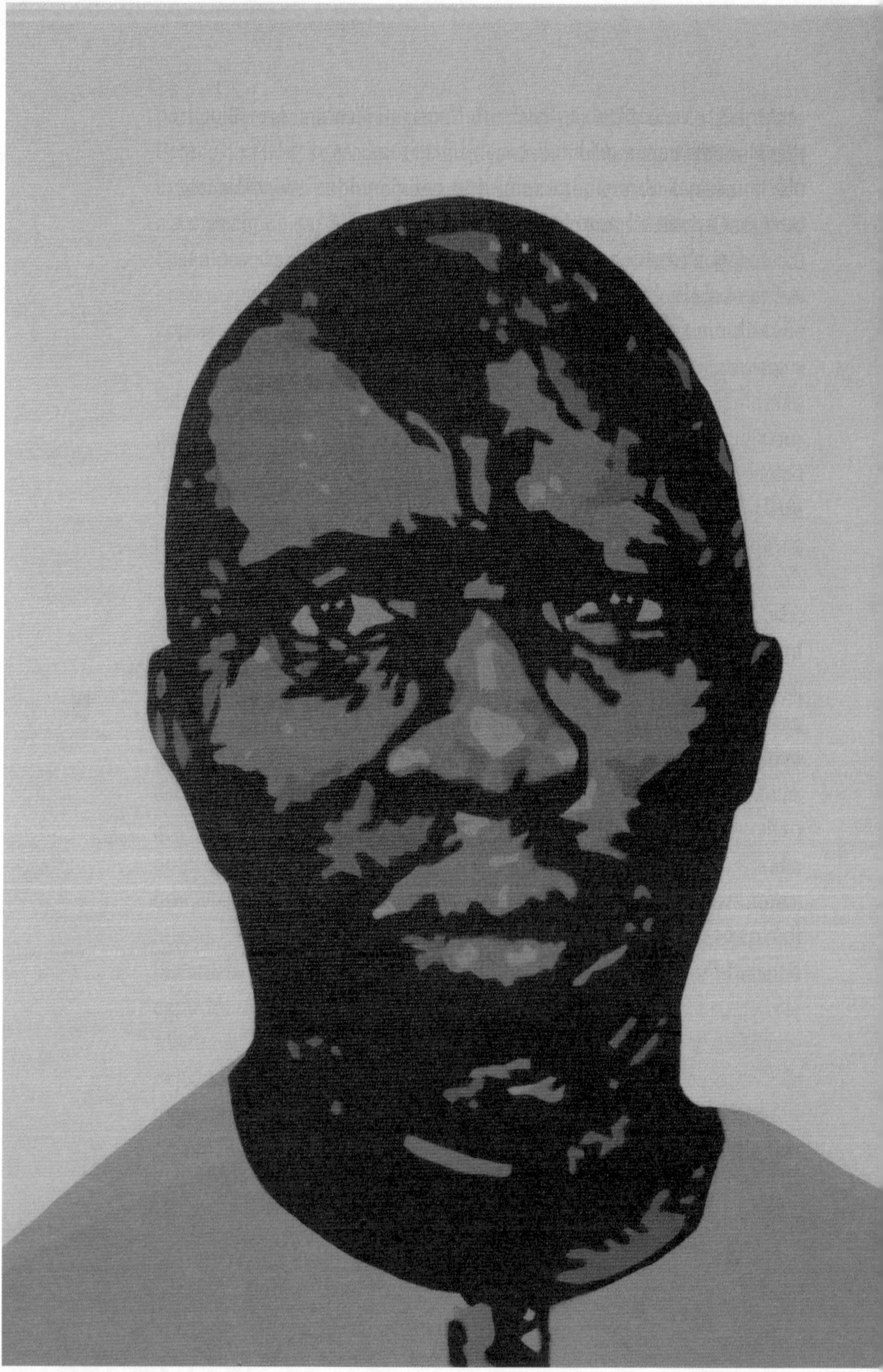

Ventura Mina e o verdadeiro 13 de maio: uma breve biografia da resistência negra no Brasil

Renato Noguera Professor da Universidade Federal Rural do Rio de Janeiro (UFRRJ), possui doutorado em filosofia pela Universidade Federal do Rio de Janeiro (UFRJ); autor de *Por que amamos: o que os mitos e a filosofia têm a dizer sobre o amor*, e *Mulheres e deusas: como as divindades e os mitos femininos formaram a mulher atual*, também é autor de ficção, com trabalhos em literatura infantil, além de compositor, roteirista e dramaturgo, realizando trabalhos multimídia das aventuras da Turma Nana & Nilo.

De modo bastante genérico, não existe equívoco em dizer que a biografia é um gênero narrativo que catalisa a relação entre as áreas de história e do jornalismo. Uma biografia é uma celebração, porque homenageia vida e obra. Um gênero que retrata vidas que possuem obras significativas, vale dizer: "obra" num sentido amplo e aberto, isto é, algum feito ou conjunto de atividades no campo das artes, cultura, esportes ou política. Uma biografia exige pesquisa, entrevistas, articulação de dados historiográficos e o cotejamento disso tudo num balanço bem-feito entre as dimensões privada e pública da vida.

Porém, como podemos fazer a biografia de um homem africano escravizado que viveu no século 19 e foi um dos responsáveis por um evento histórico que o racismo fez questão de apagar? O baixo volume de dados é um dos maiores obstáculos. Portanto, a opção metodológica é trabalhar a obra de Ventura Mina para fazer um breve ensaio biográfico e, ao mesmo tempo, uma biografia filosófica. Convidamos a sociedade brasileira para um exercício crítico, provocando o Brasil para iniciar um processo de revisão histórica que envolve uma data: o dia 13 de Maio e um personagem que tem sido, porque não dizer, covardemente invisibilizado: Ventura Mina. É a favor de uma perspectiva que se opõe ao racismo que registramos "Ventura Mina e o verdadeiro 13 de Maio: uma breve biografia da resistência negra no Brasil" como um convite à reflexão, à inflexão e a atos resolutivos para incluir uma nova página na história brasileira.

> Não se biografa em vão. Biografa-se com finalidades precisas: exaltar, criticar, demolir, descobrir, renegar, apologizar, reabilitar, santificar, dessacralizar. [...] trajetórias individuais transforme-se, intencionalmente ou não, numa pedagogia do exemplo. A força educativa de um relato biográfico é inegável. (CARINO, 1999, p. 154)

É preciso dizer que a biografia de Ventura Mina tem uma força educadora, possui uma potência de espelhar um conjunto de lutas pela liberdade e emancipação na conjuntura escravagista do Brasil Império.

De acordo com estudos de Ferraroti (1983), Eckert (1994-97) e Marre (1991), a biografia pode retratar como processos históricos e movimentos culturais configuram os sujeitos da narrativa biográfica. De acordo com Néstor García-Canclini (1997), a identidade é uma construção narrada. Em termos afrocentrados, podemos conjecturar que uma biografia é a possibilidade para narrar a agência de um povo, isto é, o modo como esse povo usa todos os recursos que possui para sua emancipação (ASANTE, 1987; 2009). De acordo com Molefi Asante, a narrativa que pretende "promover a agência deve se concentrar nos esforços de resistência dos africanos" (ASANTE, 1991, p. 171).

Origem e identidade

Algumas perguntas tradicionais de uma biografia aplicam-se com muita dificuldade nesse caso. O nome? Data e local de nascimento? Nós sabemos que o escravizado tinha o "sobrenome" Mina, uma designação que, naquele contexto histórico, designava que era africano; mas, sem descartar a hipótese de que fosse nascido no Brasil de mãe e pai africanos. De acordo com Mariza de Carvalho Soares (1998), a historiografia brasileira da escravização negra não enfatizou a composição étnica de africanos. Durante o Brasil Império, a leitura dos livros de assento de batismo permite perceber a distribuição das pessoas negras em dois grandes grupos: as nascidas no país e as que vinham do continente africano. No caso dessas últimas, encontrávamos diversas atribuições referentes às nações, o que se dava por aproximações. O termo "mina", assim como o "angola", entre outros, era atribuído somente às pessoas africanas. Pessoas escravizadas nascidas no Brasil eram denominadas simplesmente pretas. De qualquer modo, os "significados dos rótulos étnicos e de origem usados em Minas Gerais no final do século XVIII e na primeira metade do século seguinte são variados e complexos" (LIBBY; FRANK, 2009, p. 386).

O termo 'mina', quando usado como designação étnica de africanos escravizados nas Américas, entre os séculos XVII e XIX, tem

> sido geralmente interpretado como relativo a pessoas trazidas da chamada Costa do Ouro (para os portugueses, Costa da Mina). A Costa do Ouro corresponde, grosso modo, à atual Gana, região de povos falantes das línguas akan (fante, twi etc.), que predominavam nesta área da costa e em sua imediata hinterlândia. Este uso do termo 'mina' gerou uma interpretação convencional de que eles falariam a língua akan. Em artigo recente, a historiadora americana Gwendolyn Midlo Hall questionou esta interpretação, sugerindo que a maior parte dos chamados 'minas' nas Américas vinham da Costa dos Escravos, que corresponde, segundo a designação atual, ao trecho da costa que vai do sudeste de Gana – passando pelo Togo – até o Benim, ao longo do qual se concentram os povos de línguas genericamente denominadas 'gbe' – antes conhecidas como 'ewe' – que, segundo Hall, seria a língua falada pelos 'minas'. (LAW, 2005, p. 247)

É bem provável que o personagem histórico Ventura Mina, depois de ser preso, tenha ficado no Forte de São João Batista de Ajudá, localizado no antigo Reino do Daomé, entre os séculos 16 e 19, porque foi construído em 1580 como Feitoria de Ajudá e rebatizado em 1721 após ter sua estrutura transformada numa fortaleza. De acordo com fontes, uma pessoa era "vendida" por folhas de fumo. "Por 4, 5 rolos de tabaco tirava-se um negro, preço de ocasião." (LOPES, 1939, p. 14)

É possível que Ventura Mina tenha sido trocado por alguns rolos de tabaco. De acordo com medidas da época estabelecidas pelo vice-rei conde de Sabugosa, cada rolo equivalia a 2,5 arrobas a partir de 1725 (Ibidem.). Daí, conjecturamos que Ventura Mina foi entregue a traficantes de pessoas para ser trazido para o Brasil por um valor que possivelmente não passou de 30kg de fumo de rolo. Uma das dificuldades para rastrear com exatidão a chegada de Ventura Mina e afirmar com alguma precisão a sua filiação étnica está em acontecimentos que se deram 57 anos depois da sua morte. Em 14 de dezembro de 1890, o ministro da Fazenda, Rui Barbosa, despachou ordem para destruição de documentos referentes à escravidão, uma das interpretações possíveis é de que o ato visou evitar que ex-escravagistas requeressem indenização do Estado brasileiro. Porém, isso dificultou o rastreamento da origem africana de milhões de pessoas de nacionalidade brasileira.

Num trecho do documento de Barbosa podemos ler que a escravidão foi uma: "instituição funestíssima que por tantos anos paralisou o desenvolvimento da sociedade e infeccionou-lhe a atmosfera moral" (BRASIL, 1890, p. 1). Barbosa afirma em tom categórico que a República tinha uma obrigação, o que podemos interpretar como um dever moral, de "destruir esses vestígios por honra da pátria e em homenagem aos deveres de fraternidade e solidariedade para com a grande massa de cidadãos que a abolição do elemento servil entraram na comunhão brasileira" (Ibidem.). Ao cumprir esse "dever moral", nós perdemos registros valiosos.

O que os estudos demonstram é bem simples; por um lado, o termo "mina" como designação étnica é impreciso e não corresponde a alguma denominação de um povo africano determinado. Portanto, Ventura Mina podia ser nativo falante de línguas dos grupos Akan Ougbe, ou eventualmente de outro. Daí, Ventura Mina poderia ser provavelmente Fanti, Asante, Zema, Anin, Ewe, Fon ou Gen. Algo que não podemos dizer com precisão, inclusive poderia ser eventualmente Iorubá ou Acuapen. Por outro lado, o Brasil, último país do planeta a extinguir oficialmente a escravidão, confirmou seu projeto racista no ato de rasurar parte significativa da historiografia trazendo embaraços e pontos cegos ao direito da memória.

A origem e a identidade de Ventura Mina podem ser aqui denominadas de: *fantasma* e *vampira*, respectivamente. Os diversos estudos que se debruçam sobre o fenômeno da modernidade colonial, sejam estudos pós-coloniais, decoloniais ou de contracolonização (SANTOS, 2015), partem, em certa medida, de uma compreensão comum: o racismo é um dispositivo inseparável ou, melhor dizer, constitutivo do projeto da modernidade impetrado pela Europa a partir do seu desejo por expansão de domínios no século 15 em diante. Se, como nos diz o pensador Antônio Bispo dos Santos (Nego Bispo) em *Colonização, quilombos, modos e significações*:

> Os colonizadores, ao chamá-los apenas de 'negros', estavam utilizando a mesma estratégia usada contra os povos pindorâmicos de quebra da identidade por meio da técnica da domesticação. Hoje, algum tempo fora da escola, tenho encontrado/percebido outras fontes de informações que dialogam com essas versões. Dentre as que mais me chamaram a atenção há as Bulas Papais. Senão vejamos:
>
> Nós [...] concedemos livre e ampla licença ao rei Afonso para invadir, perseguir, capturar, derrotar e submeter todos os sarracenos e quaisquer pagãos e outros inimigos de Cristo onde quer que estejam seus reinos [...] e propriedades e reduzi-los à escravidão perpétua e tomar para si e seus sucessores seus reinos [...] e propriedades. (Bula 'Romanus Pontifex', papa Nicolau V, 8 de janeiro de 1455).
>
> Como podemos ver, essa Bula não fala em especiarias e sequer cita a Índia. O que ela enfatiza é o cristianismo e o paganismo, concedendo amplos poderes aos cristãos para fazerem o que quisessem com os pagãos. (Ibid., p. 6)

Pois bem, esse argumento de Nego Bispo ajuda muito a conjecturar que Ventura Mina, tal como todas as pessoas negras escravizadas, teve sua origem transformada num fantasma. Aqui, nós entendemos por origem fantasma um complexo de eventos, enredamentos que rasuram e se esforçam por eliminar da história tudo que é negro, invisibilizando e procurando transformar a narrativa do passado africano em um espectro, uma mera assombração. Em certa medida, "mina" é uma maneira espectral de fazer desaparecer a autodenominação africana de povos africanos. Em paralelo, Ventura Mina vive o que denominamos aqui de "identidade vampira". Não cabe aqui uma longa digressão, mas vale dizer que o mito do vampiro remete a algumas histórias da Europa oriental popularizadas entre os séculos 17 e 19 (NIZET, 2004; STOKLER, 2006). O que nos interessa aqui neste ensaio biográfico que não deixa de ser uma biografia filosófica é conjecturar um aspecto característico desses seres denominados "vampiros", a impossibilidade de enxergarem a si mesmos no espelho. Pois bem, essa é uma das graves dificuldades: Ventura Mina diante do espelho da sociedade escravocrata do Brasil Império de 1833 não tinha rosto. É apenas com esparsas sombras que conseguimos alguns sinais para um retrato desse personagem. Por isso, a sua biografia passa fundamentalmente por seu feito político, liderar a conhecida Revolta de Carrancas. É preciso uma análise do contexto sócio-histórico em que Ventura Mina atua e emerge como líder de um dos movimentos mais relevantes do período do Brasil Imperial.

Alguns contextos

O historiador Marco Morel faz referência ao personagem histórico como "'rei africano' Ventura Mina, da Revolta das Carrancas" (MOREL, 2003, p. 53). Ventura Mina era de um clã africano do oeste nobre? Mais uma vez, esbarramos em poucos elementos; o que não impede de avançarmos. No livro *Homens da África*, o costa-marfinense Ahmadou Kourouma faz um belo panorama a respeito do que podemos chamar dos tipos básicos de masculinidade no contexto tradicional africano ocidental, região que atualmente compreende principalmente 16 países: Mauritânia, Mali, Níger, Senegal, Gâmbia, Guiné-Bissau, Guiné, Serra Leoa, Libéria, Burkina Fasso, Costa do Marfim, Gana, Togo, Benin, Nigéria, e São Tomé e Príncipe (KOUROUMA, 2009).

Kourouma expõe quatro grupos de homens por atividades circunscritas em linhagens; vale dizer que, no contexto tradicional do século 18, uma pessoa africana tinha seu papel social determinado por seu clã, classe ou grupo (DIANE, 1982, 2010). Ventura Mina podia ser de um clã nobre fante ou de outras dezenas de povos. Por 35 páginas, Kourouma faz uma exposição das qualidades, atribuições e temperamento do príncipe que envolve liderança militar, organização das grandes cerimônias e articulações políticas em momentos de paz ou de guerra em favor do seu povo.

O personagem selecionado para ilustrar o arquétipo do príncipe é Samori Touré (1830–1900), um líder da resistência ao colonialismo francês no oeste africano. A partir das considerações de Kourouma, um homem da África ocidental, assim como seus descendentes, pode ser enquadrado num dos quatro arquétipos fundamentais, o *griot*, o caçador, o ferreiro e o príncipe. A cada capítulo do livro, quem lê encontra uma série de informes para contextualizar o papel social de cada um desses ofícios, o que antecede histórias de personagens para facilitar o entendimento do mundo cultural. Touré é o príncipe, os seus feitos marcantes são a liderança militar, a capacidade de organizar e planejar a autodefesa de um povo atacado. Ventura Mina encarna o príncipe. O termo "príncipe" aqui diz respeito à nobreza, às famílias que integram clãs responsáveis por cuidar politicamente do povo. Ventura Mina foi um príncipe, ao liderar uma rebelião e promover a autodefesa de um povo atacado. Aqui o paralelo de Ventura Mina com Samori Touré é inescapável. Afinal, a atribuição do termo "rei" ao personagem histórico Ventura Mina (MOREL, 2003) remete à sua linhagem nobre deduzida da sua liderança, nos contextos culturais da África do oeste, em que atividades de guerra e resistência eram conduzidas por nobres que ocupavam o papel de rei ou príncipe.

A partir das considerações de várias fontes e estudos, o cenário em que Ventura Mina se encontrava no ano de 1833 era Carrancas, freguesia pertencente à vila de São João del-Rei, sede da comarca do Rio das Mortes (que abarcava quase todo o sul de Minas), ele estava sob domínio de uma família com poder econômico e muito prestígio social e político. Na região, a família daquele que se tornou o primeiro Barão de Alfenas, Gabriel Francisco Junqueira (1782–1868), possuía muitas propriedades rurais e desfrutava de significativo prestígio político. Dois anos antes da Revolta, Junqueira foi um dos líderes de uma disputa entre liberais e conservadores. Gabriel Junqueira derrotou o ministro José Antônio Silva

Maia, candidato do Imperador D. Pedro I, e tornou-se deputado na Assembleia Constituinte, encarnando ideais liberais, mas renunciou à liderança em 7 de abril de 1831, em favor do filho.

Apesar das divergências com grupos conservadores que apoiavam mais diretamente o Imperador, devido a sua habilidade política, décadas depois, recebeu o título nobiliário de Barão de Alfenas. Vale destacar que a influência de Gabriel Francisco Junqueira já tinha aumentado desde que passou a ser alferes do Distrito de Santo Inácio das Lavrinhas por determinação do Imperador D. Pedro I em 26 de setembro de 1827. É importante registrar que Junqueira chegara de Portugal em 1750, obteve da Coroa Portuguesa uma sesmaria (6,5 quilômetros quadrados) na Vila de Carrancas e começou com duas fazendas na área, Campo Alegre e Favacho; mas, em algum tempo essas propriedades prosperaram comercializando mantimentos – arroz, feijão, milho – com tropeiros no caminho velho entre Paraty e Ouro Preto. A prosperidade dessas duas propriedades criou condições para criação de outras nove fazendas: Angahy, Traituba, Narciso, Jardim, Campo Bello, Cafundó, Atalho, Campo Lindo e Bella Cruz.

É importante registrar que, no Brasil do século 19, um patriarcado racista de um país extrativista que se organizava economicamente pelo investimento na agricultura com mão de obra escravizada, os maridos das filhas de Junqueira eram efetivamente os gestores do patrimônio familiar. Gabriel Francisco de Andrade Junqueira foi bastante atuante e fazia a gestão da Fazenda de Campo Alegre (às margens do rio Verde). Ele foi descrito como severo com trabalhadoras e trabalhadores que viviam sob o regime da escravatura, isto é, um homem branco violento e que não abria mão da tortura para manter as pessoas escravizadas "disciplinadas". De acordo com Marco Andrade, os relatos a respeito de Gabriel Francisco de Andrade Junqueira o descreviam como um homem violento e cruel, que não dispensava o açoite e os castigos para disciplinar e que ele era chamado de "Senhor Moço" pelas pessoas escravizadas. Em resumo, a brutalidade fez do fazendeiro um homem temido e odiado pelas pessoas escravizadas (ANDRADE, 1996, 2017).

A obra

Existe um adágio popular apócrifo que, apesar das variáveis, diz alguma coisa próxima de: "nós conhecemos uma pessoa através de sua obra; não por suas palavras". Ventura Mina nos é dado a conhecer por um feito, por um evento histórico. É a partir da Revolta de Carrancas que elaboramos a sua trajetória. De acordo com diversos estudos (ANDRADE, 1996, 2012), por volta do meio-dia, na segunda-feira, 13 de maio de 1833, Ventura Mina liderou um movimento de, digamos de modo anacrônico, autodefesa e reparação que modificou a rotina do trabalho escravizado nas fazendas da família Junqueira, na região de Carrancas. Os relatos e a quantidade de pessoas indiciadas à pena de morte em 1835 sugerem que Ventura Mina liderou 35 pessoas (ANDRADE, 2017). As fontes informam que a fazenda de Campo Alegre, que ficava sob cuidados do Senhor Moço, foi o estopim da revolta (Ibid.). Os relatos do insurreto Julião Congo, que foi interrogado antes de ser assassinado, estão documentados e registrados no Escritório Técnico do Instituto do Patrimônio Histórico e Artístico Nacional (IPHAN), Seção São João del-Rei (IPHAN-SJDR), sob o título *Processo-crime de Insurreição* (1833), e apresentam uma boa descrição do ocorrido. Nos autos, consta que o Senhor Moço foi derrubado do cavalo por Domingos Crioulo. Gabriel Andrade Junqueira tinha iniciado uma inspeção rotineira das atividades na roça e, após a sua queda, foi morto por golpes de Ventura Mina, Domingos Crioulo e Julião Congo. Em seguida, Ventura Mina assumiu a dianteira e, apoiado por Domingos Crioulo e Julião Congo, foram até a sede da fazenda.

> Acompanhado de um grupo de sete escravos, Ventura Mina e os demais insurgentes ainda tentaram atacar a sede da fazenda. Só não o fizeram porque constataram que a entrada estava guarnecida por dois cavaleiros. Ao que tudo indica, o moleque Francisco conseguira chegar a tempo de avisar os familiares para se prepararem, caso ocorresse um ataque dos insurretos à sede da fazenda Campo Alegre. Diante disso, Ventura Mina e os demais escravos marcharam em direção à fazenda Bela Cruz. (Ibidem., p. 267)

Na fazenda Bela Cruz, após reunir aproximadamente 32 pessoas, Ventura Mina, Domingos Crioulo e Julião Congo conseguiram conquistar o território, subjugando as pessoas brancas escravizadoras. A partir dos discursos colhidos nos interrogatórios (Ibidem.), nós temos uma dimensão de que Ventura Mina, Domingos Crioulo e Julião Congo se adiantaram em passos firmes e tiveram apoio primeiro de Sebastião, Manoel das Vacas, Pedro Congo, Quintiliano, Manoel Joaquim, José Campeiro, Antônio Retireiro e José Munhumbe, que eram escravizados na fazenda Bela Cruz. Foram esses homens que, em embates corporais com as pessoas brancas escravizadoras, saíram vitoriosos e, pela primeira vez, não ficaram de joelhos sob ordens para trabalho.

O movimento caminhava promissor, Ventura Mina pretendia chegar a outras fazendas da família Junqueira e de outros brancos da região. Considerando as perspectivas culturais da África do oeste, as ações de um príncipe, de um rei numa situação de injustiça, visam a libertar os que sofrem violência. A capacidade de mobilização e de liderança de Ventura Mina remonta ao arquétipo do príncipe mencionado anteriormente (Samori Touré é o exemplo usado por Kourouma), alguém capaz de se expor aos riscos antes de todos, não por falta de prudência, mas porque a coragem é alimentada por ações resolutas de quem tem convicção do projeto que realiza. Esses são alguns dos princípios que orientam um líder nobre de etnias fante, iorubá e outras do oeste africano apresentado em *Homens da África*. A liderança de Ventura Mina ressoou na maioria dos escravizados e escravizadas da região; a notícia correu aos quatro cantos e a expectativa foi de que todas as pessoas negras se juntariam às fileiras dos que buscavam justiça contra os maus-tratos da escravização.

Ventura Mina seguiu para a fazenda de Bom Jardim, propriedade do branco escravizador João Candido da Costa. O fazendeiro trancou praticamente todos escravizados na senzala e conseguiu reagir, usando revólveres e com apoio de apenas dois escravizados (não temos relato dos tipos de manipulação que mantiveram esses dois anônimos ao lado do violento Candido da Costa). O resultado foi um massacre violento, uma chuva de tiros que atingiu Ventura Mina e outros quatro homens negros. Daí o movimento de reparação perdeu força e muitas pessoas escravizadas "fugiram e se embrenharam nas matas, demorando alguns dias para serem capturados pelos proprietários e pela guarda nacional" (Ibidem., p. 271). No ano de 1835, das 31 pessoas presas e envolvidas na Revolta de Carrancas, 21 foram condenadas à morte. O júri branco foi impiedoso. O mesmo tribunal nunca condenou um branco por assassinato de gente negra.

Conclusões parciais

Qual é o convite deste breve ensaio biográfico? Contribuir para uma inflexão, a biografia de Ventura Mina é um quebra-cabeça para deslocar a data do "13 de Maio". O principal registro histórico dessa data oficialmente estabelecido foi a assinatura da Lei Áurea pela princesa Isabel Cristina Leopoldina Augusta Micaela Gabriela Rafaela Gonzaga de Bourbon-Duas Sicílias e Bragança. Podemos ler na Lei nº 3.353, artigo primeiro: "É declarada extinta desde a data desta lei a escravidão no Brasil". Pois bem, a biografia de Ventura Mina carrega uma pequena tese do Movimento Negro educador; ensina toda sociedade que o dever do Estado é promover "políticas radicais de igualdade racial" (GOMES, 2017, p. 130). Uma forma de construção de uma agenda política é através dos monumentos e das celebrações históricas. Por isso, recolocar Ventura Mina como liderança de um movimento de emancipação, erguendo um conjunto de solenidades que permita à sociedade brasileira refazer as anotações de acontecimentos históricos é muito importante. Em outras palavras, esta biografia filosófica é um convite para que o Brasil substitua o 13 de maio de 1888 pelo 13 de maio de 1833, fazendo de Ventura Mina um personagem histórico alforriado das alcunhas de "assassino" e "criminoso". Ventura Mina deve ser chamado de "príncipe fante", tratado com um rei africano, um herói do ideal de luta contra as injustas agressões e torturas diárias que as pessoas negras sofriam durante o processo de escravidão.

Esta biografia é um convite para enfrentar uma suspeita, eis nossa conjectura: a década de 1830 pode ser descrita como um período de medos, receios e inseguranças, seja pelas rebeliões, seja pelos embates políticos entre conservadores e liberais (ANDRADE, 2017; MATTOS, 1994; MOREL, 2002). De modo que um imaginário da elite tinha medo de que o "13 de maio de 1833" e o líder da Revolta de Carrancas fizessem parte da memória oficial da sociedade brasileira. Daí a hipótese fundamental desta biografia: "o 13 de maio de 1888" foi um projeto político de apagar o 13 de maio original, ocorrido 55 anos antes. Portanto, esse breve ensaio biográfico é um convite para que possamos registrar na memória que, daqui em diante, 13 de maio seja lembrado como dia da Revolta de Carrancas, como um dia dedicado exclusivamente para Ventura Mina na História do Brasil.[1]

1. Se for para dividir a celebração da data, que seja com o ilustre aniversariante do dia, Afonso Henriques de Lima Barreto, nascido em 13 de maio de 1881.

Referências bibliográficas

ANDRADE, Marcos Ferreira de. *Rebeldia e resistência*: as revoltas escravas na província de Minas Gerais. Dissertação de mestrado, Universidade Federal de Minas Gerais, 1996.

______. Rebeliões escravas na Comarca do Rio das Mortes, Minas Gerais: o caso Carrancas. *Afro-Ásia*. Salvador, nº 21-22, p. 45-82, 1998-1999.

______. *Elites regionais e a formação do Estado imperial brasileiro:* Minas Gerais – Campanha da Princesa (1799–1850). Belo Horizonte: Fino Traço, 2014.

______. Revoltas escravas e pena de morte no império do Brasil: considerações sobre a origem da lei de 10 de junho de 1835. *Revista Tempo*, v. 23, nº 2, p. 265-289, mai./ago. 2017.

______.; SILVA, Janaína Carvalho. Moderados, exaltados e caramurus no prelo carioca: os embates e as representações de Evaristo Ferreira da Veiga (1831–1835). *Almanack*, nº 4, p. 130-148, 2012.

ANTUNES, Álvaro de Araújo; SILVEIRA, Marco Antônio. *Dimensões do poder em Minas (séculos XVIII e XIX)*. Belo Horizonte: Fino Traço, 2012.

ARMITAGE, John. *História do Brasil:* desde o período da chegada da família de Bragança em 1808 até a abdicação de d. Pedro I em 1831. Trad. Joaquim Teixeira de Macedo. 3. ed. Rio de Janeiro: Zelio Valverde, 1943.

ASANTE, Molefi. *The Afrocentric Idea.* Filadélfia: Temple University Press, 1987.

______. Afrocentricidade: notas sobre uma posição disciplinar. *In*: NASCIMENTO, Elisa Larkin (org.). *Afrocentricidade:* uma abordagem epistemológica inovadora. São Paulo: Selo Negro, 2009, p. 93-110.

______. Afrocentric idea in education. *The Journal of Negro*, v. 60, nº 2, p. 170-180, primavera de 1991.

BRASIL. Escritório Técnico do IPHAN – Seção São João del-Rei: *Processo-crime de Insurreição (1833)*, caixa PC 29-01.

BRASIL. Império do Brasil. Lei n. 3.353, de 13 de maio de 1888,

BRASIL. Escritório Técnico do IPHAN – Seção São João del-Rei: *Inventário de José Francisco Junqueira*, 1833; Petição de Antônio Resende (1848), cx. 05-14.

CARINO, Jonaedson. A biografia e sua instrumentalidade educativa. *Educação & Sociedade*, ano XX, n. 67, p. 153-181, agosto de 1999.

ECKERT, Cornelia. Questões em torno do uso de relatos e narrativas biográficas na experiência etnográfica. *Revista Instituto de Filosofia e Ciências Humanas*, Porto Alegre, p. 94-97, 1994.

ELIAS, Norbert. *A sociedade dos indivíduos*. Rio de janeiro: Zahar, 1994.

FERRAROTI, Franco. *Histoire et histoire de vie*: le méthode biografique dans les sciences sociales. Paris: Librariedes Méridiens, 1983.

GARCÍA-CANCLINI, Néstor. *Culturas híbridas*: estratégias para entrar e sair da modernidade. Trad. Ana Regina Lessa e Heloísa Pezza Cintrão. São Paulo: EdUSP, 1997.

GOMES, Nilma Lino. *O movimento negro educador*: saberes construídos nas lutas por emancipação. Petrópolis: Vozes, 2017.

KOUROUMA, Ahmadou. *Homens da África*. Trad. de Roberta Barni. São Paulo: SM Paradidático, 2009.

LAW, Robin. Ethnicities of Enslaved Africans in the Diaspora; on the meanings of "Mina" (again). *History in Africa*, 32, p. 247–267, 2005.

LEITE, Ligia Chiappini Moraes. *O foco narrativo*. 8. ed. São Paulo: Ática, 1997.

LIBBY, Douglas Cole; FRANK, Zephyr. Voltando aos registros paroquiais de Minas colonial: etnicidade em São José do Rio das Mortes, 1780-1810. *Revista Brasileira de História*, v. 29, n. 58, p. 383-415, 2009.

LIMA, Manuel de Oliveira. *O Império brasileiro*. São Paulo: USP, 1989.

LOPES, Edmundo Correia. *Cadernos Coloniais, nº 58: S. João Batista de Ajudá*. Lisboa: Edições Cosmos, 1939.

MARRE, Jacques Léon. História de vida e método biográfico. *Cadernos de Sociologia*, v. 3, p. 55-88, 1991.

MATA, Inocência. *A literatura africana e a crítica pós-colonial*: reconversões. Luanda: Editorial Nzila, 2007.

______. Estudos pós-coloniais: desconstruindo genealogias eurocêntricas. Dossiê: Diálogos do Sul. *Civitas*, v. 14, n. 1, p. 27–42, jan./abr. 2014.

MATTOS, Ilmar Rohloff de. *O tempo Saquarema*. Rio de Janeiro: Access, 1994.

MOREL, Marco. *O período das Regências (1831-1840)*. Rio de Janeiro: Jorge Zahar, 2003.

NIZET, Marie. Le Capitaine Vampire. *In:* CAZACU, Matei. *Dracula*. Paris: Allandier, 2004.

O Estado de S. Paulo, São Paulo, 21 dez. 1890. Disponível em: https://acervo.estadao.com.br/pagina/#!/18901221-4747-nac-0001-999-1-not/busca/escravid%C3%A3o. Acessado em 15 de maio de 2020.

REIS, João José. *Rebelião escrava no Brasil*: a história da revolta dos Malês em 1835. Edição revista e ampliada. São Paulo: Companhia das Letras, 2003.

RIBEIRO, João Luiz. *No meio das galinhas as baratas não têm razão*. Rio de Janeiro: Renovar, 2005.

SANTOS, Antônio Bispo dos. *Colonização, Quilombos, modos e significações*. Brasília: INCTI/UnB, 2015.

SILVA, Ana Rosa Cloclet da. De comunidades a nação: regionalização do poder, localismos e construções identitárias em Minas Gerais (1821-1831). *Almanack Braziliense*, São Paulo: IEB-USP, n. 2, p. 43–63, 2005.

SLATER, David. Post-colonial questions for global times. *Review of International Political Economy*, v. 5, n. 4, 1998.

STOKLER, Bram. *Dracula*. Londres: Penguin Books, 2006.

VEIGA, José Pedro. A imprensa em Minas Geraes (1807-1897). *Revista do Arquivo Público Mineiro*, v. 3, p. 169–239, 1898.

* Este livro foi composto pela fonte tipografia Skolar sans. Impresso em outubro de 2021 pela gráfica Loyola em papel off-set 90g (miolo) e Cartão Supremo (capa).